2015年度河北省社会科学发展研究课题"中国统一王朝时期的京畿政区与一体化问题研究"(2015020602)阶段性成果

唐代关中畿甸政区地缘建构研究

顾乃武 著

人民出版社

责任编辑：邵永忠
责任校对：吕　飞
封面设计：黄桂月

图书在版编目（CIP）数据

唐代关中畿甸政区地缘建构研究 / 顾乃武　著 . —北京：人民出版社，2021.10
ISBN 978-7-01-023152-5

Ⅰ.①唐…　Ⅱ.①顾…　Ⅲ.①地方政府—行政管理—研究—陕西—唐代
Ⅳ.① D691.22

中国版本图书馆 CIP 数据核字（2021）第 023043 号

唐代关中畿甸政区地缘建构研究

TANGDAI GUANZHONG JIDIAN ZHENGQU DIYUAN JIANGOU YANJIU

顾乃武　著

人民出版社出版发行

（100706　北京市东城区隆福寺街 99 号）

北京中科印刷有限公司印刷　新华书店经销

2021 年 10 月第 1 版　2021 年 10 月北京第 1 次印刷
开本：710 毫米 ×1000 毫米 1/16　印张：20
字数：320 千字
ISBN 978-7-01-023152-5　定价：60.00 元

邮购地址　100706　北京市东城区隆福寺街 99 号金隆基大厦
人民东方图书销售中心　电话（010）65250042　65289539

版权所有·侵权必究
凡购买本社图书，如有印制质量问题，我社负责调换。
服务电话：（010）65250042

《河北大学历史学丛书》出版缘起

河北大学的前身，是成立于1921年的天津工商大学，后改称天津工商学院、津沽大学、天津师范学院、天津师范大学。1960年定名为河北大学，1970年从天津迁至古城保定。河北大学的历史学科，创建于1945年天津工商学院的史地系，侯仁之院士出任首届系主任。聘请齐思和教授讲授中国通史，1946年9月至1948年先后由方豪、王华隆任系主任。1949年1月天津解放，钱君晔任系主任。1952年王仁忱出任系主任。1953年史地系分为历史系和地理系。在20世纪50—60年代，河北大学历史学科以拥有漆侠、李光璧、钱君晔、傅尚文、周庆基、乔明顺、葛鼎华等史学专家，与北京大学、南开大学等创办《历史教学》杂志而著称于世。改革开放以来，河北大学历史学科再创佳绩，获得全国第二批、河北省第一个博士点，建成全国宋史界唯一的教育部"省属高校人文社会科学重点研究基地"。中国宋史研究会秘书处挂靠于此，并负责编辑出版《宋史研究通讯》。2005年以来，又获得中国近现代史博士点，历史学一级学科博士点，建成历史学博士后科研流动站，河北大学历史学科被评定为河北省强势特色学科，2009年1月河北大学历史学院成立，本学科获得空前大的支持力度，迎来更新更好的发展机遇。2011年全国学科调整后，中国史成为一级学科博士点，世界史、考古学成为一级学科硕士点，另有中国史博士后科研流动站。宋史研究中心和历史学院的关系是"各自独立，资源共享，密切合作，共建历史学科"；目前共有教职员工60余人，下设"三系七所"等教学研究机构。在继续编印《宋史研究论丛》（CSSCI来源集刊）和《宋史研究丛书》的同时，我们决定隆重推出《河北大学历史学丛书》。该丛书编委会成员除河北大学历史学强势特色学科建设领导小组外，主要有：郭东旭、刘敬忠、郑志廷、汪圣铎、张家唐、闫孟祥、刘秋根、刘金柱、吕变庭、杨学新、雷戈、肖爱民、肖红松等先生。

研究历史，教书育人，奉献社会，是我们的天职。

不吝赐教，日新月进，臻于完善，是我们的期待。

最后，衷心感谢各级领导和各位专家对本学科的长期厚爱和支持。特别鸣谢人民出版社对《河北大学历史学丛书》的鼎力襄助。

教育部省属高校人文社会科学重点研究基地
河北大学宋史研究中心
河北大学历史学院
河北大学历史学强势特色学科建设领导小组
组长：姜锡东
成员：王菱菱、范铁权、丁建军

目　　录

绪　论 …………………………………………………………………… 1
　　一、研究唐代关中畿甸政区建构的原因 ………………………… 1
　　二、唐代关中畿甸政区的相关研究成果 ………………………… 3
　　三、唐代关中畿甸政区建构的研究方法 ………………………… 5

第一章　先秦至隋代关中畿甸管理体制概述 ………………………… 8
　　第一节　先秦至隋代选定畿甸的基本原则 ……………………… 8
　　第二节　先秦至隋代畿甸的空间组织结构 ……………………… 17
　　第三节　先秦至隋代的畿甸政策及其影响 ……………………… 26

第二章　唐高祖至睿宗时期关中的畿甸政区群 ……………………… 35
　　第一节　唐高祖至睿宗时期关中畿甸的构成 …………………… 35
　　第二节　唐高祖至睿宗时期的关中畿甸政策 …………………… 69
　　第三节　唐高祖至睿宗时期畿甸发展的地缘性 ………………… 97
　　第四节　唐高祖至睿宗时期畿甸御外制内功效 ………………… 107

第三章　唐玄宗时期关中畿甸政区群的发展 ………………………… 117
　　第一节　近畿州的新等第政策塑造出新畿内 …………………… 117
　　第二节　玄宗时期畿甸地缘政策的发展演变 …………………… 139

第三节　开元天宝年间畿甸政策的地缘影响 …………………… 157

第四章　唐肃代德时期关中畿甸政区群的重构 …………………… 167
　　　第一节　肃代德时期藩镇及州郡等第的变化 …………………… 167
　　　第二节　肃代德时期旧畿甸政区建构的瓦解 …………………… 190
　　　第三节　肃代德时期畿甸核心区的地缘建构 …………………… 205
　　　第四节　肃代德时期畿甸政区发展的地缘性 …………………… 228
　　　第五节　唐肃代德时期畿甸御外制内的功效 …………………… 237

第五章　唐顺宗至懿宗朝关中畿甸建构的发展 …………………… 249
　　　第一节　唐顺宗至懿宗时期畿甸的发展形势 …………………… 249
　　　第二节　唐顺宗至懿宗时期畿甸的地缘政策 …………………… 260
　　　第三节　顺宗到懿宗朝畿甸社会地缘性的传承 ………………… 281
　　　第四节　顺宗到懿宗朝畿甸的御外制内作用 …………………… 295

结　语 ……………………………………………………………………… 304
　　一、唐代畿甸政区地缘建构的传承与转型 ………………………… 304
　　二、元明清时期畿甸政区的地缘建构形式 ………………………… 305
　　三、元明清时期畿甸政区环护政策的弱化 ………………………… 307
　　四、赋役负担沉重是唐以后各朝畿甸民生的共同特点 …………… 308

参考文献 ………………………………………………………………… 310

绪　　论

中国古代的"畿"最初指"天下"的分野，如《周礼》就将"天下"分为"九畿"①，"九畿"中的"王畿"指直隶于周王的"千里"之地。② 封建时代的"王畿"多省"王"而称"畿"，"畿"方始成为京师及周边地域的专称，东汉许慎《说文解字》："古惟王畿称畿，甸服外无称畿者。"③"畿"属于古代的"甸服"，"畿"又可以称为"甸"："甸，天子五百里内田。""畿，天子千里地。"④ 畿与甸又合称"畿甸"。畿甸是古代国家政权"居重驭轻"的"根本"之地。在这一地缘政治因素的影响下，畿甸政区建构形成了有别于其他政区的特点，在国家政治生活中具有不可忽视的地位。

一、研究唐代关中畿甸政区建构的原因

唐代实行多京制。多京初为长安、洛阳、太原，后增成都、凤翔、河中、兴元。长安、洛阳以外之都或称陪都。从广义上说，唐代以长安、洛阳为中心的区域属于畿甸，陪都所在的区域也应属于畿甸。但狭义上的唐代畿甸仅指长安、洛阳所在的关中、河南两京地区，长安地区则是唐朝的根本之地。但唐朝在黄巢起义（878—884）之后名存实亡。本书中"唐代的关中畿甸"

---

① （汉）郑玄注，（唐）贾公彦疏：《周礼注疏》卷二九《夏官·大司马》，李学勤主编：《十三经注疏》，北京大学出版社1999年版，第763、764页。
② （汉）郑玄注，（唐）贾公彦疏：《周礼注疏》卷三三《夏官·职方氏》，第877页。
③ （汉）许慎撰，（清）段玉裁注：《说文解字注》，上海古籍出版社1988年版，第696页。
④ （汉）许慎撰，（清）段玉裁注：《说文解字注》，第696页。

仅以僖宗广明元年（880）前的关中畿甸作为研究对象。

唐代畿甸在不同时期形成不同的政区建构。但不论哪种形式的畿甸政区建构，唐代畿甸都是一个极具地缘特色的区域，是唐廷控御地方力量的支撑点，实行着特殊的政区管理、行政监察、军事配置、资源分割、赋役与教育政策，与其他地方政区群具有明显的区域差异。区域经济是区域史研究的主要方面，但畿甸地区则以其特殊的区域地缘性，具有较高的史学研究价值与历史借鉴意义，是区域政治历史地理研究的典型区域。

区域发展受地理因素与人为因素的双重影响，人为因素叠加在地理因素之上，往往使区域发展突破地理因素的限制，带有突出的人为因素的特点。唐代特殊的畿甸政区建构政策，使畿甸形成了独有的发展形势。唐代畿甸政区整体行政地位低于西汉，资源配置重京畿而轻近畿，畿甸政区直辖于朝廷，州郡长官多出自朝官，实行关照性科举政策，宿有重兵而成为朝廷控御天下的根本之地，并且在事实上成为维系朝廷存续的最后的保障，而畿甸赋役负担沉重，民生艰难开始成为这一时期畿甸发展的常态。

畿甸政治功能强而经济功用的弱化，反映出在中国封建时代的国家控御体制中，北方政治与南方经济相结合的二元国家控御体制初步形成，三代、秦汉时期朝廷立足于以畿甸经济自给、凭畿甸控御天下的旧的控御形势的解体。南方远离政治中心而以经济保障中央为其主要功用。唐代前期的北方长期受突厥威胁，后有吐蕃与河北藩镇之患，北方若无强力控制而有失天下之虞。隋代大运河则将北方的政治核心区与南方的经济区联系在一起，成为影响中国历史变局的重要因素，也是形成政治性强、经济性弱型畿甸的重要原因。

简言之，唐代畿甸属于中国封建时代畿甸建构转型期的畿甸。这种转型是与中国北方政治形势与南方经济发展相适应的。唐代畿甸的转型反映了那个时代正发生着深刻的历史变局，是封建政治经济在唐代发展演变的必然结果。通过对唐代关中畿甸政区建构的研究，我们不仅可以了解唐代畿甸社会政治发展的基本形势，揭示唐中央与地方互动形式的内在原因，也可以大致发现中国封建时代畿甸区域发展的基本规律，为区域政治历史研究提供一个特殊的案例。

二、唐代关中畿甸政区的相关研究成果

畿甸以其特殊的政治、经济、文化地位，及其对国家政治生活具有的深刻影响，向来属于区域或政治史研究中的重要地域。学界虽然对各个时期的畿甸问题多有研究，但畿甸研究的重点则是京畿问题的研究，对畿甸区域的政治存在、畿甸政区的建构、畿甸在国家政治生活中的地位则鲜有发掘。这就使唐代畿甸研究具有以京畿为重，其他州郡的研究成果相对较少的特点。与唐代关中畿甸政区相关的研究成果主要有：

(一) 对唐代关中畿甸政区构成的研究

学界对唐代关中畿甸政区构成的研究，是以探讨"京畿"州府组成形式展开的，但对京畿州府构成却存在多种不同的认知。如艾冲据唐李泰《括地志》所载，认为贞观年间关中的"京畿"是辖有雍、华、同、幽（邠）、岐五州，属于辖有数州之地的、与都督府同级的"一级政区"。[①] 严耕望认为在唐代贞观年间，上述五州与其他四州不隶任何都督府，五州与"京畿"并不存在隶属关系[②]，这五州与"京畿"也就不属于与都督府并列的"一级政区"了。有学者认为盛唐的京畿道由雍、华、同、岐、商、邠六州构成，但罗凯认为盛唐时期京畿道仅含雍、华、同、岐四州之地。[③]

贾玉英认为唐代后期设立有"京畿道"，"京畿道"包括京兆、同、岐、金、商等五州。[④] 郭声波探讨了唐代"京畿道行政区划的沿革"情况，指出唐代"京畿道"（733—907）经历了中央直辖京兆一区（720—733），到京畿道直辖区（733—756）—京畿节度使（756，757—762）—京畿观察使（764—783）—京畿渭北节度使（783）—京畿渭南节度使（783）—京畿商州节度使（783—784）——京畿道直辖区（784—790）—佑国军节度使（904—907）

---

① 艾冲：《唐代都督府研究》，西安地图出版社2005年版，第130页。
② 严耕望：《〈括地志序略〉都督府管州考》，《严耕望史学论文集》，上海古籍出版社2009年版，第621—644页。
③ 罗凯：《盛唐京畿都畿考论》，中国地理学会历史地理专业委员会《历史地理》编辑委员：《历史地理》第23辑，上海人民出版社2008年版。
④ 贾玉英：《唐宋京畿管理制度变迁初探》，《中州学刊》2007年第7期。

几个阶段。① 唐后期"京畿"构成也是个有多种认知的历史概念。

(二) 对汉唐关中畿甸管理制度的研究

汉唐关中畿甸管理具有较强的前后差异，通过这种前后差异的比较，我们能够发现封建畿甸发展的阶段性特点，故我们在这里对西汉时期的畿甸建构研究加以追述。韩国学者崔在容探讨了西汉左右内史地的划分时间，及西汉三辅由司隶监察，实行直接的、严密的军事控制，具有严格的户口管理政策，在贡赋上给予特别优待等特点。② 这是学界较为系统的对西汉三辅制度的研究成果，也是我们了解唐代关中畿甸建构的学术基础。

学界对唐代畿甸政策的研究集中在京畿制度、京畿治安与京畿管理等方面，如张荣芳研究了唐代京兆尹的行政制度、迁转途径、京兆尹与政局变动与京畿势力的关系。③ 杨月君探讨了唐代京畿治安管理的机构，殿中侍御史和监察御史、街使的建置沿革、职责，以及京兆府在京畿治安中的作用等问题。④ 贾玉英认为唐朝京畿管理先后采用雍州、京兆郡、京兆府、京畿道等管理形式（"统领制"）等。⑤

(三) 对唐代关中近畿政区的专门性研究

唐代京兆周边政区主要包括同、华、岐、邠、宁、泾、陇、金、商等州，这些州属于唐代近畿地域的州郡，大致相当于秦汉时期的内史、三辅辖区。⑥ 对唐代关中近畿政区的研究，主要见于唐后期的藩镇研究中。如张超考察了

---

① 郭声波：《唐代京畿道行政区划沿革史》，《史念海教授纪念文集》，三秦出版社2006年版，第193—195页。
② ［韩］崔在容：《西汉京畿制度的特征》，《历史研究》1996年第4期。
③ 张荣芳：《唐代京兆尹研究》，台湾学生书局1987年版。
④ 杨月君：《唐代京畿地区治安管理研究》，中国社会科学出版社2014年版。
⑤ 贾玉英：《唐宋京畿管理制度变迁初探》，《中州学刊》2007年第7期。
⑥ 秦内史、西汉三辅为狭义上的关中地域，与唐雍、同、华、岐、陇、邠、商等州疆理相当。《通典》卷一七二《州郡二序目下·大唐》："凡郡之土宇，秦氏分制，罢侯置守，列为四十，其境可知。内史、雍州之域，今京兆、华阴、冯翊、扶风、汧阳、新平及梁州之域上雒县皆是。"见《通典》卷一七一《州郡一·古雍州上》，卷一七二《州郡二》，中华书局1988年版，第4506、4491页；陈直校证：《三辅黄图校证》卷一《三辅沿革》，陕西人民出版社1980年版，第1页。

中晚唐同、华两州节度使的设置时间、战略地位及其与中央的密切关系等问题。① 吕学良研究了唐代邠宁镇的建置沿革、地理、经济、军事，与中央的关系及与其他藩镇的关系等问题。② 李晓奇探讨了唐代后期近畿地域凤翔镇的设置沿革、经济军事概况、中央对凤翔镇的控制及该镇与邻镇的关系。③

从总体上看，学界对唐代关中畿甸的研究，一则集中在京师的管理方面，对畿甸州郡的地缘共性多有忽略；二则即使对畿甸的地缘结构有所揭示，但也存在较大的理解性偏差；三则对畿甸政区在国家政治生活中的具体作用鲜有提及。唐代关中在开元前即初步建立了以京师雍州为核心，具有特定政区功能、区域监察与资源配置特色的畿内政区群，奠定了元、明大一统政权下畿甸政区建构的基础，形成了唐、元、明、清畿甸基本的社会发展特点。但学界并未注意到唐代关中畿甸政区建构及社会发展的地缘性④，唐代关中畿甸仍存在诸多需要深入探讨的问题。

三、唐代关中畿甸政区建构的研究方法

历史研究属于一种传统的学术活动。但"学术"具体有哪些内涵，则是一个很难说清的概念。如果从"学"与"术"的角度看，"学"可以指相关的、具体的"知识"，"术"则是指获得那些"知识"的方法与手段。学术活动应是通过具体的研究方法，获得创新性新知的专业性工作。"工欲善其事，必先利其器。""术"相当于工之"器"，"学"则相当于工之"事"。唐朝史学理论家刘知几有史家"才""学""识""三长"说，"学术"之"术"最接近"三长"中的"识"，故而"术"是对"学"的理论性升华，"学"与"术"是既相联系又相区别的概念。

"学"与"术"的这层关系，类似于老子所言的"为学日增，为道日

---

① 张超：《中晚唐同、华两州节度使研究》，南京师范大学 2011 年硕士学位论文。
② 吕学良：《唐代邠宁镇研究》，陕西师范大学 2012 年硕士学位论文。
③ 李晓奇：《唐代凤翔镇研究》，陕西师范大学 2014 年硕士学位论文。
④ 华林甫《隋唐五代政区研究述评》未列出研究畿甸区域特性之作，陈志坚《唐代州郡制度研究》、周振鹤主编《中国行政区划通史·唐代卷》亦未述及这一问题。见华林甫：《隋唐五代政区研究述评》，《中国史研究动态》2008 年第 8 期；陈志坚：《唐代州郡制度研究》，上海古籍出版社 2005 年版；周振鹤主编：《中国行政区划通史·唐代卷》，复旦大学出版社 2012 年版。

损"。但这种生发自"学"的"术",对研究"学"也具有反向指导作用,是我们能够较为顺利地展开专业研究、探索新知的理论基础。每个学术活动、每类学术活动都有特定的研究方法、研究理论,具有极强的专业性工作表征。但不同专业的"术"又具有较强的交叉性,并无固定的、非此即彼的专业界限。

前人较少涉及畿甸地域的整体性研究,揭示畿甸政治地理内涵需要以特定的研究方法为指导。畿甸之所以具有区域特殊性,是因为其属于京畿及近畿地域,"国之根本"的地位决定了特定的畿甸区域发展历程。简言之,畿甸区域的特殊性是由其地缘性决定的,是特殊的地缘政治活动的产物。畿甸研究必然涉及地缘政治理论问题,地缘政治理论是揭示唐代畿甸政治的理论与方法,也可称为研究畿甸之"学"的"术"。

地缘政治指"政治行为体通过对地理环境的控制和利用,来实现以权力、利益、安全为核心的特定权利,并借助地理环境展开相互竞争与协调的过程及其形成的空间关系。它是行为体之间通过空间实现的互动关系,以及互动所构成的政治关系在空间的存在、分布和运动"①。地缘政治建立在特定的地理环境之上,据特定的地理环境建立特定的政治、经济、安全关系。它虽然在权力的运行上具有政治的合理性,但在地域关系处理上则不一定具有"公平性"。特定的合理性与特定的不公平性,是地缘政治的基本特点。

地缘政治研究多应用于国际关系领域,但一国疆域之内大多存在自然的或人为的区位差异,这种差异对区域社会、政治、经济发展具有深刻的影响。区位地理因素对社会、政治、经济的影响,也可视为广义上的"地缘政治"的范畴。唐代是地缘政治相对复杂的时代。唐史学界已有利用"地缘"概念展开研究的先例,陈寅恪先生的"关中本位政策""统治阶级之氏族及其升降"就是用地缘政治研究唐史的早期个案。当代学者李鸿宾的《尉迟迥事变及其结局——新旧时代转变的表征》《唐朝的地缘政治与族群关系》也是以地缘视角解读历史现象之作。②唐代关中畿甸区域社会、政治、经济的发展,带

---

① 陆俊元:《地缘政治的本质与规律》,时事出版社 2005 年版,第 9 页。
② 李鸿宾:《尉迟迥事变及其结局———新旧时代转变的表征》,《西北民族大学学报》(哲学社会科学版) 2004 年第 2 期;《唐朝的地缘政治与族群关系》,《人文杂志》2011 年第 2 期。

有强烈的畿甸地缘特色。利用地缘政治理论研究唐代畿甸政区建构,既是对前人研究方法的借鉴与发展,又是对唐代区域政治地理中新研究方法的尝试性工作。

中国封建时代畿甸政区的建构,有着特定的发展历程与发展规律,体现着中央政府基于特定地理区域,形成不同的中央制御地方、控御边地的政治机制。不同的畿甸政区建构,对畿甸民生也具有不可忽视的影响。畿甸政区建构的原因、过程、影响、理论、方法,构成了"畿甸学"的基本内容。唐代处于中国封建社会的转型期,其畿甸政区建构同样具有承前启后的特点。在前人研究的基础上,以"地缘"作为基本的研究视角,探讨唐代畿甸的建构及与区域社会、区域政治的互动,勾勒出封建时代畿甸政区建构的基本发展历程,对了解当代京津冀政区建构、区域社会发展具有不可忽略的意义。

第一章　先秦至隋代关中畿甸管理体制概述

历史传统拥有多元内核，历史在多元内核的基础上发展。这些内核是我们认知、反思自身文化的基础。中国是个长于关注历史传统、从历史中汲取智慧的国度，是具有高度发达的民族思维模式的国度。这是中国文化保持独特的民族特色与强大生命力的重要原因。尊重传统并不完全意味着因循旧章，它更体现着对传统生发环境的科学理解。唐代关中畿甸地区的地缘建构，同样沿革前代畿甸、凝练历史传统而来。

第一节　先秦至隋代选定畿甸的基本原则

经历了漫长的历史发展过程与历史经验的总结，以不同的国家安全需求与区域经济发展形势为据，先秦至隋代畿甸的选定具有特定的阶段性与时代传承性。传承性表现在不论是哪个朝代的畿甸政区的选定，都具有凭借畿甸地域控御天下、整合周边地域因素建构畿甸的共性。但随着不同国家、同一国家不同时期的政治、经济形势的变化，历代王朝选定畿甸的原则又具有灵活变通的历史特点。先秦至隋代的畿甸选定原则就是这些原则的具体表现。

一、以险固限定自然地域完整性的畿甸选定原则

从国家安全的角度考虑选定畿甸的区域，是中国古代选定畿甸、维系国家发展的基本出发点，畿甸具有屏翰京师的作用成为选定畿甸的重要原则。夏商畿甸的险要形势并无明确记载，但据险选定畿甸应是夏商畿甸的共同特点。周代关中的宗周、洛阳的成周畿甸都有险固之势，洛阳畿甸也是"东有成皋，西有殽黾，倍河，向伊雒，其固亦足恃"①。关中更是天下形胜之奥区，宗周依险而设之意无不了然。

但周代畿甸并不是以山河之险著称，而是以"诸侯蕃屏四方"、以诸侯为"险"。② 分封制下的诸侯拥有能够屏翰王畿的军事实力，这应是西周畿甸以诸侯为险的基本的畿甸选定原则。这种原则客观上弱化了自然险固在畿甸选定中的重要性。维系周天子与诸侯的正常关系，以"德"这一人设为"险"（"敬德"）③，故关中虽有险固之资但并非完全以险为屏，洛阳畿甸的腹地狭窄，"不过数百里，田地薄，四面受敌，此非用武之国也"④，洛阳也不是因险定畿的最佳之处。险固并不是夏、商、周选定畿甸的根本性考虑。

夏、商、周畿甸以诸侯为险，是与当时的分封制相适应的。秦始皇统一天下、强干弱枝、实行郡县制后，诸侯之险不复存在，天然险固成为畿甸选定的重要参考。《史记》卷五五《留侯世家》留侯曰："关中左殽函，右陇蜀，沃野千里，南有巴蜀之饶，北有胡苑之利，阻三面而守，独以一面东制诸侯。诸侯安定，河渭漕挽天下，西给京师；诸侯有变，顺流而下，足以委输。此所谓金城千里，天府之国也"。⑤ 秦汉至隋代畿甸多据山河形便而定，以险固定畿保持了畿甸自然地理与经济区域的完整。

封建王朝以其蓬勃兴起之势定畿于形胜之地，足以坐拥畿甸之资平定天下、一统江山，这是封建开国之君选定畿甸的最根本的出发点。旧王朝虽守

---

① （汉）司马迁：《史记》卷五五《留侯世家》，中华书局1963年版，第2043页。
② （汉）班固：《汉书》卷二八《地理志下》，中华书局1962年版，第1650页。
③ （汉）司马迁：《史记》卷九九《刘敬列传》第2716页："凡居此（洛邑）者，欲令周务以德致人，不欲依阻险，令后世骄奢以虐民也。"
④ （汉）司马迁：《史记》卷五五《留侯世家》，第2043—2044页。
⑤ （汉）司马迁：《史记》卷五五《留侯世家》，第2043—2044页。

畿甸而失天下，新王朝因据畿甸而得天下，一失一得之间确也印证了周代以德为险的正确之处，天下得失尽在民心向背之间。封建王朝末期的畿甸险阻，无一能够续王朝国祚之资。帝王之志不同，天下形势有别，险固可成开国之君的帝王之业，但无法成为末世庸主守成之资，三代以"德"为"险"的国策是维系封建政权的基本经验。但畿甸自然地理与经济区域的完整性，又使畿甸形成一个完整的军事地理单位。这与明清时期（北）直隶与他省共有黄河、太行天险的形势有着较大的差异。

二、畿甸保障"天子之国"经济自给或集资的原则

险固在限定了畿甸自然地理形势的完整性的同时，又保持了畿甸经济区域在政区上的完整性、经济区与地理单元的合一性。在这个经济区之内，畿甸能够保障"天子之国"经济自给或能够集天下之资，是先秦至隋代选定畿甸的两大经济原则。不论哪种原则，畿甸的选定首先都是基于经济条件的思考，是经济自给与区域经济完整性的统一。这是这一时期选定畿甸的基本特点。

（一）能够保障"天子之国"经济自给的原则

作为"天子之国"、天子的经济保障区，是夏、商、周三代畿甸突出的区域特点。唐人杜佑的《通典》就将夏商周畿甸列为"食货""赋税"部即"经济部"，如《通典》卷四《食货四·赋税》载夏代畿甸："禹定九州，量远近制五服，任土作贡，分田定税，十一而赋，万国以康。故天子之国内五百里甸服，（为天子服理田。）百里赋纳总，（禾稿曰总，供饲马。）二百里纳铚，（所铚刈谓禾穗。）三百里纳秸服，（秸，稿也。服稿役。）四百里粟，五百里米。（所纳精者少，粗者多。）"[①]

商代的畿甸（"天子之地"）也是重要的经济区："殷以天子之地，百里之内以供官。千里之内曰甸，以为御。千里之外曰流，设方伯以为属。公田藉而不税，（税，均取也。）七十而助。（助者，藉也，借力理公田也。）是以

---

① （唐）杜佑撰，王文锦等点校：《通典》卷四《食货四·赋税》，第71页。

其求也寡，其供也易。降及辛纣，暴虐，厚赋以实鹿台，大敛以积巨桥。"①杜佑在这里仍将商代畿甸首先界定为天子的经济保障区，谈的是畿甸的"供""求"关系及商纣暴敛而亡，外失诸侯之助，内无商民所与的经济根源。

周天子的直辖地始称"王畿"，"王畿"是周代"天下"的九畿之一："方千里曰王畿。其外曰侯畿，（亦曰服。）其贡祀物。又外曰甸畿，其贡嫔物。（任嫔以女事，贡布帛。）又外曰男畿，其贡器物。（任土以饬材事。）又外曰采畿，其贡服物。（絺纩也。）又外曰卫畿，其贡财物。（龟贝之具。）又外曰蛮畿，又外曰夷畿，要服也，其贡货物。（丝枲。）又外曰镇畿，又外曰藩畿，此荒服也。"②

杜佑虽然未言周代王畿的经济建构，但从王畿归属"食货""赋税"及其他八畿的"贡"物规定看，王畿仍然属于具有特殊地位的、周天子直辖的经济区。政治上的直辖与经济上的自给，是三代畿甸最为突出的时代特点。天子之邦与诸侯之邦的关系，除政治上的君臣关系之外，也是以贡赋形式确认的层级关系。它体现出三代畿甸地域的选定原则，更多的是基于经济保障能力的考虑。缺少了强有力的畿甸经济的或物质的支持，天子天下共主的地位最终无法维系。

能够保障天子之国经济自给，是三代畿甸最基本的经济功能。明代邱濬《大学衍义补》对此论述道："古者畿内之兵不出，所以重内也。""甸服千里之间，其所赋之兵，而所出之税，自足以给之，无劳远馈，内足以卫王室，而外足以镇压天下之大，四夷之远。""后世有志于三代之盛者，壮根本，安国家，以为千万世不拔之基者，尚有考于斯。"③ 保障天子赋税自足是夏、商、西周选定畿甸基本的经济标准。

西汉仍传承着三代选定畿甸重视经济自给的基本原则。如《史记》卷九九《刘敬列传》载刘敬的都关中思想："夫秦地被山带河，四塞以为固，卒然有急，百万之众可具也。因秦之故，资甚美膏腴之地，此所谓天府者也。陛

---

① （唐）杜佑撰，王文锦等点校：《通典》卷四《食货四·赋税》，第72页。
② （唐）杜佑撰，王文锦等点校：《通典》卷四《食货四·赋税》，第72页。
③ （明）邱濬著，林冠群、周济夫校点：《大学衍义补》卷一一九《治国平天下之要·严武备·京辅之地》，京华出版社1999年版，第1028页。

下入关而都之，山东虽乱，秦之故地可全而有也。夫与人斗，不搤其亢，拊其背，未能全其胜也。今陛下入关而都，案秦之故地，此亦搤天下之亢而拊其背也。"① 这种畿甸选定思想最终为刘邦所采纳而定都关中。秦汉时期的关中是北方经济的重心之一，有充足的人力、物力保障是西汉以关中为畿甸的重要原因。它体现的是以关中一隅之力，而得匹敌天下、平灭群雄之资的重要性。

（二）能够集天下之资的地理形便原则

并非所有的畿甸都能保障朝廷至少是中央掌控的暴力机器的自给。非自给型畿甸往往是具有集天下之资的便利条件。东汉两都之东都洛阳地处关中、三河经济腹心之地，号称当时的"天下之中"，其便在于"诸侯四方纳贡职，道里均矣"②。洛阳畿甸经济同样相当发达，且便于集天下之资于畿甸，依托外向经济的特点较为突出。它反映的问题可能是，当时洛阳地区的畿甸经济尚不足完全保障京师供给，但洛阳以其天下之中的有利位置，通过"司隶"强化对关中、三河等经济发达地区的管理，集天下之资保障朝廷的经济供给，强调的也是系统化的经济供给原则。西晋都于洛阳，畿甸选定原则大体同于东汉。

隋代承南北丧乱之余，袭北周以关中为畿甸。在天下未一之时，关中尚无供给之虞；但四海一家之后，关中已不足保障京师经济供给之需。隋炀帝因洛阳"天地之所合，阴阳之所和"，"控以三河。固以四塞，水陆通，贡赋等"，营建东都洛阳，"贡赋等"同样是炀帝营建东都洛阳、以洛阳为畿甸，缓解关中畿甸压力的基本考虑。③ 它反映出隋代已经难以维系关中自给型畿甸，畿甸的选择具有从自给型向集资型过渡、政治中心沿黄河逐渐东移的特点。

洛阳因其为天下之中，"控三河"，"水陆通"，"贡赋等"，畿甸借助周边经济区而得以发展。以洛阳为代表的集资型畿甸，也称为系统建构型的畿甸。

---

① （汉）司马迁：《史记》卷九九《刘敬叔孙通列传》，第2716页。
② （汉）司马迁：《史记》卷九九《刘敬叔孙通列传》，第2715—2716页。
③ （唐）魏徵等：《隋书》卷三《炀帝本纪上》，中华书局1973年版，第61页。

所谓的"系统建构",是指以畿甸为中心,吸纳四方之资的建构。秦与西汉时期的内史、三辅等经济自给型畿甸,同样具有系统建构畿甸的思想:"南有巴蜀之饶,北有胡苑之利。""诸侯安定,河渭漕挽天下,西给京师;诸侯有变,顺流而下,足以委输。此所谓金城千里,天府之国也"。① 据此,自给型或集资型畿甸,往往是以某一型为主,系统建构的产物。畿甸既可是一个封闭的经济单位,也可是一个开放的经济单位。

三、顺应天命选定畿甸的封建迷信原则

在物质文化并不发达、天命信仰盛行的中国古代,先秦至隋代畿甸地域的选定也受封建迷信的影响。如司马迁在《史记》卷一五《六国年表》中认为,秦之所以能统一天下,并非全因地形、埶力,也因关中是符合五德终始说的定都之所:

> 论秦之德义不如鲁卫之暴戾者,量秦之兵不如三晋之强也,然卒并天下,非必险固便形埶利也,盖若天所助焉。
> 或曰:"东方物所始生,西方物之成孰。"夫作事者必于东南,收功实者常于西北。故禹兴于西羌,汤起于亳,周之王也以丰镐伐殷,秦之帝用雍州兴,汉之兴自蜀汉。②

司马迁的这种汉朝兴起于蜀汉,定都关中,顺应天道的观点,应是当时西汉以关中为畿甸能够应天承命观念的普遍认知,险固、形便、埶力形势则是基于维系汉朝统治的人设现实的思考。但形胜之地本身具有天人合一之象,天命、地理在特定的理论下、特定的区域环境下又是一体的,迷信与现实在封建畿甸的选定方面不可分割地交织在一起。

东汉定都洛阳同样受到刘秀谶纬迷信思想的影响。东汉刘珍等编撰的《东观汉纪》卷一《光武本纪》对此记载道:

---

① (汉)司马迁:《史记》卷五五《留侯世家》,第 2043—2044 页。
② (汉)司马迁:《史记》卷一五《表三·六国年表》,第 685—686 页。

> 自汉草创德运，正朔、服色未有所定。高祖因秦，以十月为正，以汉水德，立北畤而祠黑帝。至孝文，贾谊、公孙臣以为秦水德，汉当为土德。至孝武，倪宽、司马迁犹从土德。自上即位，按图谶，推五运，汉为火德。周苍汉赤，水生火，赤代苍，故帝都雒阳。①

天象是促使刘秀定都洛阳的重要因素。以星象察国家兴替是那个时代的基本方式。如《后汉纪》卷一《光武本纪一》载（地皇三年）十一月，"有星孛于张，东南行，五日不见。孛星者，恶气所生，或谓之彗星。张为周分，其后世祖都洛阳，除秽布新之象"②。在信仰天命的时代，这种星象可能更加坚定了刘秀选定洛阳为京畿的思想。

东汉发展到章帝时，社会上还存在还都长安之论，王景由是以祥瑞为据，力推都于洛阳之说。《后汉书》卷七六《循吏列传·王景》："（章帝建初七年，王景）迁徐州刺史。先是杜陵杜笃奏上《论都（赋）》，欲令车驾迁还长安。耆老闻者，皆动怀土之心，莫不眷然伫立西望。（王）景以宫庙已立，恐人情疑惑，会时有神雀诸瑞，乃作《金人论》，颂洛邑之美，天人之符，文有可采。"③王景不过是出于洛阳宫庙皆成，乃以祥瑞为据，道天人之符，力阻不迁之说。

隋炀帝以洛阳为都城，选定洛阳地区为东部畿甸，也受天命迷信的深刻影响。《隋书》卷三《炀帝本纪上》载炀帝都洛阳之诏："洛邑自古之都，王畿之内，天地之所合，阴阳之所和。"④《资治通鉴》记载："章仇太翼言于帝曰：'陛下木命，不可久居。又谶云：'修治洛阳还晋家。'帝深以为然。"⑤自汉至隋，等而下之，天命之符可能是对畿甸选定具有重要影响的文化因素之一。这就使封建时代畿甸的选定，既有地理方面的合理性，又具有突出的

---

① （东汉）刘珍等撰，吴树平校注：《东观汉纪》卷一《光武本纪》，中州古籍出版社1987年版，第7页。
② （晋）袁宏：《两汉纪·后汉纪》卷一《世祖光武皇帝纪一》，中华书局2002年版，第6页。
③ （南朝宋）范晔撰，（唐）李贤等注：《后汉书》卷七六《循吏列传·王景》，第2466页。
④ （唐）魏徵：《隋书》卷三《炀帝本纪上》，第61页。
⑤ （宋）司马光编修，（元）胡三省注：《资治通鉴》卷一八〇"隋纪四文帝仁寿四年"条，中华书局1956年版，第5614页。

迷信色彩。

四、畿甸辖境、实力大于普通政区的原则

夏代畿甸的大小已不可具考,但商、周的分封制则有记载。《通典》载商代分封:"天子之田方千里,公、侯百里,伯七十里,子、男五十里。"① 商王的畿甸要比公侯大得多。《礼记》载周武王分封天下,"有功之诸侯,大者地方五百里,其次侯四百里,其次子二百里,其次男百里"②。据此,周代天子直辖之地方千里,诸侯之地大不过方圆五百里,周天子的领地要大于普通的侯国。夏代天子畿甸与侯国辖境也当大体遵从着类似的礼制对比原则。三代的畿甸无一不处于中原经济发达地区,畿甸具有超越侯国的实力是可以肯定的。

西汉初年诸侯王国多"兼数郡之地","吴王濞封有四郡五十余城",③"大者或五六郡,连城数十,置百官宫观,僭于天子"④,因而汉初60郡中,同姓九个诸侯王国和异姓的长沙国共有40余郡,汉帝自领的郡只有15个。中央朝廷所在的三辅仅三郡之量,不过一个小侯国的规模,但其经济实力则在一般的侯国之上。在侯国消失之后,中央朝廷掌控的三辅畿甸,在规模上大于一般的郡国而确立了居重驭轻的形势。

五、防范山东势力尾大不掉的基本原则

秦汉至隋代的关中地区在国家政治生活中具有重要的作用,但"山东"(唐代河东、河北道)则是定都关中的封建政权的防范对象。历代政权之所以强调对山东的防御,是因山东地域广阔,重农尚武,风俗古朴,复产健马,"兵常当天下"之故。杜牧《樊川文集·罪言》对此有着翔实的解释,是解读秦汉至隋山东地域为政治防范重地的历史原因:

---

① (唐)杜佑撰,王文锦等点校:《通典》卷三一《职官十三·历代王侯封爵》,第851页。
② (汉)郑玄注,(唐)孔颖达疏:《礼记注疏》卷一一《王制》,上海古籍出版社1987年版,第235页。
③ (汉)班固:《汉书》卷二七下之上《五行志下之上》,第1470页。
④ (汉)司马迁:《史记》卷一七《表五》,第802页。

> 山东之地，禹画九土，曰冀州。舜以其分野太大，离为幽州，为并州，程其水土，与河南等，常重十一二。故其人沉鸷多材力，重许可，能辛苦。自魏、晋已下，胤浮美淫，工机纤杂，意态百出，俗益荡蔽，人益脆弱。唯山东敦五种，本兵矢，他不能荡而自若也。复产健马，下者日驰二百里，所以兵常当天下。

历史时期的山东也是影响历史发展、政治走向的重要区域。这是黄帝以来、周代以前帝王多都山东、以山东某些区域为畿甸，更是秦汉至唐代乱世英雄得山东而得天下、霸天下、乱天下，失山东而无法王霸天下的重要原因：

> 黄帝时，蚩尤为兵阶，自后帝王多居其地，岂尚其俗都之邪？自周劣齐霸，不一世，晋大常佣役诸侯。至秦萃锐三晋，经六世乃能得韩，遂折天下脊，复得赵，因拾取诸国。秦末韩信联齐有之，故蒯通知汉、楚轻重在信。光武始于上谷，成于鄗。
>
> 魏武举官渡，三分天下有其二。晋乱胡作，至宋武号为英雄，得蜀得关中，尽得河南地，十分天下有其八，然不能使一人渡河以窥胡。至于高齐荒荡，宇文取得，隋文因以灭陈，五百年间，天下乃一家。隋文非宋武敌也，是宋不得山东，隋得山东，故隋为王，宋为霸。
>
> 由此言之，山东，王者不得，不可为王；霸者不得，不可为霸；猾贼得之，是以致天下不安。①

在杜牧的认知观中，山东风俗俭朴，坚忍尚战，军事资源丰富，是"王"天下、"霸"天下必需之地。反言之，当时的山东亦是可致天下之乱的重点防范之区，故有"猾贼得之，是以致天下不安"之论。在隋末农民战争中，唐军最大的劲敌一是河东的刘武周，二是河北的窦建德、刘黑闼，整个山东皆为唐朝的劲敌，而河北地域更是影响唐朝政局的重要区域。

---

① （唐）杜牧：《樊川文集》第五《罪言》，上海古籍出版社1978年版，第86—87页。

唐廷强化对河北地区的控制，是历史与现实经验使然。唐廷控制山东的方式有三种：一是削弱河北地域的军事实力；二是确立畿甸地域对其他政区，至少包括河北地区的优势；三是采用其他方式控御河北。在没有外患的形势下，山东之地是统治者内忧的重要来源。秦汉以来畿甸地域的选定，除与地方普通的政区实力相当的原则之外，总有制衡山东势力这一因素的影响在内。

总之，不同时期不同王朝畿甸建构原则的侧重点有别。如夏、商、周三代分封制下畿甸的建构，突出畿甸选定的经济自给性及以诸侯为屏翰的军事安全性；秦、西汉代郡县制下畿甸的选定较多地传承着周代的王畿制，但在强调经济自给的同时，突出畿甸与周边区域经济的系统性。东汉洛阳型畿甸不以天险为固，但强调军事力量上的居重驭轻、以军队布防成险，重在集天下之资以保朝廷，以德治国为子孙立万世基业。但不论是哪种倾向性的畿甸选定原则，能够发挥居重驭轻的作用都是畿甸选定的根本出发点。

第二节　先秦至隋代畿甸的空间组织结构

除按经济保障能力，可将畿甸分为自给型与集资型畿甸之外，先秦至隋代的畿甸还可大体分为单构型畿甸与复合型、组合型畿甸三种形态。单构型畿甸按地域大小又可分为夏、商王畿型，秦朝内史大型畿甸，西晋小型畿甸三类。西周、东汉、隋属于由东西两个畿甸构成的复合型畿甸，西汉三辅属于组合型畿甸。这些畿甸结构形态既是特定的历史时期的产物，又是了解那个时代畿甸社会发展、中央与地方互动关系，及王朝末期特定的军事斗争现象的基本着眼点。

一、单构型畿甸结构形态

（一）夏商王畿型畿甸结构形态

夏、商处于中国文明发展的早期时代，分封制是夏、商维系统治秩序的重要形式。夏、商王朝在一定程度上仅是天下的共主，诸侯具有较强的政治、经济自主性，畿甸是夏、商政权（王）直接统治的区域。元人马端临："古之帝王未尝以天下自私也，故天子之地千里，公、侯皆方百里，伯七十里，子、男五十里，而王畿之内复有公卿大夫采地禄邑，各私其土，子其人，而子孙世守之。"① 据此，夏、商的王畿就是由某些公卿大夫采地禄邑构成的，由夏、商之"王"（天子）直辖的单构型畿甸。畿甸内的公卿、大夫就是王的"王官"，由"王官"管理畿内是畿甸管理的基本特点。

（二）秦朝内史型大畿甸结构

秦以京师咸阳所在"内史"为秦之"畿内""畿甸"，内史辖区与唐代京兆、华阴、冯翊、扶风、汧阳、新平及梁州之域的上雒郡等关内地域相当。② 内史本是秦代的朝官，秦设内史辖区，继承了夏、商、周以"王官"治王畿的传统。但夏、商与秦的畿甸地域，较其他时期同类单构型畿甸地域范围要广阔得多。我们称秦代这种畿甸为单构式大型畿甸。

（三）西晋京畿型畿甸结构

三国时期京师疆理始见"京畿"之称，如《三国志·魏书》引《傅子》曰："河南尹内掌帝都，外统京畿，兼古六乡六遂之士。其民异方杂居，多豪门大族，商贾胡貊，天下四（方）会，利之所聚，而奸之所生。"③ 如果京师政区疆理能够称为"京畿"的话，那么秦内史、西汉三辅即是"京畿"。毗邻小型京畿之地则可称为"近畿"，如西晋河内郡怀县地接京师河南，怀县即为当时的"近畿"之地："近畿（驿路）辐凑，客舍亦稠"，"逆旅逐末废农，奸淫亡命，多所依凑，败乱法度，敕当除之"。④ 近畿难治，逐末废农，是当时近畿社会发展的一大流弊。

---

① （元）马端临：《文献通考·自序》，中华书局1986年版，第2页。
② （唐）杜佑撰，王文锦等点校：《通典》卷一七二《州郡二·序目二·大唐》，第4491页。同书卷一七三《州郡三·古雍州上》第4506页言秦始皇所置内史，即唐之京兆、华阴、冯翊、扶风、汧阳、新平等郡。
③ （晋）陈寿撰，陈乃乾校点：《三国志》卷二一《魏书二一·傅嘏传》引《傅子》，中华书局1959年版，第624页。
④ （唐）房玄龄等：《晋书》卷五五《潘岳传》，中华书局1974年版，第1502页。

二、西周、东汉、隋代的复合型畿甸结构

西周畿甸可以分为以关中镐京为中心的宗周与以河南洛邑为中心成周两部分，西周畿甸属于典型的复合型畿甸。平王东迁后，西周复合式王畿制度解体。东汉实行两京制，原关中地域仍设"三辅"，与东都洛阳同为由具有朝官性质管辖的畿甸地区。隋代也是关中畿甸与洛阳畿甸并立的复合型畿甸结构。隋代于关中设置领有22县的京兆郡①，京兆（京师）辖区即为隋代的京畿，但其政区疆理大大小于秦内史、西汉的三辅。隋代以京师政区疆理为"畿内"，京师疆理之外为"畿外"，秦汉至隋之"畿""畿内"已成为京师疆理、京畿的专称了。京畿之外是以西汉三辅为名的冯翊郡、扶风郡。这三郡号称"汉之三辅"，但冯翊、扶风已经不属畿甸而是"外郡"。② 但冯翊有皇家沙苑、宫殿各一，扶风郡有皇家宫殿四，冯翊、扶风郡的重要性同样要高于普通州郡。这里将扶风、冯翊视为隋代的畿甸区域。隋代畿甸的政区结构如下。

隋代畿甸政区

京兆郡

开皇三年，置雍州。城东西十八里一百一十五步，南北十五里一百七十五步。东面通化、春明、延兴三门，南面启夏、明德、安化三门，西面延平、金光、开远三门，北面光化一门。里一百六，市二。大业三年，改州为郡，故名焉。置尹。

统县二十二，户三十万八千四百九十九。

大兴，开皇三年置。后周于旧郡置县曰万年。高祖龙潜，封号大兴，故至是改焉。有长乐宫。有后魏杜城县、西霸城县、西魏山北县，并后周废。

长安，带郡。有仙都、福阳、太平等宫。有关官。有旧长安城。

始平，故置扶风郡，开皇三年郡废。

---

① （唐）魏徵等：《隋书》卷二九《地理志上》，第817页。
② （唐）魏徵等：《隋书》卷二九《地理志上》，第817页。

武功，后周置武功郡，建德中郡废。有永丰渠、普济渠。

盩厔，后周置周南郡及恒州，又有仓城、温汤二县，寻并废。有司竹园，有宜寿、仙游、文山、凤皇等宫。有关官。有太一山。有温汤。

醴泉，后魏曰宁夷，西魏置宁夷郡。后周改为秦郡，后废，又以新畤、甘泉二县入焉。开皇十八年改县名醴泉。有甘泉水、波水、浪水。有九抃山、温秀岭。

上宜，开皇十七年置，有旧莫西县，十八年改名好畤，大业三年废入焉。

鄠，有甘泉宫。有终南山。有涝水。

蓝田，后周置蓝田郡，寻废郡，及白鹿、玉山二县入焉。有关官。有滋水。

新丰，有温汤。

华原，后魏置北雍州，西魏改为宜州，又置北地郡，寻改为通川郡。开皇初郡废，大业初州废，及土门县入焉。有沮水、频山。

宜君，旧置宜郡，开皇初郡废，有清水。

同官，郑，后魏置东雍州，并华山郡。西魏改曰华州。开皇初郡废。大业初州废。有少华山。

渭南，后魏置渭南郡，西魏分置灵源、中源二县，后周郡及二县并废入焉。有步寿宫。

万年，高陵。后魏曰高陆，大业初改焉。

三原，后周置建忠郡，建德初郡废。

泾阳，旧置咸阳县，开皇初废。有茂农渠。

云阳，旧置，后周置云阳郡，开皇初郡废。有泾水、五龙水、甘水、走马水。

富平，旧置北地郡，后周改曰中华郡，寻罢。有荆山。

华阴，有兴德宫。有关官。有京辅都尉。有白渠。有华山。①

冯翊郡

后魏置华州，西魏改曰同州。

统县八，户九万一千五百七十二。

---

① （唐）魏徵等：《隋书》卷二九《地理志上》，第 808、809 页。

冯翊，后魏曰华阴。西魏改为武乡，置武乡郡。开皇初郡废，大业初改名冯翊，置冯翊郡。有沙苑。

韩城，开皇十八年置。有关官。有梁山，有鬼谷。

合阳，朝邑　后魏曰南五泉，西魏改焉。有长春宫。有关官，有朝坂。

澄城，后魏置澄城郡，后周并五泉县入焉。开皇初郡废。

蒲城，旧置南、北二白水。西魏改为蒲城，置白水郡，开皇初郡废。

下邽，旧置延寿郡。开皇初郡废，大业初并莲勺县入焉。有金氏陂。

白水，有五龙山、马兰山。①

扶风郡

旧置岐州。

统县九，户九万二千二百二十三。

雍，后魏置秦平郡，西魏改为岐山郡，开皇三年郡废。大业初置扶风郡。有岐阳宫。

岐山，后周曰三龙县，开皇十六年改名焉。又有后魏周城县，后周废。有岐山。

陈仓，后魏曰宛川，西魏改曰陈仓。后周置显州，寻州县俱废。开皇十八年置，曰陈仓。有陈仓山，有关官。

虢，后魏置武都郡，西魏改县曰洛邑。后周置朔州，州寻废，郡开皇初废，大业初改县为虢。

郿，旧曰平阳县，西魏改曰郿城，后周废入周城县，开皇十八年改周城为渭滨，大业二年改为郿。又后周置云州，建德中废。有安仁宫、凤泉宫。有太白山、五丈原。

普闰，大业初置。有仁寿宫。有漆水、岐水、杜水。

汧源，西魏置陇东郡及汧阴县，后改县曰杜阳。后周又曰汧阴。开皇三年郡废，五年县改曰汧源。又有西魏东秦州，后改为陇州，大业三年州废。有关官。有陇山、汧山、汧水。

汧阳，旧置汧阳郡，后周罢。

---

① （唐）魏徵等：《隋书》卷二九《地理志上》，第809页。

南由，后魏置，西魏改为镇，后周复置县。又有旧长蛇县，开皇末废。有关官。有盘龙山。①

三、西汉三辅组合型畿甸结构

西汉三辅地域由秦内史演变而来。汉唐将前代京师政区称为"畿内"，如东汉称周代"王畿"为"畿内"，郑玄注《周礼》："诸侯，谓三公及王子弟封于畿内者。"② "秦京师为内史"，唐颜师古注："京师，天子所都，畿内也"。③ 西汉的畿甸是由三辅构成的组合型畿甸。汉景帝二年（公元前155年）分内史为左、右内史，与主爵中尉（不久改为主爵都尉）同治长安城中，所辖皆京畿之地，故合称"三辅"。三辅形制相当于郡，但因地位特殊而称为"辅"。举《汉书》卷二八《地理志上》所列西汉三辅行政单位，以便进一步分析西汉畿内政区的建置特点，并与隋唐畿甸政区范围进行对比。

西汉的三辅政区

京兆尹 故秦内史，高帝元年属塞国，二年更为渭南郡，九年罢，复为内史。武帝建元六年分为右内史，太初元年更为京兆郡。

元始二年户十九万五千七百二，口六十八万二千四百六十八。

县十二：长安，高帝五年置。惠帝元年初城，六年成。户八万八百，口二十四万六千二百。王莽曰常安。

新丰，骊山在南，故骊戎国。秦曰骊邑。高祖七年置。

船司空，莽曰船利。

蓝田，山出美玉，有虎候山祠，秦孝公置也。

华阴，故阴晋，秦惠文王五年更名宁秦，高帝八年更名华阴。太华山在南，有祠，豫州山。

集灵宫，武帝起。莽曰华坛也。

郑，周宣王弟郑桓公邑。有铁官。

---

① （唐）魏徵等：《隋书》卷二九《地理志上》，第809、810页。
② （汉）郑玄注，（唐）贾公彦疏：《周礼注疏》卷七《司裘》，第173页。
③ （汉）班固：《汉书》卷二八下《地理下》，第1640页。

湖，有周天子祠二所。故曰胡，武帝建元年更名湖。

下邽，南陵，文帝七年置。沂水出蓝田谷，北至霸陵入霸水。霸水亦出蓝田谷，北入渭。（师）古曰兹水，秦穆公更名以章霸功，视子孙。

奉明，宣帝置也。

霸陵，故芷阳，文帝更名。莽曰水章也。

杜陵，故杜伯国，宣帝更名。有周右将军杜主祠四所。莽曰饶安也。①

左冯翊 故秦内史，高帝元年属塞国，二年更名河上郡，九年罢，复为内史。武帝建元六年分为左内史，太初元年更名左冯翊。

户二十三万五千一百一，口九十一万七千八百二十二。

县二十四：高陵，左辅都尉治。莽曰千春。

栎阳，秦献公自雍徙。莽曰师亭。

翟道，莽曰涣。

池阳，惠帝四年置。嶭山在北。

夏阳，故少梁，秦惠文王十一年更名。《禹贡》梁山在西北，龙门山在北。有铁官。莽曰冀亭。

衙，莽曰达昌。

粟邑，莽曰粟城。

谷口，九嵕山在西。有天齐公五床山、仙人、五帝祠四所。莽曰谷喙。

莲勺，鄜，莽曰修令。

频阳，秦厉公置。

临晋，故大荔，秦获之，更名。有河水祠。芮乡，故芮国。莽曰监晋。

重泉，莽曰调泉。

合阳，祋祤，景帝二年置。

武城，莽曰桓城。

沈阳，莽曰制昌。

褱德，《禹贡》北条荆山在南，下有强梁原。洛水东南入渭，雍州浸。莽曰德驩。

---

① （汉）班固：《汉书》卷二八《地理志上》，第1543—1544页。

徵，莽曰泛爱。

云陵，昭帝置也。

万年，高帝置。莽曰异赤。

长陵，高帝置。户五万五十七，口十七万九千四百六十九。莽曰长平。

阳陵，故弋阳，景帝更名。莽曰渭阳。

云阳，有休屠、金人及径路神祠三所，越巫䄠䱐祠三所。①

右扶风 故秦内史，高帝元年属雍国，二年更为中地郡。九年罢，复为内史。武帝建元六年分为右内史，太初元年更名主爵都尉为右扶风。

户二十一万六千三百七十七，口八十三万六千七十。

县二十一：渭城，故咸阳，高帝元年更名新城，七年罢，属长安。武帝元鼎三年更名渭城。有兰池宫。莽曰京城。

槐里，周曰犬丘，懿王都之。秦更名废丘。高祖三年更名。有黄山宫，孝惠二年起。莽曰槐治。

鄠，古国，有扈谷亭。扈，夏启所伐。鄠水出东南，又有潏水，皆北过上林苑入渭。有萯阳宫，秦文王起。

盩厔，有长杨宫，有射熊馆，秦昭王起。灵轵渠，武帝穿也。

斄，周后稷所封。

郁夷，《诗》"周道郁夷"。有汧水祠。莽曰郁平。

美阳，《禹贡》岐山在西北。中水乡，周文王所邑。有高泉宫，秦宣太后起也。

郿，成国梁首受渭，东北至上林入蒙笼渠。右辅都尉治。

雍，秦惠公都之。有五畤，太昊、黄帝以下祠三百三所。橐泉宫，孝公起。祈年宫，惠公起。棫阳宫，昭王起。有铁官。

漆，水在县西。有铁官。莽曰漆治。

栒邑，有豳乡，《诗》豳国，公刘所都。

隃麋，有黄帝子祠。莽曰扶亭。

陈仓，有上公、明星、黄帝孙、舜妻育冢祠。有羽阳宫，秦武王起也。

---

① （汉）班固：《汉书》卷二八《地理志上》，第1545页。

杜阳，杜水南入渭。《诗》曰"自杜"。莽曰通杜。

汧，吴山在西，古文以为汧山。雍州山。北有蒲谷乡弦中谷，雍州弦蒲薮。汧出西北，入渭。芮水出西北，东入泾。《诗》芮，雍州川也。

好畤，梁山在东。有梁山宫，秦始皇起。莽曰好邑。

虢，有黄帝子、周文武祠。虢宫，秦宣太后起也。

安陵，惠帝置。莽曰嘉平。茂陵，武帝置。户六万一千八十七，口二十七万七千二百七十七。莽曰宣城。

平陵，昭帝置。莽曰广利。

武功，太壹山，古文以为终南。垂山，古文以为敦物。皆在县东。斜水出衙领山北，至郿入渭。褒水亦出衙领，至南郑入沔。有垂山、斜水、褒水祠三所。莽曰新光。①

汉景帝二年（公元前155年），分内史为左、右内史，与主爵中尉（不久改为主爵都尉）同治长安城中，所辖皆京畿之地，故合称"三辅"。三辅形制相当于郡，但因地位特殊而称为"辅"。

以上述"畿内""京畿"观念视之，秦内史领有大约整个关中地域（武关、散关、萧关、函谷四关之内），京师政区疆理与畿内是对应统一的。西汉京师由秦内史发展出一体三分的三辅制，三辅实质上是一个组合式京师政区。三辅就是一个拥有三郡57县的畿内②。内史、三辅之称皆是其不同凡州的标志性称号③。南朝齐称京师所在政区为"畿辅"④，"畿辅"当是由周代王畿、汉代辅郡组合而来的名词。

西汉三辅地域要大于隋代三辅。隋三辅共39县，492294户，平均每县12623户。西汉京兆、冯翊、扶风三郡共57县，647180户，2436360口，平均每县11354户。隋朝三辅辖境虽小，但每县的平均户数则大于西汉时期。它反映出隋代原关中地域户口较汉代已有大量的增加。由于旧政区户口众多，政事烦冗，为便于管理而从旧州县中析置新州县。隋代三辅辖境的缩小，应

---

① （汉）班固：《汉书》卷二八《地理志上》，第1546、1547页。
② （汉）班固：《汉书》卷二八上《地理志上》，第1543、1545、1546页。
③ （汉）班固：《汉书》卷二八下《地理志下》，第1640页。
④ （南朝梁）萧子显：《南齐书》卷四七《王融传》，中华书局1972年版，第819页。

是隋代三辅户口增加的结果。但隋朝皇家行宫于扶风、冯翊的分布，客观上强化了扶风、冯翊与京兆的关系，在事实上形成政治重要性虽低于京兆，但亦是在诸州郡中仅次于京兆的，拥有特殊的政治地位的州郡。

就秦汉至隋代的畿甸而言，帝都所在政区方能称为畿，畿内政区也存在不同的建构形态。秦、西汉无京畿与近畿之称，东汉、隋仅见畿内未见近畿之号，西晋时期有近畿发展问题，但无近畿与京畿政区的区域建构现象，是这段历史时期京畿与近畿政区地域关系的重要特点。有四塞之固，沃野千里，其地赋役足以自给，对外可攻可守，进退有据，是秦、西汉关中的地域优势。最大限度地利用关中军事、赋役资源控御天下，是秦、西汉关中畿内政区建构的基本思想。较秦与西汉畿内地理形势的管控、政区管理的一体化而言，隋对关中畿甸地域的一体化形势相对较弱。

第三节　先秦至隋代的畿甸政策及其影响

先秦至隋代选定畿甸原则的共同性与差异性，决定了这一时期不同王朝的畿甸政策既有联系又有区别。不同的畿甸政策对畿甸社会发展产生了不同的影响，但隋代的畿甸政策、畿甸社会发展已呈现出历史转型的时代特点。不同的畿甸结构、畿甸政策对不同王朝的末世政局亦产生了不同的影响，形成了末世王朝中央与反抗势力斗争中表象有别的历史发展形势。

一、先秦至隋代畿甸的区域政策

（一）夏商周的畿甸区域政策

夏商周赋役以畿甸自给，畿甸政策主要通过赋役政策体现出来，但史料并未载录三代畿甸实行的具体的赋役政策。畿甸的军事形势则有简单的记载。《孟子·梁惠王上》："万乘之国，弑其君者，必千乘之家；千乘之国，弑其君者，必百乘之家。"东汉赵岐注："万乘，兵车万乘，谓天子也。千乘，诸侯也。"《周礼》也载，"王六军，大国三军，次国二军，小国一军。"这至少表明，周天子军队规模远大于诸侯，畿甸是周天子乃至周代宿有重兵处。夏、商两朝的军事力量分布形势也当大体如此。

明代邱濬在《大学衍义补》中论述夏商周三代的畿甸地域："古者畿内之兵不出，所以重内也。""甸服千里之间，其所赋之兵，而所出之税，自足以给之，无劳远馈，内足以卫王室，而外足以镇压天下之大，四夷之远。""后世有志于三代之盛者，壮根本，安国家，以为千万世不拔之基者，尚有考于斯。"① 畿甸地域之兵常驻畿甸，且兵员数量多于诸侯，形成居重驭轻之势；畿甸之兵以畿甸之赋自给，内卫王室，外镇天下，威抚四夷，是三代畿甸政策的基本特点。

《通典》卷四《食货四·赋税》载夏代"任土作贡，分田定税，十一而赋，万国以康"②。畿甸"十一而税"的税率应相对较轻，故杜佑有这种税制下"万国以康"之说。商代的畿甸"公田藉而不税，七十而助。是以其求也寡，其供也易"③。畿甸实行的也是轻税政策。孟子曰："夏后氏五十而贡，殷人七十而助，周人百亩而彻。其实皆什一也。""耕者助而不税，则天下之农皆悦，而愿耕于其野矣。"④ 周代畿甸的赋税负担同样较轻。轻税自给，驻有重兵，是夏商周畿甸政策的重要特点。

（二）两汉时期的三辅政策

居重御轻仍是西汉三辅的基本特点。但三辅畿甸、准京畿地区实行由司隶监察，实行直接的、严密的军事控制，具有严格的户口管理政策，在贡赋上也给予特别的优待。⑤ 它同样反映了西汉时期力图通过特殊的畿甸政策，维系三辅地区的富庶，以三辅控御天下的思想。优待政策的核心，是促进或维护畿甸经济的发展。除此之外，西汉时期三辅政策还有以下三个特点：

一是三辅长官皆朝官而非地方官，这是三辅长官地位的重要特点，也是

---

① （明）邱濬著，林冠群、周济夫校点：《大学衍义补》卷一一九《治国平天下之要·严武备·京辅之地》，第1028页。
② （唐）杜佑撰，王文锦等点校：《通典》卷四《食货四·赋税》，第71页。
③ （唐）杜佑撰，王文锦等点校：《通典》卷四《食货四·赋税》，第72页。
④ （唐）杜佑撰，王文锦等点校：《通典》卷四《食货四·赋税》，第75—76页。
⑤ ［韩］崔在容：《西汉京畿制度的特征》，《历史研究》1996年第4期。

三代畿甸"王官"制的延续与发展。《汉书》记载："三辅举不如法令者，皆上丞相、御史请之。"① 武帝太初元年（公元前104年）改左、右内史、主爵都尉为京兆尹、左冯翊、右扶风。三辅长官兼朝官，这是三辅直辖的表现。

二是三辅各郡户口约略相当，而以京兆郡为少，三辅郡是在户口分配上具有平等政治地位的三郡。在人口作为基本或主要社会资源的封建社会，西汉畿甸基本的、主要的社会资源具有平均分配的特点。若按财政收入而论，三辅财政收入当无过大差异性。

三是在三辅郡之中，大型水利工程主要有左冯翊的郑国渠、六辅渠、白渠、龙首渠，右扶风的成国渠、灵轵渠。这是三辅主要的农业灌溉区，也是全国性的农业发达区。京兆郡的漕渠以转输关东之赋为主。是故左冯翊、右扶风重在农业，京兆郡则重在政治，经济并非其发展的重点。

从户口、水利等主要的经济资源看，三辅经济资源的配置是相对均衡的。三辅亦各据险要，是长安城的军事防卫要地。这是三辅重要的军事特点。三辅地域在当时也是经济发达的地域。西汉时期较好地践行着建立富庶的畿甸地区的历史传统。实行环护（优待）政策、维护地域资源的整体性、保持疆界的相对均等性、保持资源的平均分配性是西汉三辅政策的基本特点。

但西汉三辅的赋役负担，最多可能仅仅未高于其他地区，汉代税重现象是客观存在的。如王莽评价西汉的"轻税"政策："汉氏减轻田租，三十而税一，常有更赋，罢癃咸出，而豪民侵凌，分田劫假，厥名三十（税一），实什税五也。富者骄而为邪，贫者穷而为奸，俱陷于辜，刑用不错。"② 三辅地区的环护政策实行到哪种程度并不确定。

西汉实行的理论上的环护政策的核心是：动乱时期以关中之力驭天下，承平时期均天下之力养朝廷。若天下分崩，畿甸足以资朝廷自守；承平时期均天下之力以养朝廷，天下不劳而畿甸无扰。这种政策的最终结果就是，畿甸保持了区域经济的完整性与畿甸的富庶。畿甸政区资源配置的均衡性，又

---

① （汉）班固：《汉书》卷五《景帝纪五》，第149页：（景帝六年）五月，诏曰："夫吏者，民之师也，车驾衣服宜称。"吏六百石以上皆长吏也，张晏曰："长，大也。六百石，位大夫。"亡度者或不吏服，出入闾里，与民亡异。令长吏二千石车朱两轓，千石至六百石朱左轓。车骑从者不称其官衣服，下吏出入闾巷亡吏体者，二千石上其官属，三辅举不如法令者，皆上丞相御史请之。"
② （汉）班固：《汉书》卷二四上《食货志四上》，第1143—1144页。

在客观上促成畿甸政区财政的平衡发展，在一定程度上避免了区域发展的人为差异。

在兵制方面，西汉实行郡国兵制。由于三辅人口众多，郡国兵数量较大，同夏、商、周一样，畿甸仍是宿有重兵之处。其他郡国兵虽置于郡国，仍受朝廷指挥调遣，但发兵权属于中央，中央军事力量对地方具有较大的优势。

东汉洛阳地区的畿甸，未见实行过环护政策。东汉郡国军队的数量较少，中央军是国家军事力量的主体。中央的军队主要有四支，包括雒阳地区的南军、北军，防守黄河以北的黎阳营，驻于雍州的雍营。安帝时，为了防御鲜卑、匈奴的侵扰，又增置渔阳营兵、使匈奴中郎将、度辽将军、护乌桓校尉、护羌校尉等直属于中央的边军。东汉畿甸仍驻有重兵，对地方具有较强的军事控制力。

(三) 隋代的畿甸政策

京兆、冯翊、扶风三郡是隋代的三辅。隋代三郡长官除京兆尹之外，冯翊、扶风郡长官已属地方官之列，冯翊、扶风的政治地位较两汉大为降低，畿甸地域亦未见实行哪些优惠政策的记载。畿内由司隶台别驾巡察，"畿外"则由十四刺史巡察。① 西汉三辅同由司隶校尉监察，隋代三辅中的冯翊、扶风郡，与京兆已属不同的监察区，隋代对关中畿甸的监察不及西汉，畿甸的一体性也弱于西汉，畿甸的地域范围也比秦汉时期小。

在州郡的等第方面，隋代京师政治地位特殊，历代的京师建置都是如此。隋代州郡或划分为上上、上中、上下、中上、中中、中下、下上、下中、下下九等第，上上郡属员一百四十六人②，或分为上、中、中下、下四等。③ 冯翊、扶风属于哪一等第之郡已经无从考证了，但二郡不具特殊的等第规定应是没有疑义的。它反映出隋代畿甸政策正处于历史转折的前夜。

隋朝统一后全国所设军府的数量、各府员额，史书并无明确记载，但所设军府主要集中于关陇地区、形成居重驭轻之势是可以肯定的。隋炀帝为征

---

① (唐) 魏徵等：《隋书》卷二八《百官下志》，第797页。
② (唐) 魏徵等：《隋书》卷二八《百官下志》，第783页。
③ (唐) 杜佑撰，王文锦等点校：《通典》卷三二《职官十四·州郡上》，第888页。

高句丽曾"增置军府，扫地为兵"①，但其同时大量招募勇士从军，号称骁果，京都和宫廷禁军高达几十万人②，畿甸居重驭轻的军事形势依然未变。

秦隋时期不同的畿甸建构，形成了不同的畿甸社会发展形势及朝廷对地方、边地的控御能力。不同时期畿甸社会发展形势虽然有别，但较强的控御能力则是这一时期的封建大一统王朝畿甸功用的共同特点。这也决定了在这一时期的大一统封建王朝的末世，中央与地方反抗势力斗争形势的曲折性。

二、秦隋畿甸区域社会发展形势的差异

夏、商、周时期的畿甸，已是天下的经济发达区。秦与西汉的关中畿甸地域是全国的富庶之地，其人"好稼穑，务本业，故《豳诗》言农桑衣食之本甚备。有鄠、杜竹林，南山檀柘，号称陆海，为九州膏腴。始皇之初，郑国穿渠，引泾水溉田，沃野千里，民以富饶"③。关中的"富庶"一是指资源丰富，二是指畿甸的经济总量高，三是民生水平可能确实不低。商业经济发达，去农从商之人较多，也是秦汉与隋代三辅经济的共同特点。《隋书》卷二九《地理志上》：

> 京兆，王都所在，俗具五方，人物混淆，华戎杂错；去农从商，争朝夕之利，游手为事，竞锥刀之末；贵者崇侈靡，贱者薄仁义，豪强者纵横，贫窭者窘蹙；桴鼓屡惊，盗贼不禁，此乃古今之所同焉。自京城至于外郡，得冯翊、扶风，是汉之三辅，其风大抵与京师不异。④

但隋代关中京师及附近地域，属于人多地少的狭乡，农民生计普遍困难：

---

① （唐）魏徵等：《隋书》卷二四《食货志》，第686页。
② 杜振荣主编，西安市军事志编纂委员会编：《西安市军事志》第二编《军事组织》，三秦出版社2003年版，第89页。
③ （汉）班固：《汉书》卷二八下《地理志下》，第1642页。
④ （唐）魏徵等：《隋书》卷二九《地理志上》，第817页。

"京辅及三河，地少而人众，衣食不给。"① "衣食不给"可能略有夸大，但普遍的民生艰难现象应是客观存在的。据此，隋代畿甸所谓的富庶、经济发达，或是指耕作水平、经济总量而言，但隋代京兆郡、同州、华州三地，面积小于西汉的三辅，而其户数则已经超过了西汉的三辅。包括耕地占有数量在内的人均数量相对较少，以致于达到"衣食不给"的程度。

三辅贫困的原因一在人口众多，二在均田制的经济影响之大。但自隋代以来，均田制即成"虐民之制"，王夫之《读通鉴论》卷一九《隋文帝》："五代南北之战争，民之存者仅矣。周灭齐而河北定，隋灭陈而天下一，于是而户口岁增，京辅、三河地少人众。且无以自给，隋乃遣使均田，以谓各得有其田以赡生也。虽然，而民困愈亟矣。"② "均田令行，狭乡十亩而籍一户，其虐民可知矣，则为均田之说者，王者所必诛而不赦，明矣。"③

隋唐时期的均田令规定丁、中在宽乡和狭乡授田数不相同，赋役令却不论狭乡、宽乡一律是每丁租粟二石④，狭乡赋役负担要重于宽乡。这对三辅类狭乡来说，这种赋役规定无疑造成了畿甸沉重的经济负担。在以人丁为本的租庸调制下，三辅为国家提供了大量的赋税收入，民困现象在所难免。国家赋税总量大与民困是两个不同的问题。简言之，隋代畿甸民生的贫困，主要是畿甸人多地少，畿甸内外执行同样的赋役标准，畿甸赋役负担相对沉重的结果。

三、秦至隋代畿甸区域与乱世军事

秦至隋代畿甸政区不同的建构形势，对王朝末世的军事活动具有不同的影响。但不论影响的形式有何不同，畿甸政区的建构最多对王朝起到苟延残喘的作用，并未达成凭畿甸挽救王朝命运的功效。

（一）秦末畿甸区域与乱世军事

在秦王朝的末期，秦维系着居关中而北资胡苑之利、南得巴蜀之饶的畿

---

① （唐）魏徵等：《隋书》卷二四《食货志》，第682页。
② （清）王夫之：《读通鉴论》卷一九《隋文帝》，中华书局1975年版，第638页。
③ （清）王夫之：《读通鉴论》卷一九《隋文帝》，第639页。
④ 张泽咸：《唐代赋役史草》，中华书局1986年版，第7页。

甸资源体系，成为秦与秦末农民军抗衡的重要资本。秦以这一资本，先败陈胜周文部士卒数十万于关中，又继败陈胜、吴广、项梁而无人力、物力的匮乏。秦人也是秦末秦王朝的重要人力资源，巨鹿之战后项羽在新安坑杀二十万"秦中吏卒"[1]。刘向《新序》卷一○《善谋下》载韩信游说刘邦："三秦王为秦将，秦弟子数岁所杀亡不可胜计。又欺其众降诸侯，至新安，项王诈坑秦降卒二十余万人。唯独邯、欣、翳脱，秦父兄怨此三人，痛入骨髓。今楚强，以威王此三人，秦民莫爱。"[2] 这些秦中吏卒就多是关中之人。正是因为秦拥有关中根基，秦末农民战争才出现那么大的挫折与反复。

封建京畿建置的目的是"强干弱枝"，但"强"的是畿，"弱"的是地方政权。这剂强化封建集权统治之"药"的副作用，就是在地方底层人群起义时，地方政权实力不济，镇压不力，地方底层反抗势力能够迅速扩大。秦末反秦斗争之所以发展成如此大的势力，与秦强干弱枝的副作用的影响不无关系。这是历代封建王朝末期地方势力得以迅速发展的重要原因。能够制约地方反抗势力发展的，则是中央直接掌握的"中央"军事力量，倚仗的是关中相对富厚的物质支撑，畿甸在末世确实能够在一定程度上起到延缓封建王朝灭亡的作用。

（二）西汉占据关中与西汉立国

西汉初年也是凭借关中地利平定天下的。《史记》卷五三《萧相国世家》："汉二年，汉王与诸侯击楚，何守关中，侍太子，治栎阳。为法令约束，立宗庙社稷宫室县邑，辄奏上，可，许以从事；即不及奏上，辄以便宜施行，上来以闻。关中事计户转漕给军，汉王数失军遁去，何常兴关中卒，辄补缺。上以此专属任何关中事。"[3] 时人对萧何的功绩如此评价道："夫上与楚相距五岁，失军亡众，跳身遁者数矣。然萧何常从关中遣军补其处。非上所诏令召，而数万众会上乏绝者数矣。夫汉与楚相守荥阳数年，军无见粮，萧何转

---

[1] （汉）司马迁：《史记》卷七《项羽本纪》，第310页。
[2] （汉）刘向：《新序》卷一○《善谋下》，四部丛刊初编（0326册）子部，上海书店1989年版。
[3] （汉）司马迁：《史记》卷五三《萧相国世家》，第2014—2015页。

漕关中，给食不乏。陛下虽数亡山东，萧何常全关中待陛下，此万世功也。"①这种评价客观地论述了关中对刘邦建汉的重要性，并反映出关中经济的富厚形势。

刘向《新序》卷一○《善谋下》同样指出了都关中对国家稳定的重要性："于是高皇帝即日驾西，都关中。由是国家安宁，虽彭越、陈豨、卢绾之谋，九江、燕、代之兵及吴楚之难，关东之兵虽百万之师犹不能以为害者，由保仁德之惠，守关中之固也。国以永安，娄敬、张子房之谋也。"②《汉书》卷一下《高帝纪下》（汉六年冬十月）田肯贺上曰："秦，形胜之国也，带河阻山，县隔千里，持戟百万，秦得百二焉。地势便利，其以下兵于诸侯，譬犹居高屋之上建瓴水也。"③但三辅再拥有有利的地利条件，还必须得有人和为其辅助，三辅国家根本作用的发挥是人和与地利双重作用的结果，"保仁德之惠，守关中之固也"。

（三）隋末畿甸区域与乱世政局

在隋末群雄逐鹿的过程中，关中、洛阳、江都是隋朝的三个军事据点。炀帝带领十万关中骁果在江都，成为控御江南、支持洛阳、辅保长安、洛阳的重要力量。炀帝在江都之变被弑后，宇文化及帅骁果西归，在洛阳童山与李密军大战，李密劲卒良马死伤甚重。④ 关中骁果削弱了关东地区的一支重要力量，童山之战成为影响隋末关东政局的重要一战，说明隋代畿甸原本的控御能力是相当强大的。但炀帝领畿甸之军南下，背离居重驭轻之道，东西畿甸兵力空虚，应是洛阳危殆，李渊得以占领关中的重要原因。

总之，秦、新莽等定都关中的封建政权大多亡于社会的底层力量。建立关中、洛阳双构型畿甸的政权，则往往先兆祸于农民起义，后陷于分裂割据的局面，东汉、隋、唐大体如是。它反映的畿甸建置过程中产生的问题是，秦代关中畿甸对地方行政单位控制力强，地方行政单位势力相对较弱，处理

---

① （汉）司马迁：《史记》卷五三《萧相国世家》，第 2015 页。
② （汉）刘向：《新序》卷一○《善谋下》。
③ （汉）班固撰，（唐）颜师古注：《汉书》卷一下《高帝纪下》，第 59 页。
④ （唐）魏徵等：《隋书》卷八五《宇文化及传》，第 1888—1892 页。

地方突发事件的能力不够。东汉、隋在两畿制度下，朝廷直接控制的地域广，中央朝廷的实力相对强大。但农民起义力量的发展，同样使两畿式政权认识到地方权力小，故需要强化地方政权的力量平定地方之乱，但又未能找到平衡中央与地方权力的出路，最终形成军阀割据的形势。

第二章　唐高祖至睿宗时期关中的畿甸政区群

隋末群雄逐鹿中原，李渊在太原起事，制定了"乘虚入关，号令天下"，以关中为根据地，"不盈半岁，帝业可成"之策。① 当时的关中之所以如此重要，是因为关中具有雄富"威远"之"势"："夫临制万国，尤惜大势。秦川是天下之上腴，关中为海内之雄地。巨唐受命，本在于兹。若居之则势大而威远，舍之则势小而威近。"② 但随着边疆形势的变化，唐代畿甸功能在御内之外，又体现出镇抚戎狄的作用。③ 唐高祖至睿宗时期的畿甸政区建构，形成了在传承中又有所发展的特点。

第一节　唐高祖至睿宗时期关中畿甸的构成

唐高祖至睿宗时期的畿甸政区通称"畿内"。这一时期的畿甸首先承袭着隋代以京师政区疆理为畿内的传统。如武则天圣历元年（698）飨明堂议，言

---

① （五代）刘昫等：《旧唐书》卷五七《刘文静传》，中华书局1975年版，第2290页。
② （唐）杜佑撰：《通典》卷一七三《州郡三·古雍州下·风俗》，第4565页。
③ 唐代边疆形势较汉代更为严峻。唐人陆贽认为，王畿是帝王"居重驭轻"之地，"天子之大权也"，"非独为御诸夏而已，抑又有镇抚戎狄之术焉"。这是唐人对畿甸功用的认知中，不同于汉代定都关中论的、具有突出的御边色彩之论。这应是唐代边疆形势严峻化的结果。（唐）陆贽：《陆宣公全集·陆宣公奏议》卷一《奏草一〈论关中事宜状〉》，世界书局1936年版，第57页。

"都鄙"为"畿内","诸侯"为"畿外"①,"畿内"显系"都鄙"即京师地域,"京畿"仍是魏晋以来京城地域的专称。我们称这种形式的畿内为狭义上的"畿内"。但这一时期的关中畿甸,不仅保留着将京师政区疆理称为"畿内""京畿"的传统,而且存在将京畿及近畿特定政区作为"畿内"的情况。我们称由京畿及近畿构成的"畿内"为广义的"畿内"。除非特别说明,本书中唐高祖武德年间至玄宗天宝年间的畿甸皆指广义上的关中畿内。

一、关中畿甸基本的地域范围

唐高祖至睿宗时期广义上的"畿内"之称,最早出现在唐太宗贞观年间(627—649)的君臣言论中。贞观年间曾将"帝京、三辅"与"畿内数州"互称。《旧唐书》卷七八《高季辅传》:"窃见圣躬,每存节俭,而凡营缮,工徒未息。正丁正匠,不供驱使;和雇和市,非无劳费。人主所欲,何事不成,犹愿爱其财而勿殚,惜其力而勿竭。今畿内数州,实惟邦本,地狭人稠,耕植不博,菽粟虽贱,储蓄未多,特宜优矜,令得休息。强本弱枝,自古常事。关、河之外,徭役全少;帝京、三辅,差科非一;江南、河北,弥复优闲。须为差等,均其劳逸。"②这里的"帝京、三辅"即属于"畿内"。

但这一时期广义上的"畿内",至少存在两个不同的概念。武则天时期,雍州及其所析之州、同州、华(太)州皆为畿内。《唐大诏令集》卷九九《置鸿宜鼎稷等州制》:

> 京兆之地,旧号秦中,乃眷编氓,最为繁殖。一州独理,事多拥滞,宜令雍州管内,析置五州。其间于雍州以西安置潼关,即宜

---

① (宋)王溥:《唐会要》卷一二《飨明堂议》,上海古籍出版社2006年版,第331页:"礼官状云:天子每月朔旦告祭,然后颁之,则诸侯安得受而藏之,告而行之?足明太宰以岁首宣布一岁之令,太史从而颁之。令既颁矣,政既行矣,而王犹月月告朔,复欲何所宣布者?春官太史职云:颁告朔于邦国,是总颁一岁之朔于天下诸侯,故诸侯受而藏之,告而行之,而王犹月月告朔者,颁之于官府、都鄙也。此谓畿内,彼谓畿外,事不相关也。"
② (五代)刘昫等:《旧唐书》卷七八《高季辅传》,第2701页。又见(宋)欧阳修、宋祁等:《新唐书》卷一〇四《高季辅传》,中华书局1975年版,第4011页:"陛下身帅节俭,而营缮未息,丁匠不能给驱使,又和雇以重劳费。人主所欲,何求而不得?愿爱其材,毋使殚;惜其力,毋使弊。畿内数州,京师之本,土狭人庶,储畜少而科役多,宜蒙优贷,令得休息,强本弱支之义也。至江南、河北,人颇舒闲,宜为差等,均量劳逸。"

废省。然以千里之内，旧制通畿，征赋所出，事资广远。又王侯设险，以固其国，若无襟带，何以为守？雍州并所析州、同州、太州，并通入畿内。①

唐代畿内政区的构成是不断变化的，所以制文中有"雍州并所析州、同州、太州，并通入畿内"之语。但此语也表明武则天时期的畿内，至少包括析置前的雍州，及同、华二州在内的地域。这和"帝京、三辅"中的畿内概念并不相同。换言之，这一时期的"畿内"，至少存在两个不同的概念。那么，在"帝京、三辅"这一概念中，当时的"畿内"除帝京之外，"三辅"又具体何指呢？首先，我们可以肯定的是，在这一概念中，雍州不属于三辅，同州、华州为三辅中的二州，华州属这一时期的"三辅"之一。

在唐代，同州、岐州本身就被称为"三辅"。如唐高宗年间（650—683），就有同州属于"三辅"的记载。《新唐书》卷一三〇《裴漼传》："（裴漼）父琰之，永徽中，为同州司户参军，年甚少，不主曹务。刺史李崇义内轻之。镌谕曰：同，三辅，吏事繁，子盍求便官？毋留此。"② 也有雍州属于"辅"的记载，《全唐文》卷一一《高宗〈赈雍同二州诏〉》：

朕寅畏三灵，忧勤万类，分宵轸虑，昃晷忘餐，迹在岩廊，心遍天下。惧八政之或舛，忧一物之未安，欲使菽粟积于京坻，礼让兴于萌俗。而德不被远，诚未动天，政道有亏，咎征斯应。去岁三辅之地，颇弊蝗螟，天下诸州，或遭水旱，百姓之间，致有罄乏。此繇朕之不德，兆庶何辜，矜物罪己，载深忧惕。今献岁肇春，东作方始，粮廪或空，事资赈给。其遭虫水处，量以义仓，赈贷贫乏。雍、同二州，各遣郎中一人，充使巡问，务尽哀矜之旨，副朕缱绻之心。③

---

① （宋）宋敏求：《唐大诏令集》卷九九《置鸿宜鼎稷等州制》，商务印书馆1959年版，第498页。
② （宋）欧阳修、宋祁等：《新唐书》卷一三〇《裴漼传》，第4487页。
③ （清）董诰等：《全唐文》卷一一《唐高宗〈赈雍同二州诏〉》，中华书局1983年版，第141页。

这里的雍、同二州,就属于"去岁"发生蝗螟之灾的"三辅之地"。但以雍州为三辅,不属于这里讨论的范围。

由于同州位于京兆之左,同州亦号称"左辅",如杨炯《后周青州刺史齐贞公宇文公(彪)神道碑》记载后周宇文彪曾孙唐宇文得照,曾为右金吾将军、同州刺史,同州即为"帝京之左辅":"得照,宏才大节,玉振金声。入当天子之右军,出临帝京之左辅。承积善之余庆,袭大宗之不迁。愿述家风,思传祖德。是用勒铭刻石,相质披文。"① 杨炯《唐同州长史宇文公神道碑》言同州"河西辐辏,渭北膏腴。秦地之下邦,汉京之左辅,使君何以为政?"②

岐州位于京兆之右,因此也被称为"右辅",《全唐文》卷一六《唐中宗〈授苏珦左台大夫制〉》:

> 乌台峻秩,望总铁冠;苍佩崇班,威高石室;诚副相之荣级,实次卿之通任。前岐州苏珦,词吞楚泽,量湛黄陂。既光大厦之材,堪入巨川之用。西京展骥,道掩题舆;右辅凭熊,风超露冕。朱帷雾撤,初停州县之劳;白简霜凝,宜屏权豪之气。③

苏珦任岐州刺史,在制文中被称为"右辅凭雄",岐州同样属于"三辅"之列,故其在当时被称为"畿内"州。《新唐书》卷一三〇《杨场传》:"(杨)场为麟游令,时窦怀贞大营金仙、玉真二观,檄取畿内尝负逆人赀者,暴敛之以佐费,场拒不应。"④ 麟游为岐属县,岐州就是当时的畿内州。此事应发生在睿宗时期。《新唐书》卷一三〇《裴漼传》:"睿宗造金仙、玉真二观,时旱甚,役不止。"⑤ 这也在一定程度上反映出,畿内州为苛政重灾区的特点。

汉唐"三辅"为屏翰京师的三郡,"辅"是三郡军事功能、特殊地位的

---

① (唐)杨炯撰,徐明霞点校:《杨炯集》卷六《后周青州刺史齐贞公宇文公神道碑》,中华书局1980年版,第113页。
② (清)董诰等:《全唐文》卷一九三《杨炯〈唐同州长史宇文公神道碑〉》,第1948页。
③ (清)董诰等:《全唐文》卷一六《唐高宗〈授苏珦左台大夫制〉》,第197页。
④ (宋)欧阳修、宋祁等:《新唐书》卷一三〇《杨场传》,第4495页。
⑤ (宋)欧阳修、宋祁等:《新唐书》卷一三〇《裴漼传》,第4487页。

标志。① 隋唐时期的潼关是从东部进入关中的门户，其所在政区符合作为"辅"的基本条件，本身就属于西汉时期的三辅地域。隋代潼关最初隶于京兆，其地特置"京辅都尉"②，是屏翰京师的首要之地，地位居同、岐二州之上。华州在义宁元年（617）由雍州析置，潼关属于华州所辖之地，军府分布密度仅次于京兆③，对京师的屏翰作用非他州能比，华州应是雍、华分立后的"新"辅州，它在开元前就具有了"辅"的地位。开元年间量定州县等第，华州与同、岐二州皆为"三辅"④，华州具有"辅"的功用、地位是唐人的共识。贞观年间的"帝京、三辅"中的三辅应指同、岐、华三州。

这一时期除同、华、岐三州称为三辅外，唐人还将京兆、扶风、冯翊视为西汉的"三辅"。在高祖睿宗时期的畿内州中，雍州、同州、岐州也称"三辅"。如杜佑《通典》卷一〇《食货十·漕运》载："（汉）孝宣即位，百姓安土，岁数丰穰，谷石五钱，农人少利。时耿寿昌以善为算，能商功利，得幸于上。五凤中，奏言：'故事，岁漕关东谷四百万斛以给京师，用卒六万人。宜籴三辅、弘农、河东、上党、太原等郡谷。'"唐人杜佑注释曰："（汉）三辅，今京兆、扶风、冯翊郡地。"⑤

杜佑《通典》卷一七二《州郡二序目下·大唐》又曰："凡郡之土宇，秦氏分制，罢侯置守，列为四十，其境可知。内史、雍州之域，今京兆、华阴、冯翊、扶风、汧阳、新平及梁州之域上雒郡皆是。"⑥ 据此，秦内史与唐代雍、同、华、岐、陇、邠、商等州疆理相当。西汉三辅疆理与秦内史相当，唐代雍州、岐州（扶风）、同州（冯翊）、华州的地域范围则要小于汉三辅地域，杜佑言汉"三辅"为唐"京兆、扶风、冯翊郡地"仅是大略言之之语。

但这三郡采用的是汉代三辅郡的郡称，故这三州从地位、性质上来说就是唐代的"三辅（郡）"。不仅唐代将雍州、同州、岐州称为"三辅"，隋代也

---

① （明）邱濬：《大学衍义补》，第1030页。
② （唐）魏徵等：《隋书》卷二九《地理志上》，第802页。
③ （宋）欧阳修、宋祁等：《新唐书》卷三七《地理志一》，第961、964、965、966页。
④ （唐）杜佑撰，王文锦等点校：《通典》卷三三《职官十五》，第909页。
⑤ （唐）杜佑撰，王文锦等点校：《通典》卷一〇《食货十·漕运》，第215页。
⑥ （唐）杜佑撰，王文锦等点校：《通典》卷一七一《州郡一·古雍州上》，第4506页；《通典》卷一七二《州郡二》，第4491页；陈直校证：《三辅黄图校证》卷一《三辅沿革》，陕西人民出版社1980年版，第1页。

将雍、同、岐三州称为汉"三辅"地,言"自京城至于外郡,得冯翊、扶风,是汉之三辅。其风大抵与京师不异"①。唐代以雍州、同州、岐州为"三辅"的概念实质上是对汉代"三辅"概念的承袭与发展。"帝京、三辅"中的"三辅"不包括雍州在内,"三辅"应是在雍、同、岐三州基础上发展而来的"新三辅"。

但不论是哪种意义上的三辅,三辅地域都属于畿内之地,且畿内并不仅限于三辅。《唐会要》卷六八《都督府》所载睿宗景云二年(711)分置都督府制,记载了当时的"畿内州并不隶入都督府"的情况。现将景云二年六月二十八日制中雍州及近雍同、华、岐、陇、泾、邠、商、金、洋各州所隶都督府的内容详列于下:

> 景云二年六月二十八日制:敕天下分置都督府二十四,令都督纠察所管州刺史以下官人善恶。
>
> ……
>
> 蒲州　管晋、绛、慈、隰、沁等五州。
>
> 鄜州　管坊、延、绥、丹、银等五州。
>
> 泾州　管陇、宁、庆、盐、原、会等六州。
>
> ……
>
> 梁州　管利、兴、凤、洋、集等五州。
>
> 襄州　管邓、金、商、均、唐、房等六州。
>
> ……
>
> 畿内州并不隶入都督府。其年七月,诏置都督,议者以为权重难制,所授多非精选,请罢之。②

景云年间最终虽未建置都督府,但给我们研究当时的畿内地域留下了宝贵的材料。排比当时都督府所领天下之州,我们不难发现,雍、同、华、岐、

---

① (唐)魏徵等:《隋书》卷二九《地理一》,第817页。
② (宋)王溥:《唐会要》卷六八《都督府》,第1411—1413页。

邻五州皆未隶于都督府，属于不隶于任何都督府管辖的五州。那么，睿宗年间的这五州应当就是当时的"畿内州"了，这一政区群所在的区域也可以称作"畿内监察区"。这五州皆属与京师毗邻之州。所以，当时与京师相邻之州中仅5州属于畿内州，并非所有与京师相邻之州皆属畿内。从地理位置上看，这五州属于雍州西北部与雍州毗邻的无高山峻岭阻隔之州，属于关中四关险固限定的关内地域范围。

此外，据《括地志》，贞观十三年，天下有四十一个都督府，唯近畿雍、华、同、宜、岐、陇、豳、泾、宁九州无所隶。① 这九州应当即是那个时期的近畿州及"近畿监察区"。睿宗景云二年五畿内州不隶都督府，应是沿革贞观时期的畿内制的结果。这一时期的畿内，大体上与西汉三辅地域范围是等同的。现据《括地志》《元和郡县志》《旧唐书·地理志》《新唐书·地理志》，将唐高祖至睿宗时期畿内行政区划罗列于下。

贞观年间关中畿内的政区

一、雍州

为秦内史地，西汉属京兆尹。②

户口：户二十万七千六百五十，口九十二万三千三百二十。③

有（军）府百三十一，其中真化、匡道、水衡、仲山、新城、窦泉、善信、凤神、安业、平香、太清名存，其他军府名号佚。④

府境：东西三百一十里。南北四百七十里。理在京城光德坊。

《元和郡县志》载八到：东至东都八百三十五里。东南至商州二百六十五里。西南至洋州六百三十里。东至华州一百八十里。南取库谷路至金州六百八十里。正西微北至凤翔三百一十里。西北至泾州三百里。东北至坊州三百五十里。正东微北至同州二百五十里。

---

① （唐）李泰撰，贺次君辑校：《括地志辑校·序略》，第2—5页。
② （唐）李吉甫：《元和郡县图志》卷一《关内道一·京兆府》，中华书局1983年版，第1页。
③ （五代）刘昫等：《旧唐书》卷三八《地理志一》，第1396页。
④ （宋）欧阳修、宋祁等：《新唐书》卷三七《地理志一》，第961—962页。

贞观年间领县十八。据《括地志》，此18县为万年、长安、三原、醴泉、富平、云阳、咸阳、渭南、新丰、蓝田、始平、高陵、栎阳、泾阳、鄠、盩厔、武功、好畤。① 据《元和郡县志》及他书，这18县的政区建置、山川形胜如下：

万年县

赤。

本汉旧县，属冯翊，在唐栎阳县东北三十五里。周明帝二年，分长安、霸城、山北等三县，始于长安城中置万年县。隋开皇三年迁都，改为大兴县，理宣阳坊。武德元年，复为万年。乾封元年，分置明堂县，理永乐坊，长安三年废。

终南山，在县南五十里。

毕原，在县西南二十八里。《诗》注云："毕，终南之道名也。"《书序》云"周公薨，成王葬于毕"，是也。

白鹿原，在县东二十里。亦谓之霸上，汉文帝葬其上，谓之霸陵。

长乐坡，在县东北十二里。即浐川之西岸，旧名浐坂，隋文帝恶其名，改曰长乐坡。

故轵道，在县东北一十六里，即秦王子婴降沛公之处也。

细柳营，在县东北三十里。相传云周亚夫屯军处。今按亚夫所屯，在咸阳县西南二十里，言在此，非也。

杜陵，在县东南二十里，汉宣帝陵也。

渭水，在县北五十里。旧云北去县五十里。

霸水，在县东二十里。霸桥，隋开皇三年造，唐隆二年仍在旧所创制为南北二桥。

樊川，一名后宽川，在县南三十五里。本杜陵之樊乡，汉高祖赐樊哙食邑于此。

御宿川，在县南三十七里。汉为离宫别馆，禁御人不得往来游观，止宿

---

① （唐）李泰撰，贺次君辑校：《括地志辑校》卷一《雍州》，第7—26页。

其中，故曰"御宿"。①

长安县

赤。

本秦旧县。初，楚怀王封项羽为长安侯，则长安久矣，非始于汉，但未详所在耳。及高帝五年入关，复置长安县，乃取旧名以名县也。至隋开皇三年，迁都长安，移至长寿坊西南隅。乾封元年，分置乾封县，理怀直坊，长安三年废。

龙首山，在县北一十里，长六十里，头入渭水，尾达樊川。秦时有黑龙从南山出饮水，其行道因成土山。疏山为台殿，不假版筑，高出长安城。

细柳原，在县西南三十三里。别是一细柳，非亚夫屯军之所。

长安故城，在县西北十三里。汉旧都，惠帝修筑，本秦离宫也。

太和宫，在县南五十五里终南山太和谷。武德八年造，贞观十年废。二十一年，以时热，公卿重请修筑，于是使将作大匠阎立德缮理焉，改为翠微宫。元和年间废为寺。

周武王宫，即镐京也，在县西北十八里。自汉武帝穿昆明池于此，镐京遗址沦陷焉。

秦阿房宫，在县西北十四里。殿东西五百步，南北五十丈，上可坐万人，下可建五丈旗。表南山之巅以为阙。为复道，自阿房渡渭，属之咸阳。庭中可受十万人，又置铜人十二于宫前。

汉长乐宫，在县西北十四里。

汉未央宫，在县西北十五里。并在长安故城中。

汉建章宫，在县西二十里，长安故城西。太初元年，柏梁台灾，越巫以厌胜之术请作建章宫，为千门万户。

桂宫，在县北十三里长安故城中，汉武帝所造。

柏梁台，在长安故城中，未央宫北。

渐台，在未央宫西，王莽死于此。

神明台，在县西北二十里，长安故城西，上有承露盘。

---

① （唐）李吉甫：《元和郡县图志》卷一《关内道一·京兆上》，第2—4页。

汉博望苑，在县北五里，武帝为太子据所立，使通宾客。

上林苑，在县西北一十四里，周匝二百四十里，相如所赋也。

酒池，在长乐宫中，汉武帝所作，以夸羌胡。饮以铁杯，重不能举，皆低头牛饮。

子午关，在县南百里。王莽通子午道，因置此关。魏遣钟会统十万余众，分从斜谷、骆谷、子午谷趋汉中。晋桓温伐秦，命司马勋出子午道。今洋州东二十里曰龙亭，此入子午谷之路，梁将军王神念以旧道缘山避水，桥梁多坏，乃别开干路，更名子午道，即此路是也。①

三原县

次赤。

西南至府一百一十里。

本汉池阳县。巀嶭山在今县西北六十里，苻秦于此山北置三原护军，以其地西有孟侯原，南曰丰原，北曰白鹿原。后魏太武七年罢，改置三原县，属北地郡。明帝孝昌三年，萧宝寅〔夤〕逆乱，毛洪宾立义栅捍贼，永安元年于此置北雍州，洪宾为刺史，亦谓之洪宾栅，其故城在县北五十五里。又割北地郡之三原县于此置建忠郡，以旌其功。隋开皇三年，罢郡，以县属雍州。

高祖献陵，在县东十五里。

尧门山，在县西北三十二里。

天齐原，在县西北二十五里，上有天齐祠。

黄白城，在县西南十五里。后汉李傕乱政，天子东迁，三辅饥馑，乃移保黄白城，即其地也。

秦曲梁宫，在县西南十五里黄白城内。

于谨墓，在县北十八里。②

醴泉县

次赤。

东南至府一百二十里。

---

① （唐）李吉甫：《元和郡县图志》卷一《关内道一·京兆上》，第4—6页。
② （唐）李吉甫：《元和郡县图志》卷一《关内道一·京兆上》，第7—8页。

本汉谷口县地，在九嵕山东仲山西，当泾水出山之处，故谓之谷口。《沟洫志》云："白渠首起谷口，尾入栎阳，袤二百里，溉田四千五百余顷。人得其饶，歌曰：'田于何所？池阳谷口。郑国在前，白渠起后。举锸成云，决渠为雨。泾水一石，其泥数斗。且溉且粪，长我禾黍。衣食京师，亿万之口。'"谓此也。后汉及晋，又为池阳县。后魏改为宁夷县。隋开皇十八年改为醴泉县，以县界有周醴泉宫，因以为名。①

富平县

次赤。

西南至府一百五十里。

本汉旧县，属北地郡。后魏文帝自怀德城移于今理，周闵帝于县置中华郡，武帝省郡，以县属冯翊，隋开皇三年改属雍州。

中宗定陵，在县西北十五里龙泉山。

荆山，在县西南二十五里岐山东。

盐池泽，在县东南二十五里，周回二十里。

后周文帝成陵，在县西北十五里。

王翦墓，在县东北三里。

司马欣墓，在县西二十五里。章邯长史，降项羽，封为塞王。②

云阳县

次赤。

西南至府一百二十里。本汉旧县，属左冯翊，魏司马宣王抚慰关中，罢县，置抚夷护军，及赵王伦镇长安，复罢护军。刘、石、苻、姚因之。魏罢护军，更于今理别置云阳县，隋因之。武德元年，分置石门县。三年，于石门县置泉州。贞观元年废州，改石门县为云阳县。

嵯峨山，一名巀嶭山，在县东北十里，东西二十五里，南北二十里。山上有云必雨，常以为候。

甘泉山，一名磨石岭，在县西北九十里，周回六十里。

---

① （唐）李吉甫：《元和郡县图志》卷一《关内道一·京兆上》，第8—9页。
② （唐）李吉甫：《元和郡县图志》卷一《关内道一·京兆上》，第9—10页。

车箱阪,在县西北三十八里。萦纡曲折,单轨才通,上阪即平原宏敞,楼观相属,即趋甘泉宫道也。

泾水,在县西南二十五里。初,郑国分泾水置郑渠,后倪宽又穿六辅渠,今此县与三原界六道小渠,犹有存者。唐永徽六年,雍州长史长孙祥奏言:"往日郑白渠溉田四万余顷,今为富僧大贾,竞造碾硙,止溉一万许顷。"于是高宗令分检渠上碾硙,皆毁撤之。未几,所毁皆复。广德二年,臣吉甫先臣文献公为工部侍郎,复陈其弊,代宗亦命先臣拆去私碾硙七十余所。岁余,先臣出牧常州,私制如初。至大历中,利所及才六千二百余顷。

汉云阳故县,在县西北八十里。

云阳宫,即秦之林光宫,汉之甘泉宫,在县西北八十里甘泉山上。周回十余里,去长安三百里,望见长安城。黄帝已来祭天圜丘处也。齐人少翁谓武帝曰:"上即欲与神通,宫室被服,非像神,神物不至。"乃于甘泉宫中为台,画天、地、泰一诸鬼神而祭之。又作柏梁、铜柱、承露盘、仙人掌之属。帝以五月避暑于此,八月乃还。

通天台,在县西北八十一里甘泉宫中。高三十五丈,望雷雨悉在下。[1]

咸阳县

畿。

正东微南至府四十里。

本秦旧县也,孝公十二年于渭北城咸阳,自汧、陇徙都焉。秦自孝公、惠文、悼武、昭襄、庄襄王、始皇、胡亥并都之。始皇二十六年,初并天下,收天下兵聚之咸阳,铸以为钟鐻,金人十二,重各千石,置庭中。徙天下豪富于咸阳十二万户。每破诸侯,仿其宫室,作之〔咸阳〕北坂上,以所得诸侯美人钟鼓充之。咸阳之旁二百里内,宫观二百七十,土木皆被绨绣,宫人不移乐,不改悬,穷年忘归,犹不能遍至。胡亥时,天下叛秦。汉元年,秦王子婴降汉。项羽引兵西屠咸阳,杀子婴,烧秦宫室,火三月不灭。及汉兴,以为渭城县,属右扶风。按秦咸阳在今县东二十二里,汉渭城县亦理于此,苻坚时改为咸阳郡。后魏又移咸阳县于泾水北,今咸阳县理是也。隋开皇九

---

[1] (唐)李吉甫:《元和郡县图志》卷一《关内道一·京兆上》,第10—12页。

年，改泾阳为咸阳，大业三年废入泾阳县。城本杜邮也，武德元年置白起堡，二年置县，又加营筑焉。山南曰阳，水北曰阳，县在北山之南，渭水之北，故曰咸阳。

毕原，即县所理也。原南北数十里，东西二三百里，无山川陂湖，井深五十丈。亦谓之毕陌，汉氏诸陵并在其上。

短阴原，在县西南二十里。

渭水，南去县三里。

临皋驿，在县东南二十里。

长陵故城，在县东北三十里。初，汉徙关东豪族以奉陵邑，长陵、茂陵各万户，其余五陵各千户，皆属太常，不隶于郡。

秦兰池宫，在县东二十五里。

秦慈石门，在县东南十五里。东南有阁道，即阿房宫之北门也，累慈石为之，着铁甲入者慈石吸之不得过，羌、胡以为神。

细柳仓，在县西南二十里，汉旧仓也。周亚夫军次细柳，即此是也。张揖云在昆明池南，恐为疏远。

棘门，在县东北十八里。本秦阙门也，汉文帝使将军徐厉屯棘门，谓此也。

兰池陂，即秦之兰池也，在县东二十五里。初，始皇引渭水为池，东西二百里，南北二十里，筑为蓬莱山，刻石为鲸鱼，长二百丈。始皇尝微行，遇盗于兰池，见窘，使武士击杀盗，关中大索二十日。

中渭桥，在县东南二十二里。本名横桥，驾渭水上。始皇都咸阳，渭水贯都以像天汉。横桥南渡，以法牵牛。渭水南有长乐宫，渭水北有咸阳宫，欲通二宫之闲，故造此桥。汉末董卓烧之，魏文帝更造，刘裕入关又毁之，后魏重造，贞观十年移于今所。

便桥，在县西南十里，驾渭水上。武帝建元三年，初作便门，桥在长安北茂陵东，去长安二十里。长安城西门曰便门，此桥与门相对，因号便桥。

白起祠，在县城中。

汉长陵，在县东三十里，高帝陵也。

安陵，惠帝陵也，在县东北二十里。

阳陵，景帝陵也，在县东四十里。

平陵，昭帝陵也，在县西北二十里。

渭陵，元帝陵也，在县西北七里。

延陵，成帝陵也，在县西北十三里。

义陵，哀帝陵也，在县北八里。

康陵，平帝陵也，在县西北九里。

太公墓，在县东北十里。

周公墓，在县北十三里。

萧何墓，在县东北三十七里。

曹参墓，在县东北三十五里。

张良墓，在县东北三十六里。

蒙恬祠，在县西北十五里。①

渭南县

畿。

西至府一百三十里。

本汉新丰县地，苻秦时置。后魏孝明帝亦云孝文帝。于今县东南四里置渭南郡及南新丰县。西魏废帝二年，改南新丰为渭南县。武德元年属华州，五年改属雍州。

倒兽山，一名玄象山，在县东南五十里。王子年隐处也。

渭水，北去县四里。

酋水，出县西南石楼山，北入渭。

隋崇业宫，在县东十五里。

秦步高宫，在县西南二十里。②

新丰县（昭应县）

隋新丰县，治古新丰城北。垂拱二年，改为庆山县。神龙元年，复为新丰。天宝二年，分新丰、万年置会昌县。七载，省新丰县，改会昌为昭应，

---

① （唐）李吉甫：《元和郡县图志》卷一《关内道一·京兆上》，第12—15页。
② （唐）李吉甫：《元和郡县图志》卷一《关内道一·京兆上》，第15页。

治温泉宫之西北。①

新丰故城，在县东十八里，汉新丰县城也。汉七年，高祖以太上皇思东归，于此置县，徙丰人以实之，故曰新丰。并移枌榆旧社，街衢栋宇，一如旧制，男女老幼，各知其室，虽鸡犬混放，亦识其家焉。

古戏亭，在县东北三十里。周幽王为犬戎所逐，死于戏，即此也。周章军西至戏，秦将章邯拒破之，亦此地也。

周幽王陵，在县东北二十五里。

秦始皇陵，在县东八里。始皇即位，治骊山陵，役徒七十万人。今按其陵高大，亦不足役七十万人积年之功，盖以骊山水泉本北流者，陂障使东西流，又此土无石，取大石于渭北诸山，其费功力由此也。②

蓝田县

畿。

东北至府八十里。

本秦孝公置。按《周礼》，"玉之美者曰球，其次为蓝"，盖以县出美玉，故曰蓝田。周闵帝割京兆之蓝田又置玉山、白鹿二县，置蓝田郡，至武帝省郡复为蓝田县，属京兆，后遂因之。

县理城，即峣柳城也，俗亦谓之青泥城。桓温伐苻健，使将军薛珍击青泥城，破之，即其处也。

蓝田山，一名玉山，一名覆车山，在县东二十八里。

白鹿原，在县西六里。晋桓温伐苻健，督护邓遐等奋击于白鹿原，即此地也。

霸水，故滋水也，即秦岭水之下流，东南自商州上洛县界流入，又西北流合水入渭。

思乡城，在县东南三十三里。宋武帝征关中，筑城于此，南人思乡，因以为名。

蓝田关，在县南九十里，即峣关也。秦赵高将兵拒峣关，沛公引兵攻峣

---

① （五代）刘昫等：《旧唐书》卷三八《地理志一》，第1396—1397页。
② （唐）李吉甫：《元和郡县图志》卷一《关内道一·京兆上》，第7页。

关,逾黄山击秦军,大破之。

黄山,在县东南二十五里。①

始平县（兴平县）

畿。

东至府九十里。

本汉平陵县,属右扶风。魏文帝改为始平。晋武改置始平郡,领槐里县,历晋至西魏数有移易。景龙二年,金城公主出降吐蕃,中宗送至此县,改始平县为金城县。至德二年改名兴平。

始平原,在县北十二里,东西五十里,南北八里,东入咸阳界,西入武功界。

渭水,南去县二十九里。

马牧泽,在县东南二十里。南北广四里,东西二十一里。

百顷泽,在县西二十五里。周回十六里,多蒲鱼之利。

邱,亦此城也。

武学故城,在县东南十里。

马嵬故城,在县西北二十三里。马嵬于此筑城,以避难,未详何代人也。

汉龙泉庙,在县东北二十四里,武帝庙号也。

汉黄山宫,在县西南三十里。武帝微行,西至黄山宫,即此也。

章邯台,在县东南十里。

汉茂陵,在县东北十七里,武帝陵也。在槐里之茂乡,因以为名。守陵溉树埽除,凡五千人。

汉公孙弘墓,在县东北十八里。

卫青墓,在县东北十九里,起冢象庐山。

霍去病墓,在县东北十九里,起冢象祁连山。②

高陵县

畿。西南至府八十里。本秦旧县,孝公置。汉属左冯翊。魏文帝改为高

---

① （唐）李吉甫：《元和郡县图志》卷一《关内道一·京兆上》,第15—16页。
② （唐）李吉甫：《元和郡县图志》卷一《关内道一·京兆上》,第25—26页。

陆，属京兆郡。隋大业二年，复为高陵。

龙跃宫，在县西十四里，高祖太武皇帝龙潜旧居也，武德六年置。

姚兴墓，在县东南十三里。①

栎阳县

畿。

西南至府一百里。

秦旧县，献公自雍徙居焉，属左冯翊。项羽立司马欣为塞王，亦都之。按高帝既葬太上皇于栎阳之万年陵，遂分栎阳置万年县以为陵邑，理栎阳县城中，故栎阳城亦名万年城。后汉省栎阳入万年，后魏宣武帝又分置广阳县，周明帝省万年入广阳，更于长安城中别置万年县，广阳仍属冯翊郡。隋开皇三年罢郡，广阳县属雍州。武德元年又改为栎阳县。

煮盐泽，在县南十五里。泽多咸卤。苻秦时于此煮盐。周回二十里。

清泉陂，在县西南十里，多水族之利。

汉太上皇陵，在县东北二十五里。②

泾阳县

畿。

南至府七十里。

本秦旧县。汉属安定郡，惠帝改置池阳县，属左冯翊，故城在今县西北二里，以其地在池水之阳，故曰池阳。后魏废，于今县置咸阳郡，苻秦又置泾阳县。隋文帝罢郡，移泾阳县于咸阳郡，属雍州，即今县是也。

石安原，在县南七里。高二十丈，东西三十八里，南入咸阳县界。

长平阪，在县西南五里。

泾水，西北自池阳县界流入，经县南七里，又东南入高陵县界。《春秋》襄公十四年，诸侯伐秦，济泾而次，秦人毒泾，师人多死。

焦获薮亦名瓠口。《尔雅》十薮，周有焦获，《诗》云"狁匪茹，整居焦获"，即谓此也。按韩水工郑国说秦，令凿泾水，自仲山西抵瓠口为渠，即

---

① （唐）李吉甫：《元和郡县图志》卷二《关内道二·京兆下》，第26—27页。
② （唐）李吉甫：《元和郡县图志》卷二《关内道二·京兆下》，第27页。

所谓郑、白二渠是也。

秦望夷宫,在县东南八里。北临泾水以望北夷,故名之。胡亥死于此。

汉池阳宫,在县西北八里。

龙泉陂,在县南三里。周回六里,多蒲鱼之利。

太白渠,在县东北十里。

中白渠,首受太白渠,东流入高陵县界。

南白渠,首受中白渠水,东南流,亦入高陵县界。①

鄠县

畿。

东北至府六十五里。

本夏之扈国,启与有扈战于甘之野。《地理志》古扈国,有户谷、户亭,又有甘亭。扈至秦改为鄠邑,汉属右扶风,自后魏属京兆,后遂因之。

终南山,在县东南二十里。

鸡头山,在县东南三十一里。伪赵主石生不能守长安,欲西上陇,士卒散尽,遂入鸡头山,寻为追兵所害。

牛首山,在县西南二十三里。南接终南,在上林苑中,《西京赋》云"绕黄山而款牛首",是也。涝水所自出。

渭水,北去县十七里。

丰水,出县东南终南山,自发源北流,经县东二十八里,北流入渭。

龙台泽,在县东北三十里。周回二十五里。

八部泽,在县东南五里。周回五十里。

故鄠城,在县北二里,夏之扈国也。

钟官故城,一名灌钟城,在县东北二十五里。盖始皇收天下兵器,销为钟鐻,此或其处。

马祖坛,在县东北三十二里龙台泽中,每年太常太仆四时祭之,春祭马祖,夏祭先牧,秋祭马社,冬祭马步。

隋太平宫,在县东南三十一里,对太平谷,因名之。

---

① (唐)李吉甫:《元和郡县图志》卷二《关内道二·京兆下》,第27—28页。

隋甘泉宫，在县西南二十二里，对甘泉谷，因名之。

周酆宫，周文王宫也，在县东三十五里。《诗》云"既伐于崇，作邑于丰"，是也。崇侯无道，文王伐之，命无杀人，无坏室。崇人闻之，如归父母。遂虏崇侯，作丰邑。崇国在秦、晋之间。

秦萯阳宫，在县西南二十三里。

美陂，在县西五里。周回十四里。

甘亭，在县西南五里。夏启伐有扈，誓师于甘之野，即此处也。①

盩厔县

畿。

东北至府一百三十里。

汉旧县，武帝置，属右扶风。山曲曰盩，水曲曰厔。后汉省，晋复立。武德三年属稷州，贞观元年废稷州复属雍州。天宝中改名宜寿，后复名盩厔。

姜维领，本名沈领，在县南五十里。蜀后主延熙二十年，大将军姜维率众出骆谷，经沈领，即此也。

望仙泽，在县东南三十五里，中有龙尾堆。

隋宜寿宫，在县东南三十二里。

秦长杨宫，在县东南三十三里。汉武帝好自击熊罴，司马相如从至上林，上疏谏。

秦五柞宫，在县东南三十八里。

马融读书台，在县东北二十七里。

司竹园，在县东十五里。《史记》曰"渭川千亩竹"。今按：园周回百里，置监丞掌之，以供国用。义宁元年，义师起，高祖第三女平阳公主举兵于司竹园，号"娘子军"。

骆谷关，在县西南一百二十里。武德七年，开骆谷道以通梁州，在今关北九里，贞观四年移于今所。

骆谷道，汉、魏旧道也，南通蜀、汉。魏少帝正始四年，曹爽伐蜀，诸军入骆谷三百余里，不得前进，牛马驴骡，以转运死者略尽。少帝甘露三年，

---

① （唐）李吉甫：《元和郡县图志》卷二《关内道二·京兆下》，第29—31页。

蜀将姜维出骆谷，围长城，亦此道也。

楼观，在县东三十七里。本周康王大夫尹喜宅也，穆王为召幽逸之人，置为道院，相承至秦、汉，皆有道士居之。晋惠帝时重置。其地旧有尹先生楼，因名楼观，武德初改名宗圣观。①

武功县

畿。

东至府一百四十里。

汉旧县。古有邰国，尧封后稷之地。周平王东迁，以赐秦襄公。孝公作四十一县，斄、美阳、武功，各其一也。斄与邰音同字异，武功盖在渭水南，今郿县地是也。按：旧县境有武功山。斜谷水亦曰武功水。故诸葛亮表云"遣孟琰据武功水"。又杜彦远云"太白山南连武功山"。是则县本以山水立名也。武德三年，分雍州之武功、好畤、盩厔、扶风之郿四县，于今县理置稷州，因后稷所封为名。贞观元年废州，以县属京兆。

庆善宫，在县南十八里，皇家旧宅也，南临渭水，武德元年置宫。贞观六年，銮驾亲幸，宴群臣赋诗焉。

三畤原，在县西南二十里。高五十丈，西入扶风县界。

故斄城，一名武功城，在县西南二十二里，古邰国也。

后稷祠，在县西南二十二里。

姜嫄原祠，在县西南二十二里。

隋文帝泰陵，在县西南二十里三原上。②

好畤县

畿。

西南至府一百八十里。

本汉旧县，在今县理东南十三里故城是也。畤者，神明所依止也。以雍州积高，神明之隩，故立畤以郊上帝诸神也。后汉省。武德二年分醴泉县置，因汉旧名，属雍州。三年，改属稷州。贞观元年废稷州，复属雍州。二十一

---

① （唐）李吉甫：《元和郡县图志》卷二《关内道二·京兆下》，第31—32页。
② （唐）李吉甫：《元和郡县图志》卷二《关内道二·京兆下》，第32—33页。

年于废上宜县置好畤县,今县理是也。其上宜县,隋开皇十八年置,贞观八年废。①

二、华州

秦内史地,两汉属京兆之地。②

隋京兆郡之郑县。义宁元年,割京兆之郑县、华阴二县置华山郡,因后魏郡名。武德元年,改为华州,割雍州之渭南来属。五年,改渭南还雍州。垂拱元年,割同州之下邽来属。二年,改为太州。神龙元年,复旧名。

旧领县:二。

户口:户一万八千八百二十三,口八万八千八百三十。③

有府二十,曰普乐、丰原、义全、清义、万福、修仁、神水、常兴、义津、定城、延寿、罗文、郑邑、宣义、相原、孝德、温汤、宣化、怀德、怀仁。④

据《括地志》,华州所领两县,是郑县与华阴县。⑤《元和郡县志》载这两县的情况:

州境:东西一百六十四里。南北一百四十里。

八到:西至上都一百八十里。东至东都六百八十里。东至潼关一百二十里。东至虢州二百三十里。东北至同州八十里。南至商州山路二百七十里。

管县三:郑,华阴,下邽。

郑县,望。郭下。本秦旧县,汉属京兆。后魏置东雍州,其县移在州西七里。隋大业二年,州废移入州城,隶属雍州。至三年,以州城屋宇壮丽,置太华宫,县即权移城东。四年宫废,又移入城。

古郑城在县理西北三里。兴元元年,新筑罗城及古郑城,并在罗城内。

少华山,在县东南十里。

华阴县,望。西至州六十里。本魏之阴晋邑,秦惠文王时,魏人犀首纳

---

① (唐)李吉甫:《元和郡县图志》卷二《关内道二·京兆下》,第33页。
② (唐)李吉甫:《元和郡县图志》卷二《关内道二·华州》,第33—34页。
③ (五代)刘昫等:《旧唐书》卷三八《地理志一》,第1399页。
④ (宋)欧阳修、宋祁等:《新唐书》卷三七《地理志一》,第964页。
⑤ (唐)李泰撰,贺君次辑校:《括地志辑校》卷一《华州》,第26页。

之于秦，秦改曰宁秦。汉高帝八年，更名华阴，属弘农郡。后魏属华州。隋大业五年移于今理。垂拱元年改曰仙掌，寻复旧名。

长城，在县西，春秋时秦、晋分界处。

太华山，在县南八里。

永丰仓，在县东北三十五里渭河口，隋置。义宁元年因仓又置监。天宝三年，左常侍兼陕州刺史韦坚开漕河，自苑西引渭水，因古渠至华阴入渭，运永丰仓及三门仓米，以给京师，名曰广运潭，以坚为天下转运使。灞、浐二水会于漕渠，每夏大雨辄皆涨，大历之后，渐不通舟。天宝中，每岁水陆运米二百五十万石入关；大历后，每岁水陆运米四十万石入关。

潼关，在县东北三十九里，古桃林塞也，春秋时晋侯使詹嘉处瑕以守桃林之塞是也。关西一里有潼水，因以名关。又云河在关内，南流冲激关山，因谓之"冲关"。谨按：秦函谷关在汉弘农县，即今灵宝县西南十一里故关是也。今大路在北，本非钤束之要。汉武帝元鼎三年，杨仆为楼船将军，本宜阳人，今福昌县也。耻居关外，上疏请以家僮七百人徙关于新安，武帝从之，即今新安县东一里函谷故关是也。而邮传所驰，出于南路，至后汉献帝初平二年，董卓胁帝西幸长安，出函谷关，自此已前，其关并在新安。其后二十年，至建安十六年，曹公破马超于潼关，则是中间徙于今所。今历二处而至河潼，上跻高隅，俯视洪流，盘纡峻极，实谓天险。河之北岸则风陵津，北至蒲关六十余里。河山之险，迤逦相接，自此西望，川途旷然，盖神明之奥区，帝宅之户牖，百二之固，信非虚言也。①

三、同州

秦内史，汉左冯翊地。②

隋冯翊郡。武德元年，改为同州，领冯翊、下邽、蒲城、朝邑、澄城、白水、合阳、韩城八县。三年，分朝邑置河滨县，分合阳置河西县，分澄城置长宁县，仍割河西、韩城、合阳三县，河西置西韩州。九年，分冯翊置临

---

① （唐）李吉甫：《元和郡县图志》卷二《关内道二·华州》，第36页。
② （唐）李吉甫：《元和郡县图志》卷二《关内道二·同州》，第36页。

沮县。贞观元年，省河滨、临沮二县。八年，省长宁县，废西韩州，以合阳、河西二县来属。垂拱元年，割下邽属华州。

旧领县：九。

户口：户五万三千三百一十五，口二十三万二千一十六。①

有府二十六，曰济北、唐安、秦城、太州、大亭、河东、兴德、连邑、伏龙、温阳、安远、业善、南乡、临高、潢阳、襄城、崇道、淅谷、吉安、长春、华池、永大、洪泉、善福、司御、效诚。②

州境：东西一百一十二里。南北二百三十五里。

八到：西至上都二百五十里。东至东都六百五十里。东至蒲津关六十里。南至华州八十里。西北至坊州二百五十里。③

贞观年间所领九县，应是冯翊、下邽、蒲城、朝邑、澄城、白水、合阳、韩城及河西。河西由合阳析置，故仅列《元和郡县志》所载八县形势。

冯翊县，望。郭下。本汉临晋县，故大荔城，秦获之，更名。旧说秦筑高垒以临晋国，故曰临晋。晋武帝改为大荔县，后魏改为华阴县，后以名重，改为武乡。隋大业三年改为冯翊县。冯，辅也；翊，佐也。义取辅佐京师。

沙苑，一名沙阜，在县南十二里。东西八十里，南北三十里。后魏文帝大统三年，周太祖为相国，与高欢战于沙苑，大破之。其时太祖兵少，隐伏于沙草之中，以奇胜之。后于兵立之处，人栽一树，以表其功，今树往往犹存。仍于战处立忠武寺。今以其处宜六畜，置沙苑监。

兴德宫，在县南三十二里。义旗将趣京师，军次于忠武园，因置亭子，名兴德宫，属家令寺。④

朝邑县，望。西至州三十五里。本汉临晋县地。大荔国在今县东三十步，故王城是也。后魏置南五泉县，西魏改为朝邑县，以北据朝阪，故以为名。县西南有蒲津关。

河桥，本秦后子奔晋，造舟于河，通秦、晋之道，今属河西县。

---

① （五代）刘昫等：《旧唐书》卷三八《地理志一》，第1400页。
② （宋）欧阳修、宋祁等：《新唐书》卷三七《地理志一》，第965页。
③ （唐）李吉甫：《元和郡县图志》卷二《关内道二·华州》，第35—36页。
④ （唐）李吉甫：《元和郡县图志》卷二《关内道二·华州》，第37页。

长春宫，后周武帝置。隋大业十三年，高祖起义兵，自太原舍于此宫，休甲养士，而定京邑。武德二年，于此置陕东大行台，太宗居藩，作镇。四年，山东平，乃移行台于洛州。

苦泉，在县西北三十里许原下，其水咸苦，羊饮之，肥而美。今于泉侧置羊牧，故谚云"苦泉羊，洛水浆"。①

韩城县，上。西南至州二百里。古韩国及梁国，汉为夏阳县之地。韩国故城在今县理南十八里。梁国在今县理南二十三里，有少梁故城。隋文帝分郃阳于此置韩城县，春秋秦、晋战于韩原，即此地也。

龙门山，在县北五十里。

龙门戍，在县东北，极险峻。后周于此置龙门关，今废。②

白水县，望。东南至州一百二十里。本汉粟邑县之地，属左冯翊。按：粟邑故城在县理西北二十八里。薛宣为左冯翊，以粟邑县小，僻在山中，其人谨朴，以频阳令薛恭换粟邑令尹赏，二县俱大理。又为汉衙县地，春秋时秦、晋战于彭衙是也。后魏文成帝分澄城郡于此置白水县及白水郡，郡南临白水，因以为名。隋开皇三年罢郡，县属同州。③

夏阳县，紧。西南至州一百三十里。古有莘国，汉合阳县之地。武德三年分合阳于此置河西县，在河之西，因以为名。又割同州之郃阳、韩城二县于今县理置西韩州，取逼韩国为名也。以河东有韩州，故此加西。贞观八年废西韩州，以县属同州，乾元三年改为夏阳县。县南有莘城，即古莘国，文王妃太姒即此国之女也。④

澄城县，望。南至州一百里。汉徵县也。韦昭云"徵，音惩"。徵、澄同声，后人误为"澄"。鲁文公十年，秦伐晋，取北徵，即此城是也。后魏太平真君七年，分合阳县置，又于今县理置澄城郡。隋开皇三年罢郡，以县属同州。

乾坑，《汉书沟洫志》云武帝时严熊上言，"愿穿洛以溉重泉以东万余

---

① （唐）李吉甫：《元和郡县图志》卷二《关内道二·华州》，第37—38页。
② （唐）李吉甫：《元和郡县图志》卷二《关内道二·华州》，第38页。
③ （唐）李吉甫：《元和郡县图志》卷二《关内道二·华州》，第38—39页。
④ （唐）李吉甫：《元和郡县图志》卷二《关内道二·同州》，第39页。

顷"。于是发卒穿渠，自徵引洛水至商颜下，（商颜，今在冯翊县界。）名曰龙首渠。按州西三十里有乾坑，即龙首之尾也。

王官故城，在县西北。《春秋传》曰"俘我王官，翦我羁马"。①

合阳县，望。西南至州一百二十里。本汉旧县，属左冯翊。在合水之阳，《诗·大雅》所谓"在合之阳"，是也。《水经注》曰合阳城南有瀵水，东流注于河，即合水也。按中瀵水、蒲池瀵水与南瀵水，并在旧河西县南五里，今合阳界内。《尔雅》云"瀵出大尾下"，郭璞以为汾阴县有水，如车轮，此水亦然。周武时属澄城郡，隋开皇三年罢郡，以县属同州。

羁马故城，在县东北二十六里。②

下邽县，望。东南至州八十里。本秦旧县，《地理志》属京兆，注"下邽，秦武公伐邽戎置"，以陇西有上邽，故此加下也。董卓迁都长安，华歆求出为下邽令，即此也。后魏避道武帝讳，改为夏封，隋大业二年复旧。后魏属冯翊，隋属华州，武德缺年属同州，垂拱元年复属华州。

汉莲勺县故城，在县东二十二里。张禹本河内人，徙家莲勺。③

四、岐州

秦内史地，汉右扶风。④

隋扶风郡，武德元年，改为岐州。领雍、陈仓、郿、虢、岐山、凤泉等六县。又割雍等三县，置围川县。其年，割围川属稷州，贞观元年，废稷州，以围川及鄜州之麟游、普润等三县来属。七年，又置岐阳县。八年，改围川为扶风县，省虢县及凤泉。天授二年，复置虢县。

旧领县：八

户口：户二万七千二百八十二，口十万八千三百二十四。⑤

军府

有府十三，曰岐山、雍北、道清、洛邑、留谷、岐阳、文城、郊邑、三

---

① （唐）李吉甫：《元和郡县图志》卷二《关内道二·同州》，第39页。
② （唐）李吉甫：《元和郡县图志》卷二《关内道二·同州》，第40页。
③ （唐）李吉甫：《元和郡县图志》卷二《关内道二·华州》，第36页。
④ （唐）李吉甫：《元和郡县图志》卷二《关内道二·华州》，第33—34页。
⑤ （五代）刘昫等：《旧唐书》卷三八《地理志一》，第1402页。

交、凤泉、望苑、邵吉、山泉。①

八到：东至上都三百一十里。东至东都一千一百七十里。东北至邠州二百三十里。南取太白山路至兴元府六百里。西南至凤州二百八十里。西至陇州一百十里。北至泾州二百二十里。

贞观年间所管八县，应为雍、岐山、扶风、普润、岐阳、麟游、宝鸡、郿。

雍县（天兴县），次赤。郭下。本秦雍县，秦国都也。汉县，属右扶风。四面高曰雍。又四望不见四方，故谓之雍。秦回中宫在县西，汉文帝十四年，匈奴入萧关，烧回中宫，候骑至雍，即此也。至德二年分置凤翔县，永泰元年废，仍改雍县为天兴县。

乾归故城，在县西四十三里。乞伏乾归据苑川，自号西秦，因筑此城。

石鼓文，在县南二十里许，石形如鼓，其数有十，盖纪周宣王畋猎之事，其文即史籀之迹也。贞观中，吏部侍郎苏勖纪其事，云："虞褚欧阳，共称古妙。虽岁久讹缺，遗迹尚有可观，而历代纪地理志者不存记录，尤可叹息。"

岐山县，次畿。西至府五十里。本汉雍县之地，周武帝天和四年，割泾州鹑觚县之南界置三龙县，隋开皇十六年移三龙县于岐山南十里，改为岐山县。贞观八年移于今理。

岐山，亦名天柱山，在县东北十里。

渭水，在县南三十里。

五将山，在县西北六十里。苻坚为姚苌将吴忠所擒之处。

扶风县，次畿。西至府一百里。本汉美阳县地。武德三年，分岐山县置围川县，属岐州，取今县南漳川水为名，近代讹作"围"。四年，隶入稷州。贞观元年废稷州，以县属岐州，八年改为扶风。

普润县，次畿。南至府九十里。隋大业元年，于此置马牧，又置普润屯，后废屯置县。在汉为漆县，并有铁官。今城西有漆水，又有小城，盖置铁官处。

岐阳县，次畿。西南至府一百里。盖汉杜阳县地，贞观七年割扶风、岐

---

① （宋）欧阳修、宋祁等：《新唐书》卷三七《地理志一》，第966页。

山二县置，以在岐山之南，因以名之。

麟游县，次畿。西南至府一百六十里。本汉杜阳县地，隋于此置西麟州，营仁寿宫。义宁元年，唐高祖辅政，废宫。是年获白麟于宫所，因置县。

九成宫，在县西一里。即隋文帝所置仁寿宫，每岁避暑，春往冬还。义宁元年废宫，置立郡县。贞观五年复修旧宫，以为避暑之所，改名九成宫。

永安宫，在县西三十里，贞观八年置。

陈仓县（宝鸡县），次畿。东北至府九十里。本秦陈仓县，秦文公所筑，因山以为名，属右扶风。隋大业九年，移于今理，在渭水北。至德二年改为宝鸡，以昔有陈宝鸣鸡之瑞，故名之。

陈仓故城，在今县东二十里，即秦文公所筑。《魏略》云："太和中将军郝昭筑陈仓城，适讫，会诸葛亮来攻。亮本闻陈仓城恶，及至，怪其整顿，问知昭在其中，大惊愕。亮素闻昭在西有威名，念攻之不易。初，太原靳详少与昭相亲，后为蜀所得。及亮围陈仓，详为亮监军，使于城外呼昭谕之。昭于楼上应详曰：'魏家科法，卿所练也。我之为人，卿所知也。曩时高刚守祁山，坐不专意，虽终得全，于今诮议不正。我必死耳，卿还谢诸葛亮，便可攻也。'详以告亮，亮进兵，云梯冲车，昼夜攻距，二十试图日，亮无利，会费曜等救至，亮乃引去。"按今城有上下二城相连，上城是秦文公筑，下城是郝昭筑。

陈仓山，在县南十里，南接梁、凤二州界。

散关，在县西南五十二里。《蜀志》诸葛亮出散关围陈仓。

三交城，在县西十六里，司马宣王与诸葛亮相距所筑。咸亨三年，于县东南开渠，引渭水入升原渠，通船至京故城。即故长安城，汉惠帝所筑城在今故大兴城之西北苑中。

虢县，次畿。北至府三十里。古虢国，周文王弟虢叔所封，是曰西虢，后秦武公灭为县。周改为洛邑县。隋大业三年，复为虢县。贞观八年废，天授二年再置。

郿县，次畿。西北至府一百里。本秦县，右辅都尉理所，在今县东一十五里，有故城。今县，周天和元年筑，置云州，建德三年废。武德元年又于故城置郿州，三年废州，郿县属稷州，七年属岐州。白起即此县人也。县在渭水南一里。

终南山，在县南三十里。

太白山，在县东南五十里。

五丈原，在县西南三十五里。初，诸葛亮与司马宣王相持，亮据渭水南原。宣王谓诸将曰："亮若出武功，依山东转，是其勇也。若西上五丈原，诸君无事矣。"亮果屯此原，耕者杂于渭滨，居人安堵，军无私焉。

积石原，在县西北二十五里。魏青龙二年，诸葛亮出斜谷，与司马宣王屯渭南。郭淮算亮必争北原，遂先据之。亮至，不得上。即此原也。

县理城，亦曰斜谷城，城南当斜谷，因以为名。斜谷南口曰褒，北口曰斜。

董卓坞，在县东北十六里。卓封郿侯，筑坞高与长安埒，号为万岁坞。

成国渠，在县东北九里，受渭水以溉田。①

五、邠州

隋北地郡之新平县。义宁二年，割北地郡之新平、三水二县置新平郡。武德元年，改为邠州。二年，分新平置永寿县。贞观二年，又分新平置宜禄县。

旧领县：四

户口：户一万五千五百三十四，口六万四千八百一十九。②

军府：有府十，曰嘉阳、宜禄、公刘、良社、胡陵、蜂川、万敌、金池、舜城、宜山。③

州境：东西二百里。南北二百七十里。

八到：东南至上都三百里。东北〔南〕至东都一千一百六十里。东至坊州三百一十里。东至奉天县一百三十里。北至宁州一百四十里。西北至泾州一百八十里。

管县四：新平，三水，永寿，宜禄。

---

① （唐）李吉甫：《元和郡县图志》卷二《关内道二·凤翔府》，第40—44页。
② （五代）刘昫等：《旧唐书》卷三八《地理志一》，第1404页。
③ （宋）欧阳修、宋祁等：《新唐书》卷三七《地理志一》，第967页。

新平县，望。郭下。本汉漆县也，属右扶风。建武八年，隗嚣悉众攻略阳。上幸漆，进止未定。会马援夜至，上喜，问之，援聚米以为山谷，于上前指军所从入。上笑曰："虏在吾目中。"遂进兵。考诸记注，汉之漆县，即今州理是也。姚苌之乱，郡县不立，暨乎后魏，于今县西南十里陈阳原上置白土县，属新平郡。隋开皇三年罢郡，移白土县于今州城中，置豳州，四年改白土县为新平县。大业二年，省豳州入宁州，义宁二年复为新平郡。武德元年，以新平郡又为豳州，县属焉。

五龙原，在县南三里，原侧有五泉水，因名。

泾水，西北自宜禄县界流入。

槀丘堡，在县西十八里。东、西、南三面石坡峭峻高十丈，北面筑城高二丈，武德二年置，贞观七年废。

苻坚墓，在县东南二里。先有谣云："河水清复清，苻诏死新城。"坚闻恶之，语军候云："地名'新城'避之。"至是为姚苌杀于新平城，遂葬焉。

三水县，紧。西南至州六十里。本汉旧县，有铁官，属安定郡，以县界有罗川谷，三泉并流，故以为名。魏改三水县为西川县，亦属安定。后魏于今县理西二十八里重置三水县，取汉旧名，属新平。隋开皇三年罢郡，以县属州。皇朝因之。

石门山，在县东五十里。峰岩相对，望之似门。

栒邑故城，在县东二十五里，即汉栒邑县，属右扶风。古郇国也，《左传》云："毕、原、丰、郇，文之昭也。"

古豳城，在县西三十里。公刘始都之处。

永寿县，上。西北至州九十里。武德二年分新平县南界，于今理北三十里永寿原西置永寿县，因原而名。贞观二年移于州东南八十里，兴元元年又移于顺义店，即今理是也。

高泉山，亦曰甘泉，在县北二十五里。

泾水，自新平县界流入。

醴泉苑，在县东北十里，并宫，并周所立，后废。贞观四年置醴泉监，兼置屯五所，隶司农寺。

宜禄县，中。东至州八十一里。本汉浅水县地，属上郡。后魏为东阴盘县地,废帝以县南临宜禄川,因改名,隶泾州。暨周、隋又为白土县。贞观二年,分新平县又置宜禄县,复魏旧名也。

浅水原,即今县理所。初,金城人薛举称兵,攻破郡县。武德元年,举寇泾州,屯兵于安定县之折墌城,太宗亲征,相守六十余日。会举死,其子仁杲统其众,并羌胡十余万,数来挑战。上遣总管庞玉自此原南出贼之右,因高而陈,上率大兵自原北,出其不意,斩首万余级,贼大溃,仁杲惧而请降,俘其精兵万余人,男女五万口。故城犹在今县北五里。

阴盘城,在县西北二十五里。

昭仁寺,在县西十步浅水原。上王师讨平仁杲诏于此置寺。碑,谏议大夫朱子奢之词也。

长武城,在县西五十里。隋开皇中筑在泾河南岸,武德元年废,大历初,郭子仪置兵以备西戎。①

二、畿甸政区群的形成与政区层次分化

唐高祖至睿宗时期关中的畿内可分为"三辅"与"近畿州"两部分。《新唐书》卷四九上《百官志四上》:"(贞观年间,)三辅及近畿州、都督府皆置府,凡六百三十三。"② 这里的"三辅"就指雍、同、岐三个"畿内"州,而不是同、华、岐三州了,使用的是汉代"三辅"的概念,而华州则演变为一个"近畿州"。"近畿州"是不隶于都督府之州。这种不隶于都督府之州,在唐高祖至睿宗时期是长期存在的。如据唐李泰著《括地志·序略》记载,贞观十三年唐有358州,其中关内之"雍、华、同、宜、岐、陇、豳、泾、宁"皆不隶都督府。③ 这些州除雍州外,应多属近畿州。

严耕望称这九州为"畿州","四十三(都督府)管州可考者二百七十二,则其时不隶之州甚少"。"置府分布,边疆地区一概置府,且大底两层环绕。内地军事重地亦置之。所不置者,惟京畿地区,黄河以南至淮汉南北,河东西南部,河北中部,剑南东部及苏杭地区,共约近九十州而已,此其形

---

① (唐)李吉甫:《元和郡县图志》卷三《关内道三·邠州》,第61—64页。
② (宋)欧阳修、宋祁等:《新唐书》卷四九上《百官志四上》,第1288页。
③ (唐)李泰等著,贺君次辑校:《括地志辑校》,卷首第2页。

势大略可晓也。"① 原隶于西汉三辅之商州在贞观十三年时亦不隶于任何都督府②，商州应也当属于当时的"近畿州"。严耕望所谈的"畿州"并未见于唐代，但雍州周边长期存在一个不隶都督府的政区群则是可以肯定的。

唐代州县实行按户定等第的制度。《唐会要》卷七〇《量户口定州县等第例》："《武德令》，三万户已上为上州。《永徽令》，二万户已上为上州。至显庆元年九月十二日，敕：'户满三万已上为上州，二万已上为中州，先已定为上州中州者，仍旧。'"③ 据高宗显庆州县等第令，在这一时期的畿内政区中，雍州、同州、岐州皆为上州，华州、邠州则为下州。畿内政区的等第是有差异性的。唐代不同等第的州县官员有不同等第的职田、俸钱规定。如《新唐书》卷五五《食货五》所载唐代百官的俸钱：

上州刺史，八万。
上州别驾，五万五千。
上州长史、司马，五万。
赤县令，四万五千。
上州录事参军事，畿县、上县令，四万。
赤县丞，三万五千。
赤县丞，两赤县主簿、尉，上州功曹参军以下，上县丞，三万。
畿县丞，赤县主簿、尉，二万五千。
畿县上县主簿尉，二万。
诸府大都督府参军事、文学、博士、录事，上州参军事、博士，万五千。
上州录事、市令，万三千。④

从上述俸钱等级制度规定中可以看出，华州、邠州行政官员的俸钱属于

---

① 严耕望：《严耕望史学论文集》，第622、644页。
② 严耕望：《严耕望史学论文集》，"卷首"第3页。
③ （宋）王溥：《唐会要》卷七〇《量户口定州县等第例》，1457页。
④ （宋）欧阳修、宋祁等：《新唐书》卷五五《食货五》，第1402—1404页。

最低层次。华州与邠州的政区等级也是最低的。这从总体上显示出唐高祖至睿宗时期的畿内虽为一个整体的监察区域，其吏治与社会发展受到朝廷的高度重视，但畿内政区已经不再如秦汉那样拥有较多的行政特权，行政等级也有高低之别。这是中国封建大一统时代复合型畿甸制度发展史上的一大变革。它在很大程度上表明，唐高祖至睿宗时期畿甸政区的行政等第较西汉三辅已经大为降低了。

三、唐高祖至睿宗时期关中畿甸政区建构的特点

唐高祖至睿宗时期畿内州的建置具有如下几个特点：一是如果将都督府视为一级或准政区的话，那么设都督府之地、都督府辖区则为都督府—州（郡）—县三级政区，而不设都督府之地则为州—县二级政区。如果按西汉三辅地域来看，贞观十三年，雍、华、同、宜、岐、陇、豳、泾、宁、商皆为二级政区地域，这些州与中央的关系较其他州更为密切，不隶都督府而由中央直接管理。① 同时，这些二级政区中的州具有与都督府同级的地位。

二是畿内五州户口少于汉代、隋代，财政收入亦不足与汉隋相比。五州共计有 322304 户，1417309 口，五州 41 县，平均每州 32230 户、141731 口，每县 8105 户、34569 口。畿内地域面积小于西汉的三辅，每州户之密度也小于西汉三辅。地域面积较隋三辅为大，但户数少隋 324876，近于隋三辅户数之半。它反映出在实行均田制的背景下，唐高祖至睿宗时期国家财政收入较隋代大幅萎缩，畿内控御天下的国之根本的重要性相对弱化。

三是这一时期畿内地域坚持不小于地方特定的准政区或监察区户口的原则。景云二年欲置的都督府，最大的都督府辖九州之地，小者亦辖五州之地，畿内州的数量与最小的都督府同。但京兆、三辅地域户口众多，畿内地域的户口资源较其他地域为众。以畿内州与户口繁盛的魏州都督府辖下的魏、卫、相、洺、德、贝、博、豫等八州户口的对比为例。

---

① 直接管理与直辖属于两种不同含义的概念。直接管理是指中央与地方一级政区的直接的上下层对应关系，直辖则是由具有朝官性质的官员出任州郡长官，这样的州郡长官具有朝官兼地方官的双重特点。

魏州　户三万四百四十，口十三万六千六百一十二。①

卫州　户一万一千九百三，口四万三千六百八十二。②

相州　户一万一千四百九十，口七万四千七百六十六。③

博州　户七千六百八十二，口三万七千三百九十四。④

贝州　户一万七千七百一十九，口九万七十九。⑤

洺州　户二万二千九百三十三，口十万一千三十。⑥

德州　户一万一百三十五，口五万二千一百四十一。⑦

豫州（蔡州）　（约）户一万二千一百八十二，口六万四百一十五。⑧

魏州都督府所辖八州共计约124484户，515119口，平均每州15561户、64390口，其户口总量、户口密度同样小于畿内地区。这些都显示出畿内地域州数虽少但人口资源相对丰富。在租庸调制下，畿内地域的赋役总量要大大多于魏州都督府。被后世称为"扬一益二"中的扬州都督府七州共计54690户，245317口，平均每州7813户、35045口，户口密度同样小于畿内五州：

扬州　户二万三千一百九十九，口九万四千三百四十七。⑨

舒州　户九千三百六十一，口三万七千五百三十八。⑩

和州　户五千七百三十，口三万三千四百一。⑪

滁州　户四千六百八十九，口二万一千五百三十五。⑫

庐州　户五千三百五十八，口二万七千五百一十三。⑬

楚州　户三千三百五十七，口一万六千二百六十二。⑭

---

① （五代）刘昫等：《旧唐书》卷三九《地理志二》，第1493页。
② （五代）刘昫等：《旧唐书》卷三九《地理志二》，第1490页。
③ （五代）刘昫等：《旧唐书》卷三九《地理志二》，第1492页。
④ （五代）刘昫等：《旧唐书》卷三九《地理志二》，第1496页。
⑤ （五代）刘昫等：《旧唐书》卷三九《地理志二》，第1496—1497页。
⑥ （五代）刘昫等：《旧唐书》卷三九《地理志二》，第1498页。
⑦ （五代）刘昫等：《旧唐书》卷三九《地理志二》，第1509页。
⑧ （五代）刘昫等：《旧唐书》卷三八《地理志一》，第1434页。
⑨ （五代）刘昫等：《旧唐书》卷四〇《地理志三》，第1572页。
⑩ （五代）刘昫等：《旧唐书》卷四〇《地理志三》，第1582页。
⑪ （五代）刘昫等：《旧唐书》卷四〇《地理志三》，第1574页。
⑫ （五代）刘昫等：《旧唐书》卷四〇《地理志三》，第1574页。
⑬ （五代）刘昫等：《旧唐书》卷四〇《地理志三》，第1576页。
⑭ （五代）刘昫等：《旧唐书》卷四〇《地理志三》，第1573页。

寿州　领县四，户二千九百九十六，口一万四千七百一十八。①

益州都督府十州共计 417981 户，188770 口，平均每州 41798 户、18877 口，其户口密度较畿内地域为大。益州经济规模高于畿内五州。

益州　户十一万七千八百八十九，口七十四万三百一十二。②

彭州　（约）户五万五千九百二十二，口三十五万七千三百八十七。③

蜀州　（约）户五万六千五百七十七，口三十九万六百九十四。④

汉州　（约）户六万九千五，口三十万八千二百三。⑤

简州　户一万三千八百五，口七万五千一百三十三。⑥

眉州　户三万六千九，口十六万九千七百五十五。⑦

邛州　户一万五千八百八十六，口七万二千八百五十九。⑧

嘉州　户二万五千八十五，口七万五千三百九十一。⑨

雅州　户一万三百六十二，口四万一千七百二十三。⑩

陵州　户一万七千四百四十一，口八万一百一十。⑪

在未设都督府或无都督府类设置之时，畿内州受朝廷掌控，体现着畿内居重驭轻的政治功用与设置初衷。陆贽《陆宣公全集·陆宣公奏议》卷一《奏草一〈论关中事宜状〉》："太宗文皇帝既定大业，万方底乂，犹务戎备，不忘虑危，列置府兵，分隶禁卫。大凡诸府八百余所，而在关中者殆五百焉。举天下不敌关中，则居重驭轻之意明矣。"⑫

唐初武德年间因军事需要，在州之上设立过行台尚书省，管理地方军、民之事，辖有数州之地，是中央的派出机构，掌事如在京六部。但这仅是因

---

① （五代）刘昫等：《旧唐书》卷四〇《地理志三》，第 1576 页。
② （五代）刘昫等：《旧唐书》卷四一《地理志四》，第 1664 页。
③ （五代）刘昫等：《旧唐书》卷四一《地理志四》，第 1666 页。
④ （五代）刘昫等：《旧唐书》卷四一《地理志四》，第 1667 页。
⑤ （五代）刘昫等：《旧唐书》卷四一《地理志四》，第 1665 页。
⑥ （五代）刘昫等：《旧唐书》卷四一《地理志四》，第 1679 页。
⑦ （五代）刘昫等：《旧唐书》卷四一《地理志四》，第 1668 页。
⑧ （五代）刘昫等：《旧唐书》卷四一《地理志四》，第 1681 页。
⑨ （五代）刘昫等：《旧唐书》卷四一《地理志四》，第 1680 页。
⑩ （五代）刘昫等：《旧唐书》卷四一《地理志四》，第 1683 页。
⑪ （五代）刘昫等：《旧唐书》卷四一《地理志四》，第 1676 页。
⑫ （唐）陆贽：《陆宣公全集·陆宣公奏议》卷一《奏草一〈论关中事宜状〉》，第 57 页。

战时需要制定及战后未暇改变的地方规划形势。在统治相对稳定之后，唐于地方设有区域军政机构——总管府，辖有数州之地。后总管府改称都督府。但唐于畿内并未实行都督府建置。从下文的京畿近畿政策看，畿内地域虽无上述监察、管理之名，但却保有其监察、管理之实。畿内地域的如是结构，仍坚持着与地方大的政区、监察区等区域管理对称的原则。

总之，唐高祖至睿宗时期的"畿内"政区结构，已不同于秦、汉、西晋、隋代以京师疆理为畿内政区结构。西汉畿内三辅郡皆为京师之一，唐高祖至睿宗时期的畿内，属于由数州构成的政区群，汉唐畿甸政区的合分大势洞然于胸。邠、坊二州也是与畿内关系密切之州，也是京官职田收授的范围，属于中央与地方交叉管控的地域。《新唐书》卷五五《食货五》："（贞观）十八年，以京兆府、岐、同、华、邠、坊州隙地陂泽可垦者，复给京官职田。"①开元前的畿内地域范围较秦内史与西汉三辅要小得多。

第二节　唐高祖至睿宗时期的关中畿甸政策

唐高祖至睿宗时期关中五州的"畿内"之称，显示出五州具有特殊的地位与地缘共性。也正是由于具有地缘共性，五州才可共称为"畿内州"。五州与都督府在事实上成为地方的（准）"一级"政区。使五州成为一个政区群的重要因素，在于唐廷在畿内实行的具有地缘共性的畿甸政策，如据"设险以固其国"的原则划定畿内的政策等。畿内地缘化的区域特征的形成，本身就是特殊的畿甸政策的产物。唐高祖至睿宗时期的畿甸政策，主要包括以下几个方面的内容。

一、多由六部官员出任畿甸政区长官

高祖睿宗时期畿甸官员任命政策最重要的特点之一，是唐人所言的同、

---

① （宋）欧阳修、宋祁等：《新唐书》卷五五《食货五》，第1395页。

华、岐三州刺史多以"六卿之贰"出任,"入必稍迁,或复旧职"①,在一级政区中有着极其特殊的地位。唐高祖至睿宗朝畿内雍州长官本身就是朝官,同、华、岐三州长官则多由朝官出任,但畿内长官的任期较短。这在客观上形成畿内长官无法结党营私、形成个人势力的局面。

(一) 雍州刺史的任命及其迁转

1. 武德、贞观年间的任命及其迁转

1) 由六部官员出任及其迁转

共4人,其中民(户)部2人,吏部、刑部各1人。由高品官兼低品官且升降无常是基本特点,但升入尚书省为官(尚书左丞)则是升迁中的典型之例。

杨恭仁　吏部尚书(正三品)——雍州牧(从二品)——扬州大都督府长史(正四品下)

萧瑀　民部尚书(正三品)兼雍州都督(正四品下)

卢承庆　民部侍郎检校兵部侍郎(正四品下)——雍州别驾(正四品下)——尚书左丞(从二品)

刘德威　刑部尚书(正三品)兼检校雍州别驾(正四品下)——丁忧免官

2) 由太常寺官员出任及其迁转

共1人。其官品则是由高到低,最后升入尚书省为官(尚书右丞)。

杨纂　太常少卿(正四品上)——雍州别驾(正四品下)——尚书右丞(从二品)

3) 由太仆寺官员出任及其迁转

共1人。其官品也是从高到低,最后升迁入尚书省(户部尚书)。

杨纂　太仆卿(从三品)——检校雍州别驾(正四品下)——迁户部尚书(正三品)

4) 由卫尉寺官员出任及其迁转

共2人,其官品是从高到低,最后升入尚书省为官(礼部尚书、户部

---

① (清)董诰等:《全唐文》卷四一一《常衮〈授张重光尚书左丞制〉》,第4213页。这一政策应是唐德宗时期的常衮对德宗以前时期畿甸政区长官任命形势的概括。

尚书)

于志宁　卫尉卿（从三品）判太常卿——兼雍州别驾（正四品下）——礼部尚书（正三品）

高履行　卫尉卿（从三品）——雍州长史（正四品下）——户部尚书（正三品）

5）由太子府官员出任及其迁转

共1人。其官品由低到高，最后升入尚书省为官（检校尚书左丞）。

卢承业　太子中允（正五品下）——雍州长史（正四品下）——检校尚书左丞（从二品）

6）由州别驾出任及其迁转

共1人。迁转无考。

韦让　州别驾领州事（从四品，做从三品事）——无考

7）由都督府长史出任及其迁转

共1人。其官品由高到低再到初级。

李弘节　并州大都督府长史（从三品）——雍州别驾（正四品下）——交桂二州都督（从三品）。①

从总体上看，唐高祖至太宗时期，由尚书省六部出任雍州长官者居多，其官品则是由高到低；由雍州任上升迁者居多，升迁的主要方向是到尚书省为官。这就在很大程度上反映出尚书省与雍州长官任命存在着密切的关系。②

2. 高宗时期的任命及其迁转

1）由御史台御史大夫出任及其迁转

共1人。其官品由高到低，最后升入尚书省为官（刑部尚书）。

唐临　御史大夫（从三品）——长史（正四品下）——刑部尚书（正三品）

---

① （唐）李林甫等撰，陈仲夫点校：《唐六典》卷三《尚书户部》，交、桂二州都督应为下都督府。《唐六典》卷三〇《三府督护州县官吏》，下都督府都督从三品。（唐）李林甫等撰，陈仲夫点校：《唐六典》，中华书局2006年版。
② 以上据郁贤皓：《唐刺史考全编》卷一《京兆府上》大致统计。见郁贤皓：《唐刺史考全编》，安徽大学出版社2000年版，第1—7页。

2）由刺史出任及其迁转

共 3 人。其官品多是从高到低，最终升官如卢承业，其他 2 例则最终升入尚书省六部为官（尚书）。

卢承业　忠州刺史（正四品下）——雍州司马、长史（正四品下）——邢州刺史（从三品）。①

卢承庆　度支（户部）尚书（正三品）——（贬）润州刺史（从三品）——雍州长史（正四品下）——刑部尚书（正三品）②

苏良嗣　岐州刺史（从三品）——雍州长史（正四品下）——工部尚书（则天朝）（正三品）

3）由尚书省贰官出任及其迁转

共 2 人。其中 1 人自高品降为低品，最后回归尚书省六部为官，但仍是低品。1 人也是自高品为低品，最后由雍州任上升入尚书省（尚书右丞）。其他则是由户部平调出任雍州长史，最终或升或降，但皆回归中央。

高审行　尚书右丞（从二品）——雍州长史（正四品下）——户部侍郎（正四品下）

刘祥道　刑部尚书（正三品）——权检校蒲州刺史（从三品）兼检校雍州长史（正四品下）——迁右相（尚书右丞）（从二品）。

李义琛　刑部侍郎（正四品下）——雍州长史（正四品下）——（贬官）梁州都督（正三品或从三品），终岐州刺史。

韦泰真　户部侍郎（正四品下）——雍州长史（正四品下）——洛州长史（正四品下）

---

① （五代）刘昫等：《旧唐书》卷三九《地理志二·山南道》载贞观十三年，忠州户八千三百一十九，口四万九千四百六十八。天宝，户六千七百二十二，口四万三千二十六。其户在唐代前期一直未超过万户。按《唐会要》卷七〇《量户口定州县等第例》："武德令，三万户已上为上州。永徽令，二万户已上为上州。至显庆元年九月十二日敕，户满三万为上州，二万已上为中州，先已定为上州中州者，仍旧。"此时的忠州为下州。《唐六典》卷三〇《三府督护州县官吏》，下州刺史正四品下。又按《旧唐书》卷三九《地理二·河北道》载邢州旧领县九，户二万一千九百八十五，口九万九百六十。天宝，户七万一百八十九，口三十八万二千七百九十八。故其等第为上。《唐六典》载上州刺史从三品。

② （五代）刘昫等：《旧唐书》卷四〇《地理三·淮南道》，旧领县五，户二万五千三百六十一，口十二万七千一百四。天宝领县六，户十万二千三十三，口六十六万二千七百六。润州为上州。

4）由右金吾卫出任及其迁转

共1人。从高品到低品，迁转为低品官，未回归朝廷做官。

（1）李晦　营州都督（从二品）——右金吾卫将军（从三品）兼检校雍州长史（正四品下）——检校洛州长史（正四品下）兼知东都留守。

5）由卫尉卿出任及其迁转

共1人。由高品出任低品雍州长史。

李粥　卫尉卿（从三品）——雍州长史（正四品下）——无考①

与武德、贞观年间相似，雍州长史任官以尚书六部长官为主，属于六部长官从高品出任低品雍州长史。具有不久任的特点。任后亦以升任六部长官为主，但平调未进入朝廷者亦占有较大的比例。尚书省长官加上其他朝官出任雍州长史，使得朝官出任雍州长官的比例占据绝对优势。

3. 武则天时期的任命及其迁转

1）由尚书六部贰官出任及其迁转

共3人。多为六部官员平调出任雍州长史，回任三省长官者则品级获得提升。

马载　吏部侍郎（正四品下）——雍州长史（正四品下），卒于任

杨再思　户部尚书（正三品）——兼检校雍州长史（正四品下）——迁扬州大都督府长史（从三品）

崔日用　兵部侍郎（正四品下）——知雍州长史（正四品下）——门下省黄门侍郎（正四品上）

2）由中书省官员出任及其迁转

共1人。中书省官员平调出任雍州长史。

司马锽　中书侍郎（正四品下）——雍州长史（正四品下）

3）由雍州刺史出任及其迁转

这种情况仅1例，由雍州刺史升任六部官员。

武攸宜　雍州刺史（正四品下）——都官（工部）尚书（正三品）

---

① 郁贤皓：《唐刺史考全编》卷一《京兆府上》，第7—10页。

4）由其他刺史出任及其迁转

共2人，属于高品低就的现象，离任后亦未入朝为官。

薛季昶　定州刺史（从三品）——雍州长史（正四品下）——蒲州刺史（从三品）

窦怀贞　蒲州刺史（从三品）——雍州长史（正四品下）①

尚书六部贰官仍是雍州长官的主要来源，出任外官、进入三省是雍州长官主要的再任地，其中平调者居多，和前一时期进入尚书六部的形势也有所不同。但雍州长官不久任的现象仍然存在着。

4. 中宗、睿宗时期的任命及其迁转

1）由州司马出任及其迁转

共1人。由六品下州司马升京兆少尹。

卢齐卿　金州司马（从六品上）——京兆少尹（从四品下）知府事②

2）由中书省贰官出任及其迁转

共1人。由高品官任低品官，且任后无升迁。

张说　中书侍郎（正四品上）——雍州长史（正四品下）——玄宗东宫侍读（五品以上）

3）由门下省官员出任及其迁转

1人。由高品官任低品官，任后不入朝为官，但官品得升。

崔日用　黄门侍郎（正四品上）——雍州长史（正四品下）——扬州长史（从三品）

4）由雍州长史出任及其迁转

1人。任后官品获升。

张说　雍州长史（正四品下）——扬州长史（从三品）

5）由都督府官员出任及其迁转

1人。平调出任雍州长史，兼任尚书省官。

---

① 郁贤皓：《唐刺史考全编》卷一《京兆府上》，第13—15页。
② （五代）刘昫等：《旧唐书》卷三九《地理二·山南道》载金州"旧领县六，户一万四千九十一，口五万三千二十九。天宝，户九千六百七十四，口五万七千九百八十一"。金州为下州。据《唐六典》卷三〇《三府督护州县官吏》，下州司马一人，从六品上。

杨守愚　并州大都督府司马（从四品下）——雍州长史（正四品下）兼文昌（尚书）左丞（从二品）①

睿宗时期时间短，雍州刺史数量少，动乱期间难作考察。但中书、门下省官员出任雍州长官者多，其职秩迁转也以升势为主。睿宗朝雍州长官其实成为政治斗争的工具，京兆尹的任命是当权者控制京师的重要手段。

总之，唐高祖到睿宗时期雍州最高长官的任命，大体呈现出从高品官出任低品官再到官员平调的趋势，六部长官是出任雍州长官的主要来源，高祖、太宗、高宗、则天朝雍州长史任后多升任六部长官。这些人并未见有多大的政绩，其迁转在客观上就是六部朝官的"历练"之地。某些雍州长官兼朝官，或以朝官兼雍州长官，更表现出雍州直隶于朝廷的特点。据《唐刺史考全编》，雍州长史任职时期大多比较短，未合三载考绩之制，雍州长官地方治理的成效并不明显。

（二）华州刺史的任命及其迁转

1. 武德、贞观年间的任命及其迁转

1）由六部侍郎出任及其迁转

1人。由侍郎平调为华州刺史。

赵慈景　兵部侍郎（正四品下）——华州刺史（正四品下）

2）由将军出任及其迁转

由高品官员出任华州刺史。

柴绍　左卫大将军（正三品）——华州刺史（正四品下）

3）由亲王出任及其迁转

鲁王　华州刺史（正四品下）——转梁州都督（正三品）

4）由九寺官员出任及其迁转

1人。由高品官员出任低品华州刺史。

张大师　太仆卿（从三品）——华州刺史（正四品下）

5）由亲信出任及其迁转

1人。应是由低品官出任华州刺史。

---

① 郁贤皓：《唐刺史考全编·京畿道》卷一《雍州府上》，第1—15页。

李君羡（武官）　亲信——累迁华州刺史（正四品下）①

2. 高宗时期的任命及其迁转

1）履历无考　萧龄之　权万春　杨宝应　杨志诚

2）由他州刺史任华州及其迁转

由上州刺史（从三品）出任华州刺史1人。

于志宁　岐州刺史（从三品）——华州刺史（正四品下）

由同级刺史平调，1人。

乔师望　凉州刺史（正四品下）——华州刺史（正四品下）——无考②

3. 武后时期的任命及其迁转

1）无考者　韦师实　杜儒童　杨文

2）由六部长官出任及其迁转

共2人。一是平调，一是升迁。

敬晖　夏官（兵部）侍郎（正四品下）——华州刺史（正四品下）——洛州长史（正四品下）

路励节　刑部郎中（从五品上）——华州刺史（正四品下）③

4. 中宗时期的任命及其迁转

窦珣　无考

由军使出任及其迁转

1人。从高品官到低品官。

陈遂　定州刺史（从三品）土门军使——华州刺史（正四品下）

5. 睿宗时期的任命及其迁转

由六部长官出任及其迁转

由六部官员平调，1人。

崔湜　吏部侍郎（正四品下）——贬华州刺史（正四品下）④

同雍州刺史一样，华州刺史任期大多不足三年。朝官出任华州刺史者占

---

① 郁贤皓：《唐刺史考全编》卷二《华州》，第71、72页。
② （五代）刘昫等：《旧唐书》卷四〇《陇右道》："旧领县三，户八千二百三十一，口三万三千三十。"凉州为下州，刺史正四品下。据《唐刺史考全编》卷二《华州》，第72—74页。
③ 郁贤皓：《唐刺史考全编》卷二《华州》，第74—75页。
④ 郁贤皓：《唐刺史考全编》卷三《华州》，第71—75页。

多数，其中六部侍郎所占比例较大。但自华州刺史卸任后，升迁前景似乎并不突出。华州长官的政治地位较雍州为低。出任华州刺史者包括兵部侍郎 2 人、左卫将军 1 人、武官李君羡 1 人、军使 1 人。这是雍州刺史任上未见的现象，是由华州特殊的军事特点决定的。

（三）同州刺史的任命及其迁转

从官员选任的来源看，同州刺史的地位要低于华州刺史。唐高祖至睿宗时期，由地方官出任同州刺史者占多数，同州刺史离任后多出任地方官。这在很大程度上显示出，雍、华二州的重要性较同州为高。但三省长官出任同州刺史的情况较前述二州为多。

武德时期唐朝初建，同州刺史资料不全，笔者拟从贞观时期开始考察。

1. 贞观时期的任命及其迁转

1）由门下省长官出任及其迁转

（1）王珪　侍中（正三品）——同州刺史（从三品）——礼部尚书（正三品）

2）由地方要员出任及其迁转

（1）尉迟敬德　襄州都督（约从三品）——同州刺史（从三品）——宣州刺史（从三品）

（2）李袭誉　凉州都督（正三品）——行同州刺史（从三品）——流于泉州

3）由大理寺官员选任及其迁转

刘德威　大理卿（从三品）——同州刺史（从三品）——晋州刺史（从三品）[①]

2. 高宗时期的任命及其迁转

1）由中书省长官出任及其迁转

（1）褚遂良　中书令（正三品）——同州刺史（从三品）——吏部尚书

---

① 郁贤皓：《唐刺史考全编》卷四《同州》，第 107—110 页。

（正三品）

    2）由尚书省六部长官出任及其迁转

    1）魏克己　吏部侍郎（正四品上）——同州刺史（从三品）

    3）由地方刺史出任及其迁转

    （1）李崇义　蒲州刺史（从三品）——同州刺史（从三品）——益州大都督府长史（从三品）

    （2）乔师望（驸马）　凉州刺史（正四品下）——同州刺史（从三品）

    （3）鲜于匡　隆州刺史（阆）（从三品）——同州刺史（从三品）——河州刺史（正四品下）

    4）由大使出任及其迁转

    （1）卢承业　扬州长史（从三品）淮南道大使——同州刺史（从三品）——陕州刺史（从三品）[①]

3. 武后时期的任命及其迁转

    1）由诸卫长官出任及其迁转

    （1）宇文得照　金吾将军（从三品）——同州刺史（从三品）

    2）由刺史出任及其迁转

    （1）武懿宗　汴州刺史（从三品）——同州刺史（从三品）——许州刺史（从三品）

    （2）李怀远　冀州刺史（从三品）——俄历扬、益等州大都督府长史（从三品），未行——授同州刺史（从三品）——太子左庶子（正四品上），兼太子宾客（正三品）

    3）由内官、宫官、内侍省长官出任及其迁转

    （1）元善应　司宾卿（正六品）——同州刺史（从三品）

    4）由都督府官员出任及其迁转

    （1）苏环　扬州大都督府长史（从三品）——同州刺史（从三品）

    5）由太子府官员出任及其迁转

    （1）孟诜　睿宗侍读（无品）——同州刺史[②]（从三品）

[①] 郁贤皓：《唐刺史考全编》卷四《同州》，第110—113页。
[②] 郁贤皓：《唐刺史考全编》卷四《同州》，第113—115页。

4. 中宗时期的任命及其迁转

1）由地方刺史出任及其迁转

（1）毕构　卫州刺史（从三品）——同州刺史（从三品）——陕州刺史（从三品）①

5. 睿宗时期的任命及其迁转

（1）由同州刺史的迁转

崔湜　同州刺史（从三品）——中书侍郎（正四品上）②

（四）岐州刺史的任命及其迁转

岐州刺史任期多不足三年。亲王遥领或重臣出任刺史的比例较大。重臣多因有过出任岐州刺史，岐州是贬谪重臣之地。在三辅之中，岐州刺史的地位最重。岐州的政治地位较华州、同州皆高。但去任后下任多非朝官，这点与同、华二州是相似的。

1. 武德、贞观年间的任命

1）由亲王出任及其迁转

（1）（恭王）李神符　雍州司马（从五品下）——平道将军，出镇岐州（从三品）——稷州诸军事稷州刺史（从三品）

（2）（许王）李元祥　岐州刺史（从三品）——苏州刺史（从三品）

（3）李愔（蜀王）——益州都督（从二品）——岐州刺史（从三品）——虢州刺史（从三品）

2）由重臣出任及其迁转

（1）李靖　岐州刺史（从三品）

3）由六部长官出任及其迁转

郑善果　刑部尚书（正三品）——岐州刺史（从三品）——复以公事免——江州刺史（正四品上）

4）由诸卫将军出任及其迁转

（1）豆卢宽　左卫大将军——行岐州刺史（从三品）——赠特进

---

① 郁贤皓：《唐刺史考全编》卷四《同州》，第115页。
② 郁贤皓：《唐刺史考全编》卷四《同州》，第115页。

5）由太子府官员出任及其迁转

（1）萧瑀　太子少傅（正二品）——岐州刺史（从三品）

6）由驸马或因国戚出任及其迁转

（1）柴绍　岐州刺史（从三品），平道将军——救岷州

（2）长孙操　扬州都督府长史（从三品）——岐州刺史（子为驸马故）（从三品）

7）其他

（1）崔世俊　治中（司马）（从五品）——进岐州刺史（从三品）①

2. 高宗时期的任命

1）由太常寺官员出任及其迁转

（1）柳亨　太常卿（正三品）——检校岐州刺史（从三品）

2）由亲王出任及其迁转

（1）李素节　雍王、雍州牧（从二品）——岐州刺史（从三品）——郇王

（2）李贤　岐州刺史（从三品）

3）由大将总管出任及其迁转

（1）程知节　持节葱山道行军大总管——免官——岐州刺史（从三品）

4）由出身于重臣的地方刺史出任及其迁转

（1）于志宁　荣州刺史（正四品上）——岐州刺史（从三品）——华州刺史（正四品下）

（2）李义琛　雍州长史（从五品上）——梁州都督（正三品），转岐州刺史（从三品）卒于官

5）由犯有过错的配流人员出任及其迁转

（1）魏玄同　司列大夫（吏部郎中）（从五品上）——配流岭外——岐州长史（从五品上）——吏部侍郎（正四品上）

6）其他离任后出任

（1）苏良嗣　岐州刺史（从三品）——雍州长史（从五品上）②

---

① 郁贤皓：《唐刺史考全编》卷五《岐州》，第144—146页。
② 郁贤皓：《唐刺史考全编》卷五《岐州》，第146—149页。

3. 武后时期的任命

1）由刺史出任及其迁转

（1）李上义　晋州刺史（从三品）——岐州刺史（从三品）——曹州刺史（从三品）

2）由太常寺长官出任及其迁转

（1）薛元嗣　太常卿（正三品）——岐州刺史（从三品）——贝州刺史（从三品）

3）由诸卫将军出任及其迁转

（1）陈令英　右卫将军（从三品）——岐州刺史（从三品）

4）由诸监出任及其迁转

（1）宗楚客　少府监（从三品）——岐州刺史（从三品）——陕州刺史（从三品）

5）其他离任后出任

（1）张昌期　岐州刺史（从三品）——汝州刺史（从三品）

6）由御史台官员出任及其迁转

（1）苏珦　右御史大夫（从三品）——岐州刺史（从三品）——右台大夫（从三品）[①]

4. 睿宗时期的任命

1）由御史大夫出任及其迁转

（1）薛登　御史大夫（从三品）——岐州刺史（从三品）——太子宾客（正三品）[②]

（五）邠州刺史的任命及其迁转

1. 贞观年间的任命及其迁转

张亮　光禄卿（从三品）——豳州都督（从三品）——夏州都督（从三品）。

李佑　燕王——豳州都督（从三品）——改封齐王，授齐州都督（从

[①] 郁贤皓：《唐刺史考全编》卷五《岐州》，第146—151页。
[②] 郁贤皓：《唐刺史考全编》卷五《岐州》，第151—152页。

三品）

2. 高宗年间的任命及其迁转

唐敏　汴州刺史（从三品）——邠州刺史（从三品）

薛宝胤　雍州司马（从五品）——邠州刺史（从三品）

3. 武后年间任命及其迁转

裴守真　邠州刺史（从三品）——宁州刺史（从三品）

姚珽（姚班）　虢州刺史（从三品）——邠州刺史（从三品）——转秦州刺史（从三品）

4. 中宗年间的任命及其迁转

武嗣宗　临川王，宗正寺卿（从三品），后封管国公，豳州刺史（从三品）。

5. 睿宗年间的任命及其迁转

李守礼　豳王，带光禄卿（从三品），兼豳州刺史（从三品）——转左金吾卫大将军（正三品），遥领单于大都护。①

邠州刺史的选任及迁转形势与雍、同、华、岐四州大为不同：一是记载的刺史数量较少，二是出任豳州都督或刺史者地位相对较低，任后亦无过多的升迁或入朝为官的记载。这说明邠州刺史的地位、影响皆次于上述四州。上述四州属于畿内的核心地域。贞观十三年大簿中的其他不隶于都督府之州的选举情况与邠州相类，在唐高祖至睿宗时期畿内政区的地位是有区别的。

从最高长官的任命形势看，岐州刺史的政治地位略重于同、华二州。这是畿内州的功能有所分化的结果。岐州境内的九成宫是皇帝避暑之地。《旧唐书》卷三八《地理志一》载岐州麟游县："太宗改仁寿宫为九成宫。"② 唐代著名文学家王勃对九成宫极尽赞美，《全唐文》卷一七七《王勃〈九成宫东台山池赋（并序）〉》："九成宫东台，地接闲旷，面山临水。尔其松峰桂壑，红泉碧磴。金石千声，云霞万色。"③

唐太宗幸九成宫主要是为了避暑。《旧唐书》卷七三《姚思廉传》载贞

---

① 郁贤皓：《唐刺史考全编》卷六《邠州》，第1176—179页。
② （五代）刘昫等：《旧唐书》卷三八《地理一》，第1403页。
③ （清）董诰等：《全唐文》卷一七七《王勃〈九成宫东台山池赋（并序）〉》，第1798页。

观三年唐太宗幸九成宫为了避暑免疾：

> 思廉以藩邸之旧，深被礼遇，政有得失，常遣密奏之，思廉亦直言无隐。（贞观三年，）太宗将幸九成宫，思廉谏曰："离宫游幸，秦皇、汉武之事，固非尧、舜、禹、汤之所为也。"言甚切至。太宗谕曰："朕有气疾，热便顿剧，固非情好游赏也。"因赐帛五十匹。①

唐太宗贞观六年幸九成宫也是为了避暑。《旧唐书》卷七四《马周传》：

> 臣又伏见明敕，以（贞观六年）二月二日幸九成宫。臣窃惟太上皇春秋已高，陛下宜朝夕视膳而晨昏起居。今所幸宫去京三百余里，銮舆动轫，严跸经旬，非可以旦暮至也。太上皇情或思感，而欲即见陛下者，将何以赴之？且车驾今行，本为避暑。然则太上皇尚留热所，而陛下自逐凉处，温清之道，臣窃未安。然敕书既出，业已成就，愿示速返之期，以开众惑。②

《旧唐书》卷三《太宗本纪下》载贞观六年"三月戊辰，幸九成宫"③。魏徵在贞观六年随从太宗至九成宫，赋有《九成宫醴泉碑铭》，对九成宫有过极高的赞誉与景物描摹。《全唐文》卷一四一《魏徵〈九成宫醴泉碑铭〉》：

> 维贞观六年孟夏之月，皇帝避暑于九成之宫，此则隋之仁寿宫也。冠山抗殿，绝壑为池，跨水架楹，分岩竦阙，高阁周建，长廊四起，栋宇胶葛，台榭参差。仰视则迢递百寻，下临则峥嵘千仞。珠璧交映，金碧相辉，照灼云霞，蔽亏日月。观其移山回涧，穷泰极侈，以人从欲，良足深尤。至于炎景流金，无郁蒸之气；微风徐动，

---

① （五代）刘昫等：《旧唐书》卷七三《姚思廉传》，第2593页。
② （五代）刘昫等：《旧唐书》卷七四《马周传》，第2613页。
③ （五代）刘昫等：《旧唐书》卷三《太宗本纪下》，第42页。

有凄清之凉。信安体之佳所,诚养神之胜地。汉之甘泉,不能尚也。①

除贞观六年外,唐太宗亦于贞观八年临幸九成宫。《唐会要》卷七八《诸使中·黜陟使》:

> 贞观八年,将发十六道黜陟大使,畿内未有其人。上问房玄龄:"此道事最重,谁可充使?"尚书右仆射李靖曰:"畿内事大,非魏徵莫可。"上曰:"朕今欲向九成宫,事亦不小。朕每行不欲与其相离者,乃为其见朕是非得失,必无所隐。"乃命李靖充使。②

这年长孙皇后于九成宫染疾。《旧唐书》卷五一《后妃传上·太宗文德皇后长孙氏》:"(贞观)八年,从幸九成宫,染疾危惙,太子承乾入侍。"③ 同书卷一九一《方伎传·袁天纲》:"贞观八年,太宗闻其(天纲)名,召至九成宫。"④

贞观十三年唐太宗幸九成宫,陪从的突厥突利之弟结社率,行刺唐太宗未果。《旧唐书》卷一九四上《突厥传上》:

> 突利弟结社率,贞观初入朝,历位中郎将。十三年,从幸九成宫,阴结部落得四十余人,并拥贺逻鹘,相与夜犯御营,逾第四重幕,引弓乱发,杀卫士数十人。折冲孙武开率兵奋击,乃退,北走渡渭水,欲奔其部落。寻皆捕而斩之,诏原贺逻鹘,流于岭外。⑤

唐高宗也曾临幸九成宫。《唐会要》卷三〇《九成宫》:

> 永徽二年九月八日,改九成宫为万年宫。至乾封二年二月十日,

---

① (清)董诰等:《全唐文》卷一四一《魏徵〈九成宫醴泉碑铭〉》,第1433页。
② (宋)王溥:《唐会要》卷七八《诸使中·黜陟使》,第1679页。
③ (五代)刘昫等:《旧唐书》卷五一《后妃传上·太宗文德皇后长孙氏》,第2116页。
④ (五代)刘昫等:《旧唐书》卷一九一《方伎传·袁天纲》,第5094页。
⑤ (五代)刘昫等:《旧唐书》卷一九四上《突厥传上》,第5161页。

改为九成宫。三年四月，将作大匠阎立德，造新殿成，移御之日，谓侍臣曰："朕性不宜热，所司频奏，请造此殿。既作之后，深惧人劳。今既暑热，朕在屋下，尚有流汗，匠工暴露，事亦可愍。所以不令精妙者，意祇避炎暑耳。"长孙无忌曰："圣心每以恤民为念，天德如此，臣等不胜幸甚。"

五年三月，幸万年宫。上谓太尉无忌曰："此宫非直凉冷宜人，且去京不远。朕离此十年，屋宇无多损坏。昨者不易一椽一瓦，便已可安，不知公等得安堵否？曹司廨署周足否？"乃亲制万年宫铭并序七百余字，群臣请刊石，建于永光门。诏从之。①

《旧唐书》卷二八《音乐志一》载高宗仪凤三年七月："上在九成宫咸亨殿宴集，有韩王元嘉、霍王元轨及南北军将军等。"②同书卷五《高宗本纪下》：乾封二年二月，"改万年宫依旧名九成宫"。"总章元年二月戊寅，幸九成宫。""秋八月癸丑，至自九成宫。"③同书卷八三《薛仁贵传》载高宗永徽五年，高宗幸万年宫（九成宫），遇"山水猥至"，薛仁贵登门桄，"叫呼以惊宫内"，脱高宗于水患。"开耀元年，（高宗）复召见（薛仁贵），谓曰：'往九成宫遭水，无卿已为鱼矣。'"④岐州实际成为太宗、高宗避暑之地，岐州的政治地位自然要比同、华、邠三州为高。但在高宗之后，到岐州避暑的唐代帝王较少。

岐州不仅因为是九成宫所在地，在当时具有较重要的政治地位，它还负有为皇帝炼制丹药的功能。《旧唐书》卷四四《职官三》："九成宫总监：监一人，从五品下。副监一人，从六品下。丞一人，从七品下。主簿一人，从九品下。录事一人，府三人，史五人。宫监掌检校宫树，供进炼饵之事。副监为之贰。"⑤宫监关乎帝王的性命福祉，岐州亦由此在帝王生活中占有重要的地位。

岐州也是闲厩使驻地。《唐会要》卷七二《马》："（元和）十三年十一月，闲厩使理岐阳旧马坊地三百四十七顷，尽归之国家。自贞观至麟德中，

---

① （五代）刘昫等：《唐会要》卷三〇《九成宫》，第647—648页。
② （五代）刘昫等：《旧唐书》卷二八《音乐志一》，第1049页。
③ （五代）刘昫等：《旧唐书》卷五《高宗本纪下》，第91、92页。
④ （五代）刘昫等：《旧唐书》卷八三《薛仁贵传》，第2780—2781，2783页。
⑤ （五代）刘昫等：《旧唐书》卷四四《职官三》，第1888页。

国马四十万匹,皆牧河陇。开元中,尚有二十七万,杂以牛羊等,不啻百万。置八使四十八监,占陇西、金城、平凉、天水四郡,幅员千里。自长安至陇西,置七马坊,为会计所都领。岐陇间善水草及膏腴田,皆属七马坊,名额尽废,其地利归于节度使。"① 马匹是重要的军事资源,岐州又因此具有重要的军事地位。

岐州也是京师木炭供给地。《唐会要》卷七八《诸使中》:"天宝七载十一月,给事中杨钊充九成宫使。其使及木炭使,并是岐州刺史勾当。"② 是京师的水源供给地,岐州宝鸡县升源渠是为京师引岐、陇之水,保障京师生产生活用水的工程。宝鸡"东有渠引渭水入升原渠,通长安故城,咸亨三年开"。虢县"西北有升原渠,引汧水至咸阳,垂拱初运岐、陇水入京城"。③ 这些对岐州刺史的选任产生了重要的影响。

二、重京畿轻近畿的资源配置政策

唐高祖至睿宗时期的畿内是以"居重驭轻"的原则建构的,京师是畿内重中之重,他州具有环卫京师、地域资源配置倾向于雍州的特点。④

(一) 雍州较畿内其他州的地域广

雍州东西三百一十里,南北四百七十里。华州东西一百六十四里,南北一百四十里。同州东西一百一十二里,南北二百三十五里。邠州东西二百里,南北二百七十里。雍州较其他州的地域广。

(二) 雍州古迹较他州多

1. 雍州古迹

1) 历代帝王陵墓

雍州有毕原,周公葬地。

---

① (五代) 刘昫等:《唐会要》卷七二《马》,第 1545 页。
② (宋) 王溥:《唐会要》卷七八《诸使中》,第 1701 页。
③ (宋) 欧阳修、宋祁等:《新唐书》卷三七《地理志一》,第 967 页。
④ 以下内容据《元和郡县图志》统计。

白鹿原，有汉文帝霸陵。

杜陵，汉宣帝陵。

于谨墓。

后周文帝成陵。

王翦墓。

司马欣墓。

汉长陵。

安陵。

阳陵。

平陵。

渭陵。

延陵。

义陵。

康陵。

太公墓。

周公墓。

萧何墓。

曹参墓。

张良墓。

周幽王陵。

秦始皇陵。

隋文帝泰陵。

汉茂陵。

汉公孙弘墓。

卫青墓。

霍去病墓。

姚兴墓。

汉太上皇陵。

高祖献陵。

太宗昭陵。

2）重要历史遗址

故轵道，秦王子婴降沛公处。

细柳营，周亚夫治军处。

兰池陂。

3）宫殿台阁遗址

御宿川，汉离宫别馆处。

秦曲梁宫。

云阳宫，即秦之林光宫，汉之甘泉宫。

通天台。

长陵故城。

秦兰池宫。

周武王宫。

秦阿房宫。

汉长乐宫。

汉未央宫。

汉建章宫。

桂宫。

柏梁台。

渐台。

神明台。

汉博望苑。

上林苑。

酒池。

隋崇业宫。

秦步高宫。

古戏亭。

汉黄山宫。

章邯台。

秦望夷宫。

汉池阳宫。

马祖坛。

隋太平宫。

隋甘泉宫。

周酆宫。

秦萯阳宫。

甘亭。

姜维领。

隋宜寿宫。

秦长杨宫。

秦五柞宫。

马融读书台。

司竹园。

楼观。

太和宫。

唐龙跃宫。

庆善宫。

4）其他遗址

长安故城。

黄白城。

汉云阳故县。

细柳仓。

棘门。

便桥。

长陵故城。

倒兽山。

县理城。

思乡城。

武学故城。

马嵬故城。

新丰故城。

故鄠城。

钟官故城。

故斄城。

6）祠庙

天齐祠。

白起祠。

蒙恬祠。

汉龙泉庙。

后稷祠。

姜嫄原祠。

7）著名水利

太白渠。

中白渠。

南白渠。

8）关

子午关。

蓝田关。

骆谷关。

2. 华州

1）古迹

古郑城。

长城。

2）关

潼关。

3. 同州

1）古迹

沙苑。

河桥。

王官故城。

羁马故城。

2）本朝宫殿

兴德宫。

长春宫。

4. 岐州

1）古迹

乾归故城。

石鼓文。

五将山。

陈仓故城。

三交城。

五丈原。

积石原。

县理城。

董卓坞。

成国渠。

2）本朝宫殿

九成宫。

3）关

散关。

5. 邠州

1）帝王墓

苻坚墓。

2）古迹

栒邑故城。

古豳城。

醴泉苑。

浅水原。

阴盘城。

3) 名寺

昭仁寺。

从辖县数量来看，京兆府辖县最多，是最少州的 5 倍。京兆府 20 县，岐州 9 县，同州 8 县，华州 4 县，邠州 4 县。京兆府地广物丰，贡物十二：水土稻、麦、彝、紫秆粟、隔纱、粲席、靴毡、蜡、酸枣人、地骨皮、樱桃、藕粉。华州五土贡：鹃、乌鹘、茯苓、茯神、细辛。同州，土贡：靴鞢二物、皱纹吉莫、麝、苣荬、龙莎、凝水石。岐州三土贡：榛实、龙须席、蜡烛。邠州六土贡：剪刀、火筋、荜豆、澡豆、白蜜、地胆。

人口数量也以京兆为多。雍州户口：户二十万七千六百五十，口九十二万三千三百二十。华州户口：户一万八千八百二十三，口八万八千八百三十。同州户口：户五万三千三百一十五，口二十三万二千一十六。岐州：户二万七千二百八十二，口十万八千三百二十四。邠州户口：户一万五千五百三十四，口六万四千八百一十九。在以人丁为本的均田制、租庸调制下，如果以州级行政单位为财政对比对象的话，那么雍州财政收入相当于周边各州的数倍。这种资源分配形势与西汉三辅形成了较大的差距。

三、先京畿次近畿的军事力量配置政策

唐高祖至睿宗时期实行府兵制。《唐会要》卷七二《府兵》载"府"有上、中、下，赤府、畿府与非赤、畿之府的区分："凡府，以卫士一千二百人为上府，一千人为中府，八百人为下府；在赤县为赤府，在畿为畿府。"其分布形势则是："关内置府三百六十一，积兵士十六万，举关中之众，以临四方。"关中诸府隶于十二军："乃置十二军，分关中诸府以隶焉。"初建之时，"天下卫士尚六十万。初置，以成丁而入，六十出役，其家不免征徭。通计旧府六百三十三，河东道府额，亚于关中。河北之地，人逐渐逃散，年月渐久，逃死者不补。三辅渐寡弱，宿卫之数不给"。①

---

① （宋）王溥：《唐会要》卷七二《府兵》，第 1537—1538 页。

雍州行政疆理较其他三州为广、人口多，三辅地域军府分布则以京畿为重。十二卫将军也多分布在京兆府及同、华、岐三州之地。《唐会要》卷七二《京城诸军》："武德三年七月十一日，高祖以天下未定，将举关中之众，以临四方。……于是置十二卫将军，分关内诸府隶焉。……军名傅奕所造：万年道为参旗军，长安道为鼓旗军，富平道为玄戈军，醴泉道为井钺军，同州道为羽林军，华州道为骑官军，宁州道为折威军，岐州道为平道军，邠州道为招摇军，西麟州道为游奕军，泾州道为天纪军，宜州道为天节军。至六年二月二十四日废。八年五月，以突厥为患，复置十二军。"①

这十二卫的设置目的主要有二：一是"举关中之众，以临四方"，即以其作为控御国内势力的根本；二是防御外患，武德年间是防御突厥之患。这十二卫将军中，万年、长安、富平、醴泉属于京兆府之县，同州、华州、岐州各一军，宁州、邠州、西麟州、泾州、宜州各一军。十二卫将军驻地以京兆为中心，散布在京兆周边各州。据《新唐书》卷三八《地理一》，雍、同、华、岐、邠五州军府的分布形势如下：

京兆府有真化、匡道、水衡、仲山、新城、窦泉、善信、凤神、安业、平香、太清等11个军府；同州有济北、唐安、秦城、太州、大亭、河东、兴德、连邑、伏龙、温阳、安远、业善、南乡、临高、瀵阳、襄城、崇道、浙谷、吉安、长春、华池、永大、洪泉、善福、司御、效诚等26个军府；华州有普乐、丰原、义全、清义、万福、修仁、神水、常兴、义津、定城、延寿、罗文、郑邑、宣义、相原、孝德、温汤、宣化、怀德、怀仁等20个军府；岐州有岐山、雍北、道清、洺邑、留谷、岐阳、文城、郊邑、三交、凤泉、望苑、邵吉、山泉等13个军府；邠州有嘉阳、宜禄、公刘、良社、胡陵、蜂川、万敌、金池、舜城、宜山等10个军府。

雍州周边的畿内州在军事上皆是京师的外围，是从军事上对雍州的环护。大规模的府兵分布于关中，是朝廷直接握有的军事力量。它不仅是朝廷控御地方的力量，也是朝廷直接控御畿内的力量，唐廷对畿内的控御是多位一体的。陆贽《论关中事宜状》："太宗文皇帝既定大业，万方底义，犹务戎备，

---

① （宋）王溥：《唐会要》卷七二《京城诸军》，第1529页。

不忘虑危，列置府兵，分隶禁卫。大凡诸府八百余所，而在关中者殆五百焉。举天下不敌关中，则居重驭轻之意明矣。"①

唐代畿甸重京畿轻近畿的资源配置及军事力量配置，使唐代的京畿不仅是一个功能单纯的行政区，更是一个集政治、经济、文化、军事优势于一体的、对近畿州及他州具有绝对支配优势的单位。它与近畿州共同形成了"威近""威远"的地缘优势地位。

四、对畿甸无特殊的赋役环护政策

秦汉时期赋役政策"轻近而重远也，其惠化则悦近以来远"②。但唐高祖至睿宗时期租庸调制度的统一，表明这一时期对畿甸及其他地区的租庸调采取无区别对待的政策，客观上取消了秦汉时期赋役"轻近重远""悦近以来远"的做法。畿甸赋役无特殊的环护政策，是唐高祖至睿宗时期畿甸政策的重要特点。唐高祖至睿宗时期虽未见有减畿内赋税的政策，但也在某些方面为畿内制定特殊的赋税规定。《新唐书》卷三七《地理志一·关内道》载："京兆、同、华、岐调绵，余州布、麻。"③ 这在很大程度上显示出，京兆、同、华、岐等府州纳租政策的一致性。

五、禁止畿内民户向外移民的政策

唐廷出于强干弱枝政治的考虑，贞观年间终止关内户口迁往关外："贞观元年，朝廷议户殷之处，听徙宽乡。陕州刺史崔善为上表曰：'畿内之地，是谓殷户，丁壮之民，悉入军府。若听移转，便出关外，此则虚近实远，非经通之义。'其事遂止。"④ 武周政权也只许关内民众迁至东都洛阳及东部畿内数州："雍州旧管及同、太等州，土狭人稠，营种辛苦，有情愿向神都编贯者宜听，仍给复三年。"⑤ 据《新唐书》卷五一《食货志一》记载："凡里有手实，岁终具民之年与地之阔狭，为乡帐。乡成于县，县成于州，州成于户部。……

---

① （唐）陆贽：《陆宣公全集·陆宣公奏议》卷一《奏草一〈论关中事宜状〉》，第57页。
② （唐）陆贽：《陆宣公全集·陆宣公奏议》卷一《奏草一〈论关中事宜状〉》，第57页。
③ （宋）欧阳修、宋祁等：《新唐书》卷三七《地理志一》，第961页。
④ （宋）王溥：《唐会要》卷八四《移户》，第1840页。
⑤ （宋）宋敏求：《唐大诏令集》卷九九《置鸿宜鼎稷等州制》，第498页。

徙宽乡者，县覆于州，出境则覆于户部，官以闲月达之。自畿内徙畿外，自京县徙余县，皆有禁。"① 这是最高统治者实近虚远、控御天下思想的产物。

六、以重臣监察畿甸的政策

唐太宗贞观元年分十道监察地方州县，畿内州即隶于关内道。《唐会要》卷七〇《州县分望道》："贞观元年三月十日，并省州县，始因关河近便，分为十道。一曰关内道，古雍州之地。二曰河南道，古兖豫青徐四州之地。三曰河东道，古冀州之地。四曰河北道，古幽冀二州之地。五曰山南道。古荆梁二州之地。六曰陇右道，古雍梁二州之地。七曰淮南道，古扬州之地。八曰江南道，古扬州之地。九曰剑南道，古梁州之地。十曰岭南道，古荆州之地。"②

贞观年间监察道的设置有多次变化。在关内道之中，畿内仅从官员任命机制上看，即是一个具有特殊官员管理特点的区域。贞观八年时唐有十六道，故有发十六道黜陟大使之事：

> 贞观八年，将发十六道黜陟大使，畿内未有其人。上问房玄龄："此道事最重，谁可充使？"尚书右仆射李靖曰："畿内事大，非魏徵莫可。"上曰："朕今欲向九成宫，事亦不小。朕每行不欲与其相离者，乃为其见朕是非丢失，必无所隐。"乃命李靖充使。③

这一则记载说明，贞观八年时天下并非十道而是十六道，关内一度设有"畿内道"这一监察区域，魏徵是这年畿内道监察使的首选，最终监察畿内道的李靖也是位高权重的重臣，畿内道的重要性不言而喻。如前文所言，贞观十三年时，近畿九州不隶都督府，这九州应当即是那个时期的畿内监察区。

唐代御史台为最高监察部门，设御史大夫一人，以御史中丞为副。御史台下设台院、殿院、察院。台院有侍御史六人，掌纠察百僚、弹劾不法；审

---

① （宋）欧阳修、宋祁等：《新唐书》卷五一《食货志一》，第1343页。
② （宋）王溥：《唐会要》卷七〇《州县分望道》，第1458页。
③ （宋）王溥：《唐会要》卷七八《诸使中·黜陟使》，第1679页。

判皇帝特命的案件,并与门下省的给事中、中书省的中书舍人分直朝堂,受理冤讼,号称"小三司"。侍御史在诸御史中地位最高,职权最重。殿院有殿中侍御史九人,掌殿廷供奉之仪式,纠察朝会典礼失仪和随驾检举非违等事。察院有监察御史十五人,资历浅者称"监察御史里行",掌监察地方官吏及尚书省的六部。唐代以"道"为监察区,唐太宗时全国划分十道,玄宗时增为十五道。每道派监察御史一人,后来也称巡按使、观察使、按察使等。

魏徵、李靖皆非监察之官,但其地位则高于御史,故当时的畿内地位之重,实非一般州府能比。睿宗朝畿内州不设都督府,而由朝廷专门派员监察:"其扬、益、并、荆为大都督府,长史正三品。其雍、洛州长史,亦加至从三品。汴、兖、魏、冀、蒲、绵、秦、洪、润、越为中都督府,正三品。齐、鄜、泾、襄、安、潭、遂、通、梁、夔为下都督府,从三品。改录事参军为司举从事,令纠察管内官人,每府置两员,并同京官,资望比侍御史。若纠不以实,奸不能禁者,令左右御史台弹奏。畿内州并不隶入都督府。其年七月诏置都督,议者以为权重难制,所授多非精选,请罢之。"① 这种监察机制表明雍、洛二州不设都督府,是都督府以外特殊的监察区。

此外,畿内地域在特定时期实行统一的赈恤。如唐高宗年间关中曾发生蝗灾、旱灾,高宗即命郎中巡问雍、同二州。《全唐文》卷一一一《唐高宗〈赈雍同二州诏〉》:"去岁三辅之地,颇弊蝗螟,天下诸州,或遭水旱,百姓之间,致有罄乏。此繇朕之不德,兆庶何辜,矜物罪己,载深忧惕。今献岁肇春,东作方始,粮廪或空,事资赈给。其遭虫水处,量以义仓,赈贷贫乏。雍同二州,各遣郎中一人,充使巡问,务尽哀矜之旨,副朕缱绻之心。"② 面对"关中地狭,衣食难周"的形势,高宗也曾诏令"雍、岐、华、同四州六等已下户,宜免两年地税"。③

共同的三辅地域归属传统,共同的三辅官员任命特点、地域移民管理、地域监察政策,是雍、同、华、岐四州构成畿内地域的重要因素,也是唐代改革隋代畿内规制、强化协调统一管理的开始。这些因素显示出开元前畿内

---

① (宋)王溥:《唐会要》卷六八《都督府》,第1411—1413页。
② (清)董诰等:《全唐文》卷一一一《唐高宗〈赈雍同二州诏〉》,第141页。
③ (清)董诰等:《全唐文》卷一三《唐高宗〈减贡献并蠲贷诸州诏〉》,第160页。

政区较高的政治地位及特殊的管理方式的存在。唐高祖至睿宗时期畿内政区的上述建构，总体上具有西汉三辅管理的某些特点。但官员的地位较西汉三辅为低，唐代的畿甸建构是在传承中的变迁。

总之，在这一时期的关中畿甸地域之中，六部九寺官员是畿内官员的主要来源，六部官员又以九寺官员为主，官员来源与其他地域存在较大的差异，畿内政区与朝廷的联系也更为密切。但畿内的优惠政策较西汉已经大为弱化，畿内民生呈现出相对贫困的特点。政区的重要性是由其特殊功用决定的。畿内政区经济保障能力的降低，应是畿内地位弱化的根本原因。隋朝大运河的开凿，沟通了南北经济。南方经济的发展，及其通过运河对畿内的供给作用，在一定程度上削弱了畿内的重要性。

这一时期对京师与近畿州的"畿内"之称，是由唐高祖至睿宗时期帝京及近畿州郡具有诸多"一体性"，如属于原西汉三辅的核心区，监察的一体性、核心区政区最高长官选举来源的特殊性，政治军事功能的一致性及社会发展的相似性，畿内是国家军力的主要分布区等地域特点决定的。这些是构成"畿内"政区的最基本的条件，是构建唐代京畿近畿政区关系的起点。这种畿内政区群的形式、地域的"畿内"之名号，与秦汉时期的畿甸具有突出的差异性。

第三节 唐高祖至睿宗时期畿甸发展的地缘性

赋税和徭役是支撑封建国家运行的两大手段。封建统治阶级利用他们掌握的国家机器，"强迫农民缴纳贡税，并强迫农民从事无偿的劳役，去养活一大群的国家官吏和主要地是为了镇压农民之用的军队"[1]。在赋役环护政策消失、帝都左近及府兵大量存在的形势下，唐代畿内最终成为赋役差科的重地。早在唐太宗"贞观盛世"时就有人指出："比者疲于徭役，关中之人，劳弊尤

---

[1] 《毛泽东选集》第二卷，人民出版社1991年版，第624页。

甚。"① "关、河之外，徭役全少；帝京、三辅，差科非一；江南、河北，弥复优闲。须为差等，均其劳役。"② 高宗上元元年（674），武后建言"薄赋徭"，"给复三辅地"。③ 唐高祖至睿宗时期的畿内，是一个赋役负担沉重之地。

一、均田制造成畿内赋役沉重

隋时狭乡每丁授田不过 20 亩④，远低于一夫受露田 80 亩，丁男另有桑田或麻田 20 亩的定制。租庸调征收以授田规定的亩数为准，租庸调成为对狭乡的超经济剥削。《新唐书》卷五一《食货志一》载唐代租庸调制：

> 凡民始生为黄，四岁为小，十六为中，二十一为丁，六十为老。授田之制，丁及男年十八以上者，人一顷，其八十亩为口分，二十亩为永业；老及笃疾、废疾者，人四十亩，寡妻妾三十亩，当户者增二十亩，皆以二十亩为永业，其余为口分。永业之田，树以榆、枣、桑及所宜之木，皆有数。

> 田多可以足其人者为宽乡，少者为狭乡。狭乡授田，减宽乡之半。其地有薄厚，岁一易者，倍受之。宽乡三易者，不倍授。工商者，宽乡减半，狭乡不给。

> 凡庶人徙乡及贫无以葬者，得卖世业田。自狭乡而徙宽乡者，得并卖口分田。已卖者，不复授。死者收之，以授无田者。凡收授皆以岁十月。授田先贫及有课役者。凡田，乡有余以给比乡，县有余以给比县，州有余以给近州。

> ……

> 凡授田者，丁岁输粟二斛，稻三斛，谓之租。丁随乡所出，岁输绢二匹，绫、絁二丈，布加五之一，绵三两，麻三斤，非蚕乡则

---

① （宋）欧阳修、宋祁等：《新唐书》卷九七《魏徵传》，第 3878 页。
② （五代）刘昫等：《旧唐书》卷八七《高季辅传》，第 2701 页："关、河之外，徭役全少；帝京、三辅，差科非一；江南、河北，弥复优闲。须为差等，均其劳役。"
③ （宋）欧阳修、宋祁等：《新唐书》卷七六《后妃传上·则天武皇后》，第 3477 页。
④ （唐）魏徵等：《隋书》卷二四《食货志》，第 682 页。

输银十四两,谓之调。用人之力,岁二十日,闰加二日,不役者日为绢三尺,谓之庸。有事而加役二十五日者免调,三十日者租、调皆免。通正役不过五十日。①

畿内作为隋唐时期人多地少形势严重的狭乡,其租调标准并不低于宽乡,承受的租调负担较宽乡沉重,租调征收严重不均。自隋代以来,均田制即成"虐民之制",王夫之《读通鉴论》卷一九《隋文帝》:"五代南北之战争,民之存者仅矣。周灭齐而河北定,隋灭陈而天下一,于是而户口岁增,京辅、三河地少人众。且无以自给,隋乃遣使均田,以谓各得有其田以赡生也。唯然,而民困愈三矣。"② "均田令行,狭乡十亩而籍一户,其虐民可知矣,则为均田之说者,王者所必诛而不赦,明矣。"③

在唐代以人丁为本的租庸调时代,三辅为国家提供了大量的赋税收入,但在人口增加、土地面积有限的条件下,人均耕地必然相对较少,民困现象的产生在所难免。国家赋税总量大与民困现象是两个不同的问题。唐代高祖至睿宗时期雍州户数高出同、华、岐三州数倍,仅就租庸调带来的财政收入而言,京兆财政收入与同、华、岐三州差距极大。唐高祖至睿宗时期京畿近畿政策的发展,对这一地区的社会发展形势及畿甸功用都产生了重要的影响。

二、劳役不均造成畿内役重民贫

唐代府兵自备资粮,成丁而入,六十乃出,其家不免徭役。畿内本是赋徭重地,府兵制进一步加重了畿内社会的负担。关中府兵之众,兵役负担沉重,其家又不免征徭,以致造成"三辅寡弱",应役者不足,"宿卫之数不给"。④ 徭役多也是赋役负担沉重之源。赋役负担沉重、民生艰难的现象,在武德贞观年间就已经存在了。贞观三年,唐太宗欲修洛阳宫,关中丁力已经征发将竭,"一人就役,举家便废"。《唐会要》卷三〇《洛阳宫》:

---

① (宋)欧阳修、宋祁等:《新唐书》卷五一《食货志一》,第1342、1343页。
② (清)王夫之:《读通鉴论》卷一九《隋文帝》,第638页。
③ (清)王夫之:《读通鉴论》卷一九《隋文帝》,第639页。
④ (宋)王溥:《唐会要》卷七二《府兵》,第1537、1538页。

武德四年十二月七日，使行台仆射屈突通焚乾元殿应天门紫微观，以其太奢。至贞观三年，太宗将修洛阳宫，民部尚书戴胄谏曰：关中河外，近置军团，富室强丁，并从戎旅，重以九成作役，余丁向尽。去京二千里内，先配司农、将作，假有遗余，势何足纪！乱离甫弭，户口单弱，一人就役，举家便废。入军者督其戎仗，从役者责其糇粮，尽室经营，多不能济。①

在唐高宗年间，关中同样是役力的重灾区，特别是高宗为征高句丽做战事准备期间，关中府兵更是征高丽的主力，"自长安而制四海，期间卫士已收，悉是爪牙"。关中内外，役力殚竭。高宗建寺虽曰"宏福"，实则是促苍生之命。《唐会要》卷四八《寺》：

永徽六年正月三日，昭陵侧置一寺。尚书右仆射褚遂良谏曰："关中既是陛下所都，自长安而制四海，其间卫士已上，悉是陛下爪牙。陛下必欲乘鲜灭辽，若不役关中人，不能济事。由此言之，理须爱惜。今者昭陵建造佛寺，唯欲早成其功，虽云和雇，皆是催迫发遣。豳州已北，岐州已西，或一百里，或二百里，皆来赴作。遂积时月，岂其所愿？陛下昔尝语宏福寺僧云：'我义活苍生，最为功德。'且又今者所造，制度准禅定寺，则大宏福，寺自不可大于宏福。既有东道征役，此寺亦宜渐次修营，三二年得成，亦未为迟。"②

武则天时期的关内也是国家赋役征发的要地，是极受重视的经济区。《唐大诏令集》卷九九《置鸿宜鼎稷等州制》：

作制王畿，虽宪章于故实；缅维帝邑，未折衷于新规。宜宏自我之典，式广来苏之泽。但京兆之地，旧号秦中，乃眷编甿，最为

---

① （宋）王溥：《唐会要》卷三〇《洛阳宫》，第641、642页。
② （宋）王溥：《唐会要》卷四八《寺》，第995页。

繁殖。一州独理，事多拥滞，宜令雍州管内，析置五州。其间于雍州以西安置潼关，即宜废省。然以千里之内，旧制通畿，征赋所出，事资广远。①

服役之人作为一家的主要劳动力，长期服役无疑断了一家的收入。但其服兵役期间又不能免除家人的徭役，故往往因兵役而造成其家沉重的经济负担。纳庸代役与以身践役实则反映的是一种赋役不均的现象。畿内役重民贫正是由此而致。

唐太宗时期大臣高季辅曾提议均劳役之策。《旧唐书》卷八七《高季辅传》："关、河之外，徭役全少；帝京、三辅，差科非一；江南、河北，弥复优闲。须为差等，均其劳役。"② 所谓的"均其劳役"，是指不同地区制定不同的劳役政策，达到总体上劳役平均或劳役强度一体化的特点。但从减免赋役之论不绝的现象看，均劳役只是一种倡议，并未真正实行。武周时期曾力图通过移民东都地区减轻三辅地狭人稠的人地矛盾，这在当时应当也是无果之举。

唐政府明确规定两京及畿内府兵，只能番上而不能纳资代役。《唐六典》卷五《尚书兵部》："凡诸卫及率府三卫贯京兆、河南、蒲、同、华、岐、陕、怀、汝、郑等州，皆令番上，余州皆纳资而已。（应纳资者，每年九月一日于本贯及寄住处输纳，本贯挟名录申兵部。）"③ 这一时期减轻畿内兵役负担是不可能的。

此外，畿内也是徭役繁杂之地。唐民服役的名目极多，有防阁、庶仆、仗身等。《新唐书》卷五五《食货志》载：

> （贞观）十二年，罢诸司公廨本钱，以天下上户七千人为胥士，视防阁制而收其课，计官多少而给之。④

---

① （宋）宋敏求：《唐大诏令集》卷九九《置鸿宜鼎稷等州制》，第498页。
② （五代）刘昫等：《旧唐书》卷八七《高季辅传》，第2701页。
③ （唐）李林甫等撰，陈仲夫点校：《唐六典》卷五《尚书兵部》，第155页。
④ （宋）欧阳修、宋祁等：《新唐书》卷五五《食货志》，第1395页。

职事官又有防阁、庶仆：一品防阁九十六人，二品七十二人，三品四十八人，四品三十二人，五品二十四人；六品庶仆十五人，七品四人，八品三人，九品二人。公主有邑士八十人，郡主六十人，县主四十人。外官以州、府、县上下中为差，少尹、长史、司马及丞减长官之半，参军、博士减判司三之二，主簿、县尉减丞三之二，录事、市令以参军职田为轻重，京县录事以县尉职田为轻重。羁縻州官，给以土物。关监官，给以年支轻货。折冲府官则有仗身：上府折冲都尉六人，果毅四人，长史、别将三人，兵曹二人，中、下府各减一人，皆十五日而代。①

麟德二年，给文官五品以上仗身，以掌闲、幕士为之。咸亨元年，与职事官皆罢。乾封元年，京文武官视职事品给防阁、庶仆。仪凤三年，王公以下率口出钱，以充百官俸食防阁、庶仆、邑士、仗身、封户。②

调露元年，职事五品以上复给仗身。光宅元年，以京官八品、九品俸薄，诏八品岁给庶仆三人，九品二人。文武职事三品以上给亲事、帐内。以六品、七品子为亲事，以八品、九品子为帐内，岁纳钱千五百，谓之"品子课钱"。三师、三公、开府仪同三司百三十人；嗣王、郡王百八人；上柱国领二品以上职事九十五人，领三品职事六十九人；柱国领二品以上职事七十三人，领三品职事五十五人；护军领二品以上职事六十二人，领三品职事三十六人。

二品以下又有白直、执衣：二品白直四十人，三品三十二人，四品二十四人，五品十六人，六品十人，七品七人，八品五人，九品四人；二品执衣十八人，三品十五人，四品十三人，五品九人，六品、七品各六人，八品、九品各三人。皆中男为之。

防阁、庶仆，皆满岁而代。外官五品以上亦有执衣。

都护府不治州事亦有仗身：都护四人，副都护、长史、司马三

---

① （宋）欧阳修、宋祁等：《新唐书》卷五五《食货志》，第1396页。
② （宋）欧阳修、宋祁等：《新唐书》卷五五《食货志》，第1397页。

人，诸曹参军事二人，上镇将四人，中下镇将、上镇副三人，中、下镇副各二人，镇仓曹、关令丞、戍主副各一人，皆取于防人卫士，十五日而代。宿卫官三品以上仗身三人，五品以上二人，六品以下及散官五品以上各一人，取于番上卫士，役而不收课。亲王出藩者，府佐史、典军、副典军有事力人，数如白直。

诸司、诸使有守当及厅子，以兵及勋官为之。白直、执衣以下分三番，周岁而代，供役不逾境。后皆纳课：仗身钱六百四十，防阁、庶仆、白直钱二千五百，执衣钱一千。其后亲事、帐内亦纳课如品子之数。①

州县无防人者，籍十八以上中男及残疾以守城门及仓库门，谓之门夫。番上不至者，闲月督课，为钱百七十，忙月二百。②

天宝初，给员外郎料，天下白直岁役丁十万，有诏罢之，计数加税以供用，人皆以为便。③

天宝初年，全国白直每年役丁 10 万，加上其他服徭役之人，总量当不会少。吕思勉先生认为，这些官定民役，"或役其身，或收其课，又有既收其课，旋复加以签差者"。"大体言之，收其课较之役其身者，民少得宽。"④ 关中特别是三辅地区，徭役往往无可减免甚至无法以纳庸代役，故其赋役负担较其他地区为重。

唐高祖至睿宗时期畿内成为赋役重地的根本原因，在于当时特殊的边防形势打破了关中畿甸的资源分配体系。武则天时期，郭元振曾言及吐蕃与突厥（默啜）对武周政权产生重要的影响："国家难消息者，唯吐蕃与默啜耳。"为防御吐蕃、突厥，"关、陇之人，久事屯戍，向三十年，力用竭矣"。⑤ 晋阳、幽州有突厥、契丹之侵，巴、陇有吐蕃之患，以关中为中心的帝都资源系统的运转遭到巨大的破坏。陈子昂《陈子昂集·谏灵驾入京

---

① （宋）欧阳修、宋祁等：《新唐书》卷五五《食货志》，第 1397—1398 页。
② （宋）欧阳修、宋祁等：《新唐书》卷五五《食货志》，第 1399 页。
③ （宋）欧阳修、宋祁等：《新唐书》卷五五《食货志》，第 1399 页。
④ 吕思勉：《隋唐五代史》，上海古籍出版社 2005 年版，第 925 页。
⑤ （五代）刘昫等：《旧唐书》卷九七《郭元振传》，第 3043 页。

书》载：

> 臣闻秦据咸阳之时，汉都长安之日，山河为固，天下服矣，然犹北假胡苑之利，南资巴蜀之饶：自渭入河，转关东之粟；蹂沙绝漠，致山西之宝。然后能削平天下，弹压诸侯，长辔利策，横制宇宙。今则不然，燕、代迫匈奴之侵，巴、陇婴吐蕃之患，西蜀疲老，千里运粮；北国丁男，十五乘塞，岁月奔命，其弊不堪。秦之首尾，今为阙矣，即所余者，独三辅之间尔。①

陈子昂《谏灵驾入京书》说明的问题是，唐代前期虽然江南的经济有所发展，但尚未取代关中固有的经济支撑体系，在国家经济生活中占有决定性地位。这一时期的唐代关中经济已经不能完全维持官僚系统的运作，但供给不足的缺口并不太大。《旧唐书》卷四九《食货志下》载："昔贞观、永徽之际，禄廪未广，每岁转运，不过二十万石便足。"② 这虽是仅从关东转运粮食之量，但在封建农业经济、以农业立国的时代，这已经显示出关中粮食供给的不足，关东转输一断，关中殊难维系控御天下的能力。相对严峻的边防形势，成为破坏关中体系的重要因素。

但畿内各州的赋役负担还是有所区别的。就户口与军府数量的比例而言，华州约941户、4442口养一军府，邠州约1553户、6482口养一军府，雍州约1585户、7081口养一军府，同州约2051户、8924口养一军府，岐州约2098户、2099口养一军府。仅就户数兵役负担约略而言，华州兵役负担最重，邠州次之，雍州再次之，同州、岐州最次；就口数兵役负担而言，则是岐州人均兵役负担最重，华州次之，邠州再次之，雍州、同州最次。家庭财富应当是按人口平均的。按口与军府的比例看，大略是华州、岐州兵役负担最重。

---

① （唐）陈子昂撰，徐鹏校点：《陈子昂集校注》卷九《谏灵驾入京书》，中华书局1960年版，第197页。
② （五代）刘昫等：《旧唐书》卷四九《食货志下》，第2115页。

三、朝官职分田扰民造成畿甸民贫

隋代京官给职分田："一品者给田五顷。每品以五十亩为差，至五品，则为田三顷，六品二顷五十亩。其下每品以五十亩为差，至九品为一顷。"外官也给职分田，"又给公廨田，以供公用"①。唐代武德元年（618）诏令内外官各给职分田，数量亦以秩品高下为差。因为官员身份特殊，出现了职田侵渔百姓的现象。

如唐太宗贞观十一年，"诏给逃还贫户，视职田多少，每亩给粟二升，谓之'地子'。是岁，以水旱，复罢之"②。"开元十年六月敕，所置职田，本非古法，爰自近制，是以因循。事有变通，应须删改。其内外官所给职田地子，从今年九月以后，并宜停给。"③未补正的内供奉和裹行官不给职田，只从太仓领取相当职田地租最低量的"地子"；员外官则既无职田也不给"地子"："侍御史内供奉与殿中御史内供奉、监察御史里行，其制并同，皆无职田、庶仆。台例：占阙者得职田、庶仆；无阙可占，则岁两时请地子于太仓，每月受俸及庶仆于太府。"④

京官职分田大多分布在畿内州，《新唐书》卷五五《食货志五》："（贞观）十八年，以京兆府、岐、同、华、邠、坊州隙地陂泽可垦者，复给京官职田。"⑤《册府元龟》卷五〇五《邦计部·俸禄一》："（贞观）十八年三月，复京官职田，以京兆及岐、同、华、邠、坊等州空闲地，及陂泽堪佃食者充之。"⑥贞观年间的这种处理职田扰民的措施取得了长期的效果。"（开元）二十九年，以京畿地狭，计丁给田犹不足，于是分诸司官在都者，给职田于都畿，以京师地给贫民。是时河南、北职田兼税桑，有诏公廨、职田有桑者，毋督丝课。"⑦这反映出至少在开元二十九年前，职田扰民、与民争利现象长

---

① （唐）魏徵等：《隋书》卷二四《食货志》，第681页。
② （宋）欧阳修、宋祁等：《新唐书》卷五五《食货志五》，第1395页。
③ （唐）杜佑撰，王文锦等点校：《通典》卷三五《职官十七·俸禄·职田》，第971—972页。
④ （唐）杜佑撰，王文锦等点校：《通典》卷二四《职官六·侍御史》，第672页。
⑤ （宋）欧阳修、宋祁等：《新唐书》卷五五《食货志五》，第1399页。
⑥ （宋）王钦若等：《册府元龟》卷五〇五《邦计部·俸禄一》，凤凰出版社2006年版，第5478页。
⑦ （宋）欧阳修、宋祁等：《新唐书》卷五五《食货志五》，第1399页。

期存在。

唐代职田实行定额租制，其租额通常限定在二斗至六斗，但实际上职田佃农所受的剥削远不止此数，他们在交租之外要另交职田草，又要变米雇车搬送（或交纳脚钱），甚至还要交纳别立名目的桑课等。职田差税相当苛重。睿宗年间，之所以上述诸州中的多数隶于同一监察区，应与京官职田分布在上述诸州，为监察百官行为，避免侵渔百姓不无关系。

此外，唐朝一度设立公廨本钱，公廨本钱也有扰民之处。《新唐书》卷五五《食货志五》："天下置公廨本钱，以典史主之，收赢十之七，以供佐史以下不赋粟者常食，余为百官俸料。京兆、河南府钱三百八十万，太原及四大都督府二百七十五万，中都督府、上州二百四十二万，下都督、中州一百五十四万，下州八十八万；京兆、河南府京县一百四十三万，太原府京县九十一万三千，京兆、河南府畿县八十二万五千，太原府畿县、诸州上县七十七万，中县五十五万，中下县、下县三十八万五千；折冲上府二十万，中府减四之一，下府十万。""公廨出举，典史有彻垣墉、鬻田宅以免责者。""州县典史捉公廨本钱者，收利十之七。富户幸免徭役，贫者破产甚众。秘书少监崔沔请计户均出，每丁加升尺，所增盖少；流亡渐复，仓库充实，然后取于正赋，罢新加者。"①

京师地区事务繁杂，同样加重了畿内地域的财政负担："唐都长安，而关中号称沃野，然其土地狭，所出不足以给京师、备水旱，故常转漕东南之粟。高祖、太宗之时，用物有节而易赡，水陆漕运，岁不过二十万石，故漕事简。自高宗已后，岁益增多，而功利繁兴，民亦罹其弊矣。"② 这是造成唐高祖至睿宗时期畿内赋税沉重，地狭人稠而无法"均"赋役的重要原因。

据相关研究，唐高祖、太宗、高宗、武后、中宗睿宗、玄宗六个时期，唐人平均死亡年龄（虚岁）分别为49.86岁、60.37岁、62.66岁、61.12岁、62.17岁、59.94岁。唐高宗时期平均死亡年龄最高，自武后时期起开始下降，其变化趋势基本印证了旧史记载的唐前前期政治、经济情况和人口的变

---

① （宋）欧阳修、宋祁等：《新唐书》卷五五《食货志五》，第1397、1398页。
② （宋）欧阳修、宋祁等：《新唐书》卷五三《食货志三》，第1365页。

化状况。① 唐代前期平均死亡年龄为 59.2529 岁。② 唐代京兆地区是墓志数量最大的地区之一，这些平均死亡年龄虽是全国的平均水平，但在很大程度上能够反映出京兆地区的年寿形势，是可供参考的区域年寿水平。

唐高祖至睿宗时期畿甸地域的人均年寿约在 59.24 岁，与玄宗时期及整个唐代前期的差距不大。但据相关学者统计，唐代前期河北道人口平均死亡年龄约为 66.58 岁③，唐高祖至睿宗时期 64 人，平均年寿 69.16 岁，总体上高于京畿近畿地区。如果这种统计数字比较可信的话，那么它反映的情况可能就是，京畿近畿地域赋役相对沉重，河北地域的赋役负担相对较轻，赋役负担重轻有别对不同地区经济、生活、年寿产生了较为深刻的、长期性的影响。

唐代关中畿甸的这种发展形势的形成，约略是唐廷于畿甸及畿甸外大部分政区实行相同的土地、赋役政策，但由于畿甸地缘的特殊性，如役多地狭，事实上造成的是畿甸和畿甸外大部政区的不平等的政治、经济环境，畿甸反倒成为全国赋役的重灾区。这也大体奠定了此后唐代畿甸政区发展的基础。在那个封建专制的年代，畿甸贫困成为唐代政局的巨大隐忧。

第四节 唐高祖至睿宗时期畿甸御外制内功效

以畿甸作为"国之根本""控御天下"之地，一是指畿甸要形成控御天下的资源优势，二是要以畿甸作为防范内忧外患的基础。交通环境是制约资源流通的重要因素。秦汉时期虽有驰道、直道类交通，但受运输距离的限制，关中无疑是较好的集资之地。同时，唐代的关中畿甸地域，经济发展虽然不足以使朝廷自给，但作为北方重要的经济区，仍然具有相对充足的控御天下的资源基础。关中畿甸政策在唐高祖至睿宗时期的制内御外中发挥了重要的

---

① 关珊珊：《唐前期人口死亡年龄研究——以墓志资料为研讨中心》，南京师范大学 2010 年硕士学位论文。
② 蒋爱花：《唐人寿命水平及死亡原因试探——以墓志资料为中心》，《中国史研究》2006 年第 4 期。前文认为是 60.0879 岁。
③ 顾乃武：《战国至唐之河北风俗研究》，人民出版社 2012 年版，第 72 页。

作用。

一、关中畿甸制御外敌的功效

突厥自北朝以来既成为影响中原政局的重要势力。《新唐书》卷二一五上《突厥传上》:"夷狄为中国患,尚矣。在前世者,史家类能言之。唐兴,蛮夷更盛衰,尝与中国亢衡者有四:突厥、吐蕃、回鹘、云南是也。方其时,群臣献议盈廷,或听或置,班然可睹也。"① 唐高祖至睿宗时期的边患主要是突厥,其次是高丽、契丹。这一时期关中畿甸府兵的建置形势,足以应对这两方面的外部隐患。

(一) 对突厥的控御作用

突厥势力的存在,对中国国内政治具有重要的影响,甚至成为隋朝灭亡的重要原因。《旧唐书》卷一九五《回纥传》:"史臣曰:自三代以前,两汉之后,西羌、北狄,互兴部族,其名不同,为患一也。蔡邕云:'边陲之患,为手足之疥;中国之困,为胸背之疽。'突厥为炀帝之患深矣,隋竟灭,中国之困,其理昭然。自太宗平突厥,破延陀,而回纥兴焉。"② 在唐高祖至武周时期,解决突厥势力的威胁,是唐周政权的重要边事。《旧唐书》卷一九四《突厥传》记载了这一时期突厥为患的基本形势,略引于下:

> 颉利兵马强盛,有凭陵中国之志。
> (武德) 四年四月,颉利攻雁门。
> 五年春,颉利败李大恩与殿内少监独孤晟。
> 六月,颉利自率五万骑南侵,至于汾州。
> 八年七月,颉利集兵十余万,大掠朔州,又袭将军张瑾于太原。瑾全军并没,脱身奔于李靖。③

---

① (宋) 欧阳修、宋祁等:《新唐书》卷二一五上《突厥传上》,第6023页。
② (五代) 刘昫等:《旧唐书》卷一九五《回纥传》,第5216页。
③ (五代) 刘昫等:《旧唐书》卷一九四《突厥传》,第5155—5157页。

第二章 唐高祖至睿宗时期关中的畿甸政区群

在唐高祖至武德年间，突厥对唐具有进攻的态势，河东道则是突厥入侵的主要方向。在这几年之中，突厥入侵边地，边将守备不力，故突厥屡败唐边将，兵锋远至汾州，近及朔州、太原。但到太宗贞观年间，唐内部稳定下来之后，唐与突厥攻守异势：

> 贞观二年，突利遣使奏言与颉利有隙，奏请击之，诏秦武通以并州兵马随便应接。
>
> 三年，诏兵部尚书李靖、代州都督张公谨出定襄道，并州都督李勣、右武卫将军丘行恭出通汉道，左武卫大将军柴绍出金河道，卫孝节出恒安道，薛万彻出畅武道，并受靖节度以讨之。十二月，突利可汗及郁射设、荫奈特勤等，并帅所部来奔。①

唐廷乘突厥内部分裂，集中府兵出征，方打败突厥。在高宗后期，突厥仍然为患，边将同样难以守御，需朝廷派兵出击，方能取胜，但最终而成"自永徽已后，殆三十年，北鄙无事"的局面：

> 调露元年，单于管内突厥首领阿史德温傅、奉职二部落，始相率反叛，败唐军。礼部尚书裴行俭为定襄道行军大总管，率太仆少卿李思文、营州都督周道务等统众三十余万，讨击温傅，大破之。②
>
> 圣历元年，默啜率众十余万，进寇妫、檀等州，则天令司属卿武重规为天兵中道大总管，右武威卫将军沙吒忠义为天兵西道前军总管，幽州都督张仁亶为天兵东道总管，率兵三十万击之。
>
> 默啜又出自恒岳道，寇蔚州，陷飞狐县。俄进攻定州，杀刺史孙彦高，焚烧百姓庐舍，虏掠男女，无少长皆杀之。寻又围逼赵州，长史唐波若翻城应之，刺史高睿抗节不从，遂遇害。
>
> 则天乃立庐陵王为皇太子，令充河北道行军大元帅。军未发而

---

① （五代）刘昫等：《旧唐书》卷一九四《突厥传》，第5158—51597页。
② （五代）刘昫等：《旧唐书》卷一九四《突厥上》，第5166页。

默啜尽抄掠赵、定等州男女八九万人，从五回道而去，所过残杀，不可胜纪。①

武周政权打败突厥的三十万兵马，虽包括边地守军与临时招募之兵，但兵员应多是内地训练有素的府兵。这突显了这一时期府兵制度的强盛与府兵在军事行动中的重要作用。《周书》卷五〇《异域传·突厥》："（突厥）自俟斤以来，其国富强，有凌轹中夏志。朝廷（北周）既与和亲，岁给缯絮锦彩十万段。突厥在京师者，又待以优礼，衣锦食肉者，常以千数。齐人惧其寇掠，亦倾府藏以给之。他钵弥复骄傲，至乃率其徒属曰：'但使我在南两个儿孝顺，何忧无物邪。'"②一度骄横的突厥至此衰落。

（二）对高丽的制御形势

高丽是生活在中国东北地区的古老的少数民族。自隋朝时起，中原王朝屡征高丽，隋文帝征高丽无果，隋炀帝兴师动众，数征高丽，其国速亡。入唐之后的唐与高丽关系，略引《旧唐书》卷一九九上《东夷传·高句丽》说明于下：

> 武德二年，遣使来朝。
> 四年，又遣使朝贡。
> 七年，遣前刑部尚书沈叔安往册建武为上柱国、辽东郡王、高丽王，仍将天尊像及道士往彼，为之讲《老子》，其王及道俗等观听者数千人。
> 九年，新罗、百济遣使讼（高）建武，云闭其道路，不得入朝。
> 贞观二年，破突厥颉利可汗，建武遣使奉贺，并上封域图。
> 五年，诏遣广州都督府司马长孙师往收瘗隋时战亡骸骨，毁高丽所立京观。建武惧伐其国，乃筑长城，东北自扶余城，西南至海，

---

① （五代）刘昫等：《旧唐书》卷一九四《突厥传上》，第5169页。
② （唐）令狐德棻等：《周书》卷五〇《异域传·突厥》，中华书局1971年版，第911页。

千有余里。

十四年，遣其太子桓权来朝，并贡方物，太宗优劳甚至。

十七年，封其嗣王藏为辽东郡王、高丽王。

十九年，太宗亲征高丽。终以辽东仓储无几，士卒寒冻，下诏班师。

二十年，高丽遣使来谢罪，并献二美女。

二十二年，遣将伐高丽。是年太宗崩。高宗嗣位，继伐讽刺，皆无大功而还。

乾封元年，高宗命司空、英国公李勣为辽东道行军大总管，率裨将郭待封等以征高丽。

总章元年九月，拔平壤城。

后唐复失高丽之地。①

唐太宗对高丽的战争并未取得实质性胜利。但高宗时期凭着雄厚的国力，历时数年，最终打败高丽，在一定程度上显示出在均田制维系较好的时期，府兵有着较强的战斗力的形势。

（三）对契丹的制御形势

契丹是东北地区重要的少数民族，在很早以前就与中原王朝存在密切的关系。入唐之后，唐与契丹之间或有和平往来，或时有争战发生。但从总体上来说，唐与契丹之间的战争，发生在唐朝打败高丽之后，战争的起因也多由唐廷的政策失误而致。略引《旧唐书》卷一九九下《北狄传·契丹》说明于下：

> 武德初，数抄边境。
> 二年，入寇平州。
> 六年，其君长咄罗遣使贡名马丰貂。

---

① （五代）刘昫等：《旧唐书》卷一九九上《东夷传·高丽》，第5319—5328页。

贞观二年，其君摩会率其部落来降。

二十二年，窟哥等部咸请内属，乃置松漠都督府，以窟哥为左领军将军兼松漠都督府、无极县男，赐姓李氏。

万岁通天中，万荣与其妹婿松漠都督李尽忠，俱为营州都督赵翙所侵侮，二人遂举兵杀翙，据营州作乱。败武周军七万余人。

万荣乘胜度其众入幽州，杀略人吏。

武周以兵三十万以讨之。

万荣攻陷冀州，杀刺史陆宝积，屠官吏子女数千人。

俄而奚及突厥之众掩击其后，掠其幼弱。万荣弃其众，以轻骑数千人东走。万荣于潞河东为其奴所斩。[①]

武周政权对契丹的战争基本处于失利的形势。它突出反映了随着武周时期均田制的瓦解，府兵战斗力急剧衰落的客观现实。在对外关系中，唐廷实际上建立的是以"畿甸—外族"为主要框架、以边地为辅的直接应对体制。这种体制虽然理论上畿甸制御边地的能力较强，但事实上边地御敌的能力是相对较弱的。它反映出在这一时期，唐廷、武周政策的主要特点是守内虚外，并未以追求建立旷世的边功，开疆拓土的目标。但这种政策的不足之处则是在边地军事行动中，具有后发制人、被动应对边事的特点。

二、唐高祖至睿宗时期府兵对内的制御功效

唐高祖至睿宗时期，畿甸与边地之间的内地州郡，以府兵为代表军事力量是相对薄弱的。这在事实上形成了关中与边地共同制御中间内地州郡的军事机制。藩镇势力在地方发展起来之前，关中府兵对地方甚至是边地有着较强的制御优势。先以畿甸府兵与后世影响唐政局的幽州、易州地区的军事力

---

① （五代）刘昫等：《旧唐书》卷一九九下《北狄传·契丹》，第5350—5351页。

量的比较来说明这个问题。这一时期幽州、易州地区的府兵约略有:①

> 易州户四万四千二百三十,口二十五万八千七百七十九。有易、容城、遂城、涞水、满城、五回六县。有军府九,曰遂城、安义、修武、德行、新安、古亭、武遂、长乐、龙水。有高阳军。
>
> 幽州户六万七千二百四十三,口三十七万一千三百一十二,有蓟、幽都、广平、潞、武清、永清、安次、良乡、昌平九县。有府十四,曰吕平、涿城、德闻、潞城、乐上、清化、洪源、良乡、开福、政和、停骖、柘河、良杜、咸宁。②

这一时期河北道的易州平均约 4423 户、每县 1 府。幽州平均 4800 户 1 府,每县不足 1 府,即使边地地区的府兵分布也是相当寡弱的,其他广大的内地府兵分布可能更少。

再以畿甸府兵对内地叛乱的制御为例,考察这一时期畿甸政区建构的制御功能的实效。越王李贞起兵反对武则天,于蔡州征发七千人的属县兵。武则天命左豹韬卫大将军麴崇裕为中军大总管,夏官尚书岑长倩为后军大总管,率兵十万讨之,仍令凤阁侍郎张光辅为诸军节度,李贞之乱很快被平定。③徐敬业于江都起兵反对武则天,曾募兵十余万,武后遣左玉钤卫大将军李孝逸兵三十万讨之。④ 武周政权的十万、三十万兵应当多属府兵,故对徐敬业临时招募的军队具有绝对优势。

府兵本是唐朝重要的军事制度,其最初具有较为强大的战斗力。《新唐书》卷五○《兵志》对府兵制称赞备至,认为唐代府兵制"颇有足称焉":

---

① (宋)欧阳修、宋祁等:《新唐书》卷五○《兵志》,第 1328—1329 页:"唐初,兵之戍边者,大曰军,小曰守捉,曰城,曰镇,而总之者曰道:若卢龙军一,东军等守捉十一,曰平卢道。……其军、城、镇、守捉皆有使,而道有大将一人,曰大总管,已而更曰大都督。至太宗时,行军征讨曰大总管,在其本道曰大都督。自高宗永徽以后,都督带使持节者,始谓之节度使,犹犹未以名官。景云二年,以贺拔延嗣为凉州都督、河西节度使。自此而后,接乎开元,朔方、陇右、河东、河西诸镇,皆置节度使。"
② (宋)欧阳修、宋祁等:《新唐书》卷三九《地理志三》,第 1019 页。
③ (五代)刘昫等:《旧唐书》卷七六《太宗诸子·越王李贞传》,第 2662—2663 页。
④ (五代)刘昫等:《旧唐书》卷六七《李敬业传》,第 3490—3491 页。

"盖古者兵法起于井田，自周衰，王制坏而不复；至于府兵，始一寓之于农，居处、教养、畜材、待事、动作、休息，皆有节目，虽不能尽合古法，盖得其大意焉，此高祖、太宗之所以盛也。"① "初，府兵之置，居无事时耕于野，其番上者，宿卫京师而已。若四方有事，则命将以出，事解辄罢，兵散于府，将归于朝。故士不失业，而将帅无握兵之重，所以防微渐、绝祸乱之萌也。"②

《通典》卷二八《职官十·武官上》："（武德）二年七月，高祖以天下未定，事资武力，将举关中之众，以临四方，乃置十二军，分关中诸府以隶焉。每军将一人，副一人，取威名素重者为之，督耕战之备。自是士马强劲，无敌于天下。五年省。七年，以突厥寇掠，复置十二军，后又省之。其后定制。"③ 府兵发挥着如此大的作用，以致府兵制瓦解之后，晚唐时期的杜牧《原十六卫》表现出对府兵制充分的赞誉与向往——府兵将领在天下太平时享受生活，府兵亦过着且农且兵的日子；战时将领领兵出征，家属相当于人质，战士在外用命，"圣人所能柄统轻重，制障表里，圣筭圣术也"：

> 国家始踵隋制，开十六卫，将军总三十员，属官总一百二十八员，署宇分部，夹峙禁省，厥初历今，未始替削。然自今观之，设官言无谓者，其十六卫乎。本原事迹，其实天下之大命也。始自贞观中，既武遂文，内以十六卫畜养戎臣，外开折冲果毅府五百七十四以储兵伍。

> 或有不幸，方二三千里为寇土，数十百万人为寇兵，变夷戎狄，践踏四作，此时戎臣当提兵居外。至如天下平一，暴勃消削，单车一符，将命四走，莫不信顺，此时戎臣当提兵居内。当其居内也，官为将军，绶有朱紫，章有金银，千百骑趋奉朝庙，第观车马，歌儿舞女，念功赏劳，出于曲赐。所部之兵，散舍诸府，上府不越一千二百人，三时耕稼，被襫袽耒；一时治武，骑剑兵矢。禆卫以课，父兄相言，不得业他。籍藏将府，伍散田亩，力解势破，人人自爱，

---

① （宋）欧阳修、宋祁等：《新唐书》卷五〇《兵志》，第1323页。
② （宋）欧阳修、宋祁等：《新唐书》卷五〇《兵志》，第1328页。
③ （唐）杜佑撰，王文锦等点校：《通典》卷二八《职官十·武官上》，第782页。

及其当居外也,缘部之兵,被檄乃来,受命于朝,不见妻子,斧钺在前,爵赏在后,以首争首,以力搏力,飘暴交掉,岂暇异略?虽有蚩尤为师,雅亦无能为叛也。自贞观至于开元末,百五十年间,戎臣兵伍未始逆篡,此圣人所能柄统轻重,制障表里,圣筭圣术也。①

但对府兵的这种评价似乎有所过誉。武周时期均田制已经崩溃,租庸调更成为平民百姓的沉重的负担,府兵制已经难以为继。故太宗征高丽无果,高宗征高丽勉强胜利而又速失高丽,蕃将在唐代军事中占有重要地位,恐怕与均田制瓦解、府兵寡弱、战斗力不强不无关系。王夫之《读通鉴论》卷一七《简文帝》:

唐之府兵,言军制者竞称其善,盖始于元魏大统十六年宇文泰创为之。其后籍民之有才力者为兵,免其身租、庸、调,而关中之强,卒以东吞高氏,南并江陵。隋、唐因之,至天宝而始改。人胥曰府兵改而边将骄,故安、史乱,河北终不能平,而唐讫以亡,而不知其不然也。府兵不成乎其为兵,而徒以厉民,彍骑虽改,而莫能尽革其弊,唐乃无兵而倚于边将。安、史之乱,府兵致之也,岂府兵不改而安、史不乱,安、史乱而府兵能荡平之也哉?

所谓府兵者,无益于国而徒以殃民,审矣。②

又卷二〇《太宗》:

贞观十年,定府兵之制,大约与秦、隋销兵,宋罢方镇之意略同。府兵者,犹之乎无兵也,而特劳天下之农民于番上之中,是以不三十年,武氏以一妇人轻移唐祚于宫闱,李敬业死而天下靡然顺

---

① (唐)杜牧:《樊川文集》卷五《原十六卫》,第89、90页。
② (清)王夫之:《读通鉴论》卷一七《简文帝》,第1334—1335页。

之，无有敢伸义问者，非必无忠愤之思兴，力不能也。唐之乱亟矣，未有三十年而无大乱者，非能如汉、宋守成之代，晏安长久也。非玄宗罢府兵，改军制，则安史、怀恩、朱泚、河北、西川、淮蔡之蠢起，唐久为秦隋，恶能待懿僖之昏乱，黄巢起而始亡哉？详考府兵之制，知其为戏也，太宗之以弱天下者也。欲弱天下以自弱，则师唐法焉可尔？①

王夫之认为唐代府兵乃是唐弱之源，武氏代唐、安史之乱即与府兵之弊不无关系。王夫之的这种论说虽然不无道理，但亦应据时段、据全局而考察其结果，不能一言以概之。

从总体上看，唐高祖至睿宗时期的关中畿甸，由具有共性的区域政策形成了一个松散的政区群。在这个政区群内军府密布，具有碾轧地方势力的优势，但并不具备足够的御外能力。在唐廷内部统治较为稳定的形势下，如何解决边地危机，成为一个重要的政治课题。解决这一课题的方案，就是强化边地的军事力量。在有限的财政能力下，边地军事力量的发展必然压缩畿甸军事发展的空间。边地军事力量与畿甸军事建置之间的矛盾，对唐朝中央与地方政局关系的发展产生了巨大的影响。

---

① （清）王夫之：《读通鉴论》卷二〇《太宗》，第 1595—1596 页。

第三章　唐玄宗时期关中畿甸政区群的发展

唐代自开元时期进入盛唐阶段。一个盛世的到来不仅是经济发展上的，而且是政治制度建置上的，是全方位、多方面的发展。在唐高祖至睿宗时期畿甸建置的基础上，玄宗时期的畿甸大体恢复了西汉畿甸的地域范围，并最终形成了一个拥有最高等第政区的畿甸政区群，但畿甸军事力量因拓展边功、边地藩镇的建立而弱化。边地藩镇的建立与发展，虽然减轻了畿甸役力沉重之弊，但也改变了高祖睿宗时期居重驭轻的形势，成为影响唐代中央与地方关系发展的重要因素。

第一节　近畿州的新等第政策塑造出新畿内

唐初"州县混同，无等级之差，凡所拜授，或自大而迁小，或始近而后远，无有定制"①，州级官员的"品级"与"州级"并不对应。开元年间为解决官员的叙用问题，"选人既多，叙用不给，遂累增郡县等级之差，郡自辅至下凡八等，县自赤至下凡八等"②。形成了州级与官员品级的匹配。类似的州

---

① （唐）杜佑撰，王文锦等点校：《通典》卷一五《选举三》，第362—363页。
② （唐）杜佑撰，王文锦等点校：《通典》卷一五《选举三》，第362—363页。

之等第改革在开元年间共进行过两次,两次改革最终促成了畿内政区群的发展与演变。玄宗时期畿内政区的监察及户口管理政策也出现了某些变化。

一、开元年间畿内州由三辅到四辅及新等第的规定

开元年间州的等第的变化,首先是根据距京畿的远近,将"近(京)畿"州划分出"四辅"。"四辅"是京畿及都督府、都护府外的第一等级之州。《通典·州郡下·郡太守》:"开元中,定天下州府,自京都及都督、都护府之外,以近畿之州为四辅。"同、华、岐、蒲四州即为当时的四辅。四辅是七等州中的第一等:"其余则有雄、望、紧、上、中、下之差。"[1] 从四州与京都的位置看,"近畿"州应是距京畿较近之州,但同、华二州将蒲州与京都(雍州)相隔,"近畿"州并非专指与京都相邻之州,而是一个有特定所指向的州郡概念。但与京都保持这种关系的不仅仅只有这四州,其他州也有"近畿"甚至与京畿接界者,故所谓的"四辅"仅是"近畿"州中的特定四州。"又谓近畿者为畿内州"[2],故其他与京畿毗邻的州也当属于畿内州,这一时期的畿内州要多于高祖睿宗时期的畿内州。

唐代州又按户数分为不同的等第。《唐会要》卷七〇《量户口定州县等第例》载:"按武德令,三万户以上为上州。永徽令,二万户以上为上州。显庆元年九月敕,户满三万以上为上州,二万以上为中州。先以为上州、中州者,仍旧。至开元十八年三月敕,太平时久,户口日殷,宜以四万户以上为上州,二万五千户为中州,不满二万户为下州。……其余为六雄(郑、陕、汴、绛、怀、魏六州为六雄)、十望(宋、亳、滑、许、汝、晋、洺、虢、卫、相十州为十望)、十紧(初有十紧州,后入紧者甚多,不复具列。)及上中下之差。凡户四万以上为上州,二万五千以上为中州,不满二万为下州。亦有不约户口以别敕为上州者。又谓近畿者为畿内州,户虽不满四万,亦为上州。"[3]

据此,京兆府、同州、华州、岐州、蒲州成为开元后诸州中最高迁转等第的行政单位。辅、雄、望、紧、上、中、下州,言其为行政单位则通称为

---

[1] (唐)杜佑撰,王文锦等点校:《通典》卷三三《职官十五》,第909页。
[2] (宋)王溥:《唐会要》卷七〇《量户口定州县等第例》,第909页。
[3] (宋)王溥:《唐会要》卷七〇《量户口定州县等第例》,第909页。

州，言其等第则称为辅、雄、望、紧、上、中、下。这些州不论户之多少皆以上州计，从而确立起特殊资地之州与按户计州形成的两类等第州之间的评判或比照关系。在开元年间量定"四辅"之后，畿内至少是由一府（京兆）、四"辅"构成的政区群。

二、畿内州政治地位的分化与分层管理

《唐六典》载："同、华、岐、蒲为四辅州"，"蒲，新升入。"① 《旧唐书·地理志》载蒲州在开元十二年（724）升入四辅②，"新升入"则表明同州、华州、岐州在开元十二年前已定为辅州。此外，按唐代县的等第的规定，京都所治县为赤县。除长安为赤县外，唐代后来升为赤县的还有："（京兆府）奉先县，开元十七年十一月十日升，以奉陵寝，以张愿为县令。"③ 开元四年二月二十六日在"赤县"之外，三辅州新升了若干"次赤县"。这些新定、新升的次赤县包括：华州的郑县、华阴、下邽，同州的冯翊、朝邑、蒲城、澄城、白水，岐州的雍县、扶风、陈仓等县。④ 但这些次赤县的建置在正史中无相关记载，这是个令人相当费解的现象。

同、华、岐三州赤县的出现，使三州具有了"半都"的性质。这同样提高了三辅州的政治地位，四辅之同、华、岐三州的地位又高于蒲州。同时，高祖睿宗时期京畿道的邠、商二州仍处于畿内区域中相对次要的层次，畿内政区的层次分化仍是这一时期的畿内政区群的基本构成特点。这一时期的畿内打破险固限制，扩展到了隶属于河东道的蒲州。开元天宝时期蒲州政区的建置形势如下：

---

① （唐）李林甫等撰，陈仲夫点校：《唐六典》卷三《尚书户部》，第72页。
② （五代）刘昫等：《旧唐书》卷三九《地理志二》，第1470页。
③ （宋）王溥：《唐会要》卷七〇《州县分望道·关内道》，第1459页："京兆府云阳县，元和二年十月升，以崇陵故也。奉先县，开元十七年十一月十日升，以奉陵寝，以张愿为县令。醴泉县，广德元年五月一日升，以崔演为县令。富平县，贞元四年正月十六日升，以薛选为县令。三原县，同上年月升，以王郾为县令。咸阳县，天授二年四月二十一日，以管武氏陵升，以宇文意为县令。神龙元年十月二十九日，复为畿。奉天县，兴元元年正月一日升，以杜元为县令。"
④ （宋）王溥：《唐会要》卷七〇《州县分望道·关内道》，第1460页："新升次赤县，……华州郑县、华阴、下邽三县，开元四年二月二十六日定。同州冯翊、朝邑、蒲城、澄城、白水等县，开元四年二月二十六日升。岐州雍县、扶风、陈仓三县，同上年月日升。……邠州新平县，贞元十年十二月升。"

河中府　河东郡。本蒲州，上辅。义宁元年治桑泉，武德三年徙治河东。开元八年置中都，为府；是年罢都，复为州。乾元三年复为府。①

府境：东西二百五里。南北一百七十七里。

八到：西南至上都三百二十里。东至东都五百八十五里。东北至绛州取桐乡路二百六十里。西南至华州一百四十七里。西至同州六十七里。东南至虢州一百八十三里。东南至陕州二百四十五里。②

户七万八百，口四十六万九千二百一十三。

有府三十三，曰兴乐、德义、胡壁、龙亭、清源、永和、陶城、霍山、瀵水、首阳、寿贵、归仁、长渠、虞城、通闻、宝鼎、盐海、归淳、大阳、永安、奉信、永兴、右威、汾阴、甘泉、平川、安保、石门、绥化、坛道、安邑、崇义、六军。

县十：

河东，有芳酝监、汲河以酿，武德三年置，贞观十年废；南有风陵关，圣历元年置；有历山。

河西，开元八年析河东置，寻省。

有蒲津关，一名蒲坂。开元十二年铸八牛，牛有一人策之，牛下有山，皆铁也，夹岸以维浮梁。十五年自朝邑徙河渎祠于此。③

又蒲坂关在县西四里。《魏志》曰"太祖西征马超、韩遂，夜渡蒲津关"，即谓此也。今造舟为梁，其制甚盛，每岁征竹索价谓之桥脚钱，数至二万，亦关河之巨防焉。

风陵故关，一名风陵津，在县南五十里。魏太祖西征韩遂，自潼关北渡，即其处也。④

临晋，本桑泉，武德三年析置温泉县，九年省。天宝十三载更名。

解，本虞乡，武德元年更名。贞观十七年省，以地入虞乡，二十二年

---

① （宋）欧阳修、宋祁等：《新唐书》卷三九《地理志三·河东道》，第999页。
② （唐）李吉甫：《元和郡县图志》卷一二《河东道一》，第325页。
③ （宋）欧阳修、宋祁等：《新唐书》卷三九《地理志三·河东道》，第999页。
④ （唐）李吉甫：《元和郡县图志》卷一二《河东道一》，第326页。

复置。

有盐池，又有女盐池；有紫泉监，乾元元年置；有铜穴十二。

猗氏，有孤山。

虞乡，武德元年别置。贞观二十二年省，以地入解。天授二年复置。北十五里有涑水渠，贞观十七年，刺史薛万彻开，自闻喜引涑水下入临晋。

永乐，武德元年置，本隶芮州，州废，隶鼎州，贞观八年来属，后又隶虢州，神龙元年复故。有雷首山。

安邑，义宁元年以安邑、虞乡、夏置安邑郡。武德元年曰虞州，又析置桐乡县。三年析安邑置兴乐县。贞观元年省。十七年州废，省桐乡入闻喜，以安邑、解来属。

有龙池宫，开元八年置；有盐池，与解为两池，大历十二年生乳盐，赐名宝应灵庆池；有银监。

宝鼎，本汾阴。义宁元年以汾阴、龙门置汾阴郡，武德元年曰泰州，州废来属。开元十年获宝鼎，更名。有后土祠。①

唐代开元时期唐之辖境共有 85 个望县，其中同州的冯翊、朝邑、澄城、白水、合阳，华州的郑县、华阴、下邽，岐州的雍县、扶风、陈仓等 11 县皆属于望县②，畿内望县约占整个望县的八分之一。畿内各级政区的地位都是较高的。同时，三辅某些望县兼为次赤县的双重性，又从一个侧面表明三辅的重要性。

三、开元十八年畿内的扩大与迁转等第的再提高

唐代开元年间除毗邻京畿之州属于近畿州外，毗邻三辅之州也属于"近畿州"，如由毗邻关内的同州、华州将京畿与河东地区隔开的蒲州就是"近畿之州"。《唐会要》载开元十八年敕规定下述迁转等第之州大小皆同于上州："六雄十望州三辅等，及别敕同上州都督，及畿内州并同上州。"③《唐六典》载 4 万户以上为上州，2 万户以上为中州，不满 2 万户为下州。④ 据毗邻京畿、

---

① （宋）欧阳修、宋祁等：《新唐书》卷三九《地理志三·河东道》，第 1000 页。
② （唐）李林甫等撰，陈仲夫点校：《唐六典》卷三《尚书户部》，第 73 页。
③ （宋）王溥：《唐会要》卷七〇《量户口定州县等第例》，第 1457 页。
④ （唐）李林甫等撰，陈仲夫点校：《唐六典》卷三〇《三府督护州县官吏》，第 745—746 页。

不足 4 万户之州为上州的特例,我们可以大体判定该州是否属于畿内州之列。

《元和郡县图志》京兆府八到,商、洋、金、邠、坊是毗邻京兆之州①,其中:

陇州属于秦内史、汉三辅之右扶风。②

坊州属秦内史、汉三辅左冯翊之地。③

商州"秦平天下,属内史地。汉属弘农郡。后汉属京兆尹。晋初为京兆南部,后置上洛郡。后魏因之。"④

金州⑤、泾州⑥、洋州⑦皆不属秦内史、汉三辅地域。洋州为雄州,开元户 18889⑧,天宝户 23849。⑨ 天宝时期(742—756)金州户 14091⑩,坊州户 22458,邠州为紧州,户 22977⑪,商州户 8926⑫。

与蒲州毗邻同州、华州而为畿内州一样,陇、泾二州毗邻三辅之岐州⑬,天宝户不足四万亦为上州。⑭ 七州大致为按开元十八年敕以上州计大小的畿内州。《唐六典》卷三《尚书户部》:"四万户已上为上州。""陕、汝、虢、仙、泽、邠、陇、泾、宁、鄜、坊,户虽不足,亦上州。"⑮反映的应当就是近畿州不问户数而为上州的问题。

"近畿者为畿内州"。⑯ 如果按这一标准计,唐开元年间的畿内约略为由一府、四辅州、七上州构成的,极富层次架构的府州政区群。这不仅大体恢

---

① (唐)李吉甫:《元和郡县图志》卷一《关内道》,第 3 页。谭其骧主编:《中国历史地图集》第五册《隋唐五代十国时期》,地图出版社 1982 年版,第 40—41、52—53 页。
② (唐)李吉甫:《元和郡县图志》卷二《关内道二》,第 44 页。
③ (唐)李吉甫:《元和郡县图志》卷三《关内道三》,第 61 页。
④ (唐)杜佑撰,王文锦等点校:《通典》卷一七五《州郡五·古梁州上》,第 4579 页。
⑤ (唐)杜佑撰,王文锦等点校:《通典》卷一七五《州郡五·古梁州上》,第 4580 页。
⑥ (唐)李吉甫:《元和郡县图志》卷三《关内道三》,第 55 页。
⑦ (唐)李吉甫:《元和郡县图志》卷二二《山南道三》,第 561 页。
⑧ (唐)李吉甫:《元和郡县图志》卷二二《山南道三》,第 561 页。
⑨ (宋)欧阳修、宋祁等:《新唐书》卷四〇《地理志四》,第 1034 页。
⑩ (宋)欧阳修、宋祁等:《新唐书》卷四〇《地理志四》,第 1033 页。
⑪ (五代)刘昫等:《旧唐书》卷三八《地理志一》,第 1401、1404 页。
⑫ (五代)刘昫等:《旧唐书》卷三八《地理志一》,第 1538 页。
⑬ 谭其骧主编:《中国历史地图集》第五册《隋·唐·五代十国时期》,第 40—41 页。
⑭ (五代)刘昫等:《旧唐书》卷三八《地理志一》,第 1401 页。
⑮ (唐)李林甫等撰,陈仲夫点校:《唐六典》卷三《尚书户部》,第 73 页。
⑯ (宋)王溥:《唐会要》卷七〇《量户口定州县等第例》,第 909 页。

复了秦代内史、汉代三辅的地域范围,保持了关中政区的自然经济区域的一体性,而且其畿内的地域范围较秦汉时期更大。这就在唐代贞观时期的关内道之中,形成了一个等第特殊的政区群,改变了高祖至睿宗时期畿内政区等第不均的现象。畿内政区等第虽有提高,但近畿州仍不具备西汉三辅的政治地位。

开元二十一年,京兆府、同州、华州、岐州、邠州、商州属于京畿道,他州则分属于其他监察区域。这一时期畿内范围虽然有所扩大,甚至几乎与秦汉时期的内史、三辅地域相当。但从后文所载的畿内政区政策看,唐代京兆、同、华、岐仍是畿内的核心地域。这一核心地域在开元时期升为辅州。与常见的上、中、下三等州级而论,同、华、岐三州又可称为上州,上州与辅州合称为"上""辅"。

唐开元天宝年间旧畿内政区的变化

蒲州已见于前,此不赘述。

一、京兆府

开元户三十六万二千九百九。①

元和户二十四万一千二百二。②

天宝元年领户三十六万二千九百二十一,口百九十六万一百八十八。③

领县二十三④,较贞观年间多出5县。

上述二十县约略皆为旧18县名号的变更,或辖区旧政区分割而来,故以此18县为考察基础。

万年,天宝七载曰咸宁,至德三载复故名。⑤

长安,南五十里太和谷有太和宫,武德八年置,贞观十年废,二十一年复置,曰翠微宫,笼山为苑,元和中以为翠微寺。天宝二年,尹韩朝宗引渭水入金光门,置潭于西市,以贮材木。大历元年,尹黎干自南山开漕渠抵景

---

① (唐)李吉甫:《元和郡县图志》卷一《关内道一》,第1页。
② (唐)李吉甫:《元和郡县图志》卷一《关内道一》,第1页。
③ (宋)欧阳修、宋祁等:《新唐书》卷三七《地理志一》,第961页。
④ (五代)刘昫等:《旧唐书》卷三八《地理志一》,第1396页。
⑤ (宋)欧阳修、宋祁等:《新唐书》卷三七《地理志一》,第961、962页。

风、延喜门，入苑以漕炭薪。①

蓝田隋县。②

渭南，畿。西十里有游龙宫，开元二十五年更置。③

昭应，次赤。本新丰。天宝元年更骊山曰会昌山。三载，以县去宫远，析新丰、万年置会昌县。六载，更温泉（宫）曰华清宫，治汤井为池，环山列宫室，又筑罗城，置百司及十宅；七载省新丰，更会昌县及山曰昭应。有旌儒乡，有庙，故坑儒，玄宗更名。④

三原县，次赤。

富平。

栎阳。

咸阳，畿。武德元年析泾阳、始平置。有望贤宫；有便桥；有兴宁陵，又有顺陵，在咸阳原。⑤

高陵。

泾阳。

醴泉⑥。

肃宗建陵，在县东北十八里武将山。⑦

云阳县，次赤。

德宗崇陵，在县东二十里。

泾水　大唐永徽六年，雍州长史长孙祥奏言："往日郑白渠溉田四万余顷，今为富僧大贾，竞造碾硙，止溉一万许顷。"于是高宗令分检渠上碾，皆毁撤之。未几，所毁皆复。广德二年，臣吉甫先臣文献公为工部侍郎，复陈其弊，代宗亦命先臣拆去私碾硙七十余所。岁余，先臣出牧常州，私制如初。至大历中，利所及才六千二百余顷。⑧

---

① （宋）欧阳修、宋祁等：《新唐书》卷三七《地理志一》，第961、962页。
② （宋）欧阳修、宋祁等：《新唐书》卷三七《地理志一》，第961、962页。
③ （宋）欧阳修、宋祁等：《新唐书》卷三七《地理志一》，第961、962页。
④ （宋）欧阳修、宋祁等：《新唐书》卷三七《地理志一》，第961、962页。
⑤ （宋）欧阳修、宋祁等：《新唐书》卷三七《地理志一》，第961、962页。
⑥ （五代）刘昫等：《旧唐书》卷三八《地理志一》，第1397页。
⑦ （唐）李吉甫：《元和郡县图志》卷一《关内道一·京兆府上》，第31页。
⑧ （唐）李吉甫：《元和郡县图志》卷一《关内道一》，第7—11页。

兴平，畿。本始平，至德二载更名。①

华清宫，在骊山上。开元十一年，初置温泉宫，天宝六年改为华清宫。又造长生殿，名为集灵台，以祀神也。②

鄠。

武功。

好畤。③

盩厔县，畿。天宝中改名宜寿，后复名。

奉先县，次赤。西南至府二百四十里。本秦重泉县，后魏省，至孝文帝分白水县置南曰水县，西魏改为蒲城县。本属同州，开元四年以县西北三十里有丰山，于此置睿宗桥陵，改为奉先县，隶京兆。

玄宗泰陵，在县东北二十里。

惠庄太子陵，在桥陵东南三里。

惠宣太子陵，在桥陵东六里。

惠文太子陵，在桥陵东三里。并在柏城内。

富平县，次赤。

节愍太子陵，在县西北十五里。④

奉天县　文明元年，以管乾陵，分醴泉置。天授二年，隶稷州。大足元年，还雍州。⑤

华原，旧宜州，领华原、宜君、同官、土门四县。贞观十七年，省宜州及土门县，以华原、同官属雍州。宜君属坊州。垂拱二年，改华原为永安县。天授二年，又置宜州，领永安、同官、富平、美原四县。大足元年，废宜州，县还雍州。神龙元年，复为华原县。

美原，旧宜州土门县，贞观十七年废。咸亨二年，又割富平、华原及同州之蒲城县置，改为美原县。天授二年，又属宜州。大足元年，还雍州。

同官，属宜州，贞观十七年，改属雍州。天授二年，改属宜州。大足元

---

① （宋）欧阳修、宋祁等：《新唐书》卷三七《地理志一》，第961—962页。
② （唐）李吉甫：《元和郡县图志》卷一《关内道一》，第7页。
③ （五代）刘昫等：《旧唐书》卷三八《地理志一》，第1398页。
④ （唐）李吉甫：《元和郡县图志》卷二《关内道二》，第31页。
⑤ （五代）刘昫等：《旧唐书》卷三八《地理志一》，第1398页。

年，还属雍州。①

二、华州　上辅

开元户三万七百八十七。②

元和户一千四百三十七。③

天宝领县三，户三万三千一百八十七，口二十一万三千六百一十三。④

郑。⑤

华阴县。

永丰仓，在县东北三十五里渭河口，隋置。义宁元年因仓又置监。天宝三年，左常侍兼陕州刺史韦坚开漕河，自苑西引渭水，因古渠至华阴入渭，运永丰仓及三门仓米，以给京师，名曰广运潭，以坚为天下转运使。灞、浐二水会于漕渠，每夏大雨辄皆涨，大历之后，渐不通舟。天宝中，每岁水陆运米二百五十万石入关；大历后，每岁水陆运米四十万石入关。⑥

三、同州　上辅

开元户五万六千五百九。⑦

元和户四千八百六十一。⑧

天宝领县六，户六万九百二十八，口四十万八千七百五。⑨

冯翊。

合阳。

白水。

澄城。

---

① （五代）刘昫等：《旧唐书》卷三八《地理志一》，第1398—1399页。
② （唐）李吉甫：《元和郡县图志》卷二《关内道二》，第33页。
③ （唐）李吉甫：《元和郡县图志》卷二《关内道二》，第33页。
④ （五代）刘昫等：《旧唐书》卷三八《地理志一》，第1399页。
⑤ （五代）刘昫等：《旧唐书》卷三八《地理志一》，第1399页。
⑥ （唐）李吉甫：《元和郡县图志》卷二《关内道二》，第35页。
⑦ （唐）李吉甫：《元和郡县图志》卷二《关内道二》，第36页。
⑧ （唐）李吉甫：《元和郡县图志》卷二《关内道二》，第36页。
⑨ （五代）刘昫等：《旧唐书》卷三八《地理志一》，第1400页。

韩城。

夏阳。①

四、岐州　上辅

开元户四万四千五百三十三。②

天宝领县九，户五万八千四百八十六，口三十八万四百六十三。③

元和户七千五百八十。④

天兴县，次赤。郭下。至德二年分置凤翔县，永泰元年废，仍改雍县为天兴县。⑤

扶风。

宝鸡县，次畿。本陈仓县，至德二年改为宝鸡，以昔有陈宝鸣鸡之瑞，故名之。⑥

又宝鸡隋陈仓县。至德二年二月十五日，改为凤翔县，其月十八日，改为宝鸡。⑦

岐阳。

岐山。

郿。

麟游。

普润。

虢。⑧

五、邠州　新平郡

开元十三年，以"豳"与"幽"字相涉，诏曰："鱼、鲁变文，荆、并

---

① （五代）刘昫等：《旧唐书》卷三八《地理志一》，第1400—1401页。
② （唐）李吉甫：《元和郡县图志》卷二《关内道二》，第40页。
③ （五代）刘昫等：《旧唐书》卷三八《地理志一》，第1402—1403页。
④ （唐）李吉甫：《元和郡县图志》卷二《关内道二》，第40页。
⑤ （唐）李吉甫：《元和郡县图志》卷二《关内道二》，第45页。
⑥ （唐）李吉甫：《元和郡县图志》卷二《关内道二》，第45页。
⑦ （五代）刘昫等：《旧唐书》卷三八《地理志一》，第1403页。
⑧ （唐）李吉甫：《元和郡县图志》卷二《关内道二》，第45页。

误听。欲求辨惑，必也正名，改为'邠'字。"天宝元年改为新平郡，乾元元年复为邠州。①

开元十三年，改豳为邠。天宝元年，改为新平郡。乾元元年，复为邠州。②

秦并天下，分三十六郡，属内史。汉属右扶风，今州理即汉扶风之漆县也。③

开元户一万九千四百六十一。④

元和户二千六百七十。⑤

天宝，户二万二千九百七十七，口十三万五千二百五十。⑥

领县四：

新平。

三水。

永寿。

宜禄县。

长武城，在县西五十里。隋开皇中筑在泾河南岸，武德元年废，大历初，郭子仪置兵以备西戎。⑦

唐开元十八年新增畿内政区

一、商州　上洛郡

古商国也。春秋时其地属晋。所谓晋阴。战国属秦，即卫鞅所封商邑也。秦平天下，属内史地。汉属弘农郡。后汉属京兆尹。晋初为京兆南部，后置上洛郡。后魏因之。西魏又置洛州。后周改为商州。隋炀帝复置上洛郡。大唐为商州，或为上洛郡。⑧

---

① （唐）李吉甫：《元和郡县图志》卷三《关内道三·邠州》，第61页。
② （五代）刘昫等：《旧唐书》卷三八《地理志一》，第1404页。
③ （唐）李吉甫：《元和郡县图志》卷三《关内道三·邠州》，第61页。
④ （唐）李吉甫：《元和郡县图志》卷三《关内道三·邠州》，第60页。
⑤ （唐）李吉甫：《元和郡县图志》卷三《关内道三·邠州》，第60页。
⑥ （五代）刘昫等：《旧唐书》卷三八《地理志一》，第1404页。
⑦ （唐）李吉甫：《元和郡县图志》卷三《关内道三·邠州》，第61—64页。
⑧ （唐）杜佑撰，王文锦等点校：《通典》卷一七五《州郡五·古梁州上》，第4579页。

(一) 八到

东至南阳郡六百四十里。南至安康郡七百二十里。西至安康郡七百二十里。北至弘农郡四百里。东南到武当郡丰利县六百六十里。西南到安康郡七百二十里。西北到华阴郡三百里。东北到弘农郡四百里。去西京三百里,去东京八十六里。①

(二) 户口

天宝户八千九百二十六,口五万三千八十。②

(三) 军府

有府二,曰洵水、玉京。
有兴平军,初在郿县东原,至德中徙。③

(四) 县六

上洛,紧。有熊耳山。
丰阳,上。
洛南,上。有金,有铜,有铁。
商洛,望。东有武关。④
武关,在县东九十里,即少习也。楚怀王三十年,秦昭王遗怀王书,原会武关,诈令一将军伏兵武关,号为秦王,至则闭执之以归。八月,沛公攻武关入秦。又七国反,周亚夫击之,赵涉说曰:"从此右走蓝田,出武关,抵雒阳,不过差三日,直走武库击鸣鼓,诸侯闻之,以为将军从天而下。"⑤
上津,上。义宁二年以上津、丰利、黄土置上津郡,并置长利县。武德元年曰上州。贞观元年省长利。八年州废,以黄土隶金州,丰利隶均州,上

---

① (唐) 杜佑撰,王文锦等点校:《通典》卷一七五《州郡五·古梁州上》,第4579页。
② (宋) 欧阳修、宋祁等:《新唐书》卷三七《关内道·商州》,第965—966页。
③ (宋) 欧阳修、宋祁等:《新唐书》卷三七《关内道·商州》,第966页。
④ (宋) 欧阳修、宋祁等:《新唐书》卷三七《关内道·商州》,第965—966页。
⑤ (唐) 李吉甫:《元和郡县图志》卷一《关内道·商州》,第1047页。

津来属。

乾元，中下。本安业，万岁通天元年析丰阳置，景龙三年隶雍州，景云元年来属，元年更名，隶京兆，寻复还属。①

雍、同、华、岐、商、邠等州属于京畿采访使，治京城内。②

二、陇州　汧阳郡

《禹贡》雍州之域。秦文公所都。汉为汧县，属右扶风。后魏置东秦州，西魏文帝改名陇州，因山为名。隋大业二年省，义宁二年又于县理置陇东郡，武德元年改为陇州。

州境：东西二百里。南北四百九十五里。

八到：东至上都四百六十五里。东至东都一千三百二十里。东至凤翔府一百五十里。西至秦州三百四十里。南至凤州山路四百三十里。北至原州三百三十里。③

（一）户口

开元户六千八十五。④

天宝户二万四千六百五十二，口十万一百四十八。⑤

元和户七百八十四。⑥

（二）军府

有府四，曰大堆、龙盘、开川、临汧。⑦

《新唐书》载陇州辖汧源、汧阳、吴山3县⑧，《元和郡县图志》5县。据《元和郡县图志》《新唐书》，这3县、5县的具体情况如下：

---

① （宋）欧阳修、宋祁等：《新唐书》卷三七《关内道·商州》，第965—966页。
② （宋）欧阳修、宋祁等：《新唐书》卷三七《地理志一·关内道》，第965—967页。
③ （唐）李吉甫：《元和郡县图志》卷二《关内道二·陇州》，第44—45页。
④ （唐）李吉甫：《元和郡县图志》卷二《关内道二·陇州》，第44页。
⑤ （宋）欧阳修、宋祁等：《新唐书》卷三七《关内道二》，第967—968页。
⑥ （唐）李吉甫：《元和郡县图志》卷二《关内道二·陇州》，第44页。
⑦ （宋）欧阳修、宋祁等：《新唐书》卷三七《关内道二》，第967—968页。
⑧ （宋）欧阳修、宋祁等：《新唐书》卷三七《地理志一》，第968页。

汧源县，上。郭下。本汉汧县地，属右扶风。在汧水之北，后魏改为汧阴县，隋改为汧源县。① 垂拱二年更华亭曰亭川，神龙元年复故名，元和三年省入汧源。②

有五节堰，引陇川水通漕，武德八年，水部郎中姜行本开，后废。③

陇山，在县西六十二里。

岍山，在县西六十里。北与陇山接，《禹贡》"导岍及岐"，是也。

大震关，在州西六十一里。后周置。汉武至此遇雷震，因名。④

秦城，在州东南二十五里。秦非子养马汧、渭之间，有功，周孝王命为大夫。⑤

汧阳县，上。西至州八十里。本汉𣸣麋县地，因今县东八里𣸣麋泽为名。周武帝置汧阳郡及县，寻省郡，以县属陇州。

汧水，在县南一里。⑥

吴山县，中。西北至州一百十里。本汉𣸣麋县地，后魏孝昌二年，于长蛇川置长蛇县，属东秦州，隋开皇十八年改为吴山县。⑦

本长蛇，义宁二年置，贞观元年更名。上元二年曰华山，寻复曰吴山。武德元年以南由县置含州，四年州废，元和三年省入焉。有西镇吴山祠，有紫塠山。⑧

吴山，在县西南五十里。秦都咸阳，以为西岳，今为国之西镇山。《国语》谓之西吴。

华亭县，下。正南微东至州一百一十里。本秦泾阳县地，隋大业元年置华亭县，以在华亭川口，故名。

小陇山，在县西四十里。

南由县，下。东北至州一百二十里。本汉汧县地，后魏孝明帝于县西南

---

① （唐）李吉甫：《元和郡县图志》卷二《关内道二·陇州》，第45页。
② （宋）欧阳修、宋祁等：《新唐书》卷三七《地理志一》，第968页。
③ （宋）欧阳修、宋祁等：《新唐书》卷三七《地理志一》，第968页。
④ （唐）李吉甫：《元和郡县图志》卷二《关内道二·陇州》，第45页。
⑤ （唐）李吉甫：《元和郡县图志》卷二《关内道二·陇州》，第45页。
⑥ （唐）李吉甫：《元和郡县图志》卷二《关内道二·陇州》，第45页。
⑦ （唐）李吉甫：《元和郡县图志》卷二《关内道二·陇州》，第45页。
⑧ （宋）欧阳修、宋祁等：《新唐书》卷三七《地理志一》，第968页。

由谷口置县，因谷为名。隋开皇二年省长蛇县并入南由，属岐州，贞观四年割入陇州。

安夷关，在县西一百四十六里。

长蛇川，在县西一百步。

渭水，在县南四十里。①

三、泾州

保定郡，上。本安定郡，至德元载更名。

州境：东西一百九十六里。南北二百八十六里。

八到：东南至上都四百八十里。东南至东都一千三百四十里。东北至宁州一百五十里。西北至原州平凉县一百五十里。北至原州城三百三十里。北至庆州三百二十三里。南至凤翔二百五十八里。东南至邠州一百八十里。西南至陇州私路一百八十里。②

（一）户口

开元户一万五千九百五十二。③

天宝户三万一千三百六十五，口十八万六千八百四十九。④

元和户一千九百九十。⑤

（二）军府

有府六，曰泾阳、四门、兴教、纯德、肃清、仁贤。⑥

（三）县五

潘原，中。本阴盘，天宝元年更名，后省为彰信堡，贞元十一年复置。

---

① （唐）李吉甫：《元和郡县图志》卷二《关内道二·陇州》，第45—46页。
② （唐）李吉甫：《元和郡县图志》卷三《关内道三·泾州》，第56页。
③ （唐）李吉甫：《元和郡县图志》卷三《关内道三·泾州》，第55页。
④ （五代）刘昫等：《旧唐书》卷三八《地理志一》，第1404页。
⑤ （唐）李吉甫：《元和郡县图志》卷三《关内道三·泾州》，第55页。
⑥ （宋）欧阳修、宋祁等：《新唐书》卷三七《地理志一》，第968页。

保定县，上。郭下。本汉安定县地，今临泾县安定故城也，后汉省。后魏文帝大统元年，自高平城移于今理，属安定郡。隋开皇三年罢郡，以县属泾州。至德二年，改保定县。① 又保定县，本安定，至德元载更名，广德元年没吐蕃，大历三年复置。②

泾水，在县东一里。

折墌故城，在县东十里。西魏泾州刺史乙弗贵所筑，隋末薛举屯据于此城，举死仁杲复窃据，武德元年讨平之。

万俟丑奴余趾，在县东五里。丑奴，高平人，后魏建义元年僭号于此。

灵台县，上。西至州一百里。本汉鹑觚县，属北地郡，周属赵平郡，隋开皇三年属泾州。天宝元年，改为灵台县。今县理西阴密故城，东接县城，即古密国之地是也。《诗》曰"密人不恭。"③

临泾县，上。东南至州九十里。本汉旧县，属安定郡。隋大业元年于今县理置湫谷县，取县内湫谷为名。十二年，复为临泾县，皇朝因而不改。按：县有彭阳川，去彭阳县一百步。县界兼有汉安武、安定、彭阳、抚夷四县之地。④

良原县，上。东北至州六十里。本汉三水县地，属安定郡，今安定县界三水故城是也。隋大业元年，分安定县之地置良原县，县西南三十里有良原，因以为名。又良原，兴元二年没吐蕃，贞元四年复置。⑤

汭水，一名宜禄川，西自陇州华亭县流入。

石原，在县西南，即所谓良原也。

潘原县，中。东至州一百里。本汉阴盘县，属安定郡，在今邠州宜禄县西二十三里阴盘故城是也。地有阴盘驿。⑥

四、坊州

中部郡，上。武德二年析鄜州之中部、鄜城置。⑦

---

① （唐）李吉甫：《元和郡县图志》卷三《关内道三·泾州》，第56页。
② （宋）欧阳修、宋祁等：《新唐书》卷三七《地理志一》，第968页。
③ （唐）李吉甫：《元和郡县图志》卷三《关内道三·泾州》，第56—57页。
④ （唐）李吉甫：《元和郡县图志》卷三《关内道三·泾州》，第57页。
⑤ （宋）欧阳修、宋祁等：《新唐书》卷三七《地理志一》，第968页。
⑥ （唐）李吉甫：《元和郡县图志》卷三《关内道三·泾州》，第57页。
⑦ （宋）欧阳修、宋祁等：《新唐书》卷三七《地理志一》，第970页。

秦属内史，汉为左冯翊翟道县之地。①

州境：东西三百八十九里。南北一百三十九里。

八到：东至上都三百五十里。东至东都九百里。东南至同州二百五十里。西南至邠州三百一十里。东北至丹州二百六十里。北至鄜州一百五十里。②

(一) 户口

开元户一万五千七百十五。③

天宝户二万二千四百五十八，口十二万二百八。④

元和户一千八百四十二。⑤

(二) 军府

有府五，曰杏城、仁里、思臣、永平、安台。⑥

(三) 县四

中部，上。本内部，武德二年更名。周天和中，元皇帝为敷州刺史，置马坊，高祖因以名州。有铁。州郭无水，东北七里有上善泉，开成二年，刺史张怡架水入城，以纾远汲。四年，刺史崔骈复增修之，民获其利。后思之，为立祠。⑦

又中部县，上。本汉翟道县地，属左冯翊。魏、晋戎翟所居。后秦姚兴于今县南置中部县，后魏文帝移入杏城，后周改为内郡，属鄜州。武德二年置坊州，改为中部。

杏城，在县西南五里。相传云汉将韩胡伐杏木为栅，以抗北狄，因以为名。⑧

---

① （唐）李吉甫：《元和郡县图志》卷三《关内道三·坊州》，第72页。
② （唐）李吉甫：《元和郡县图志》卷三《关内道三·坊州》，第72页。
③ （唐）李吉甫：《元和郡县图志》卷三《关内道三·坊州》，第72页。
④ （宋）欧阳修、宋祁等：《新唐书》卷三七《地理志一》，第970页。
⑤ （唐）李吉甫：《元和郡县图志》卷三《关内道三·坊州》，第72页。
⑥ （宋）欧阳修、宋祁等：《新唐书》卷三七《地理志一》，第970页。
⑦ （宋）欧阳修、宋祁等：《新唐书》卷三七《地理志一》，第970页。
⑧ （唐）李吉甫：《元和郡县图志》卷三《关内道三·坊州》，第73页。

宜君，上。本隶宜州。有仁智宫，武德七年置。贞观十七年州废，县亦省。二十年置玉华宫，复置县，隶雍州。宫在北四里凤凰谷。永徽二年废宫为玉华寺，县又省。龙朔三年析中部、同官复置，来属。有铁。①

又宜君县，东北至州一百里。前秦苻坚于泑祤县故城置宜君护军，后魏太武帝改为宜君县，文帝大统五年又移于今华原县北。贞观十七年废县，地入雍州。二十年置玉华宫，仍于宫所置宜君县，属雍州。永徽二年，与宫同废。龙朔三年，坊州刺史窦师伦奏再置。

玉华宫，在县北四里，贞观二十年奉敕营造。其地本县人秦小龙宅，太宗云："小龙出，大龙入。"当时以为清凉胜于九成宫。永徽二年，有诏废宫为寺，便以玉华为名。寺内有肃成殿，永徽中奉敕令玄奘法师于此院译经，每言此寺即阎浮之兜率天也。

升平县，天宝十二年，刺史罗希奭奏割宜君县西北三乡置，去宜君县三十五里。

鄜城县，上。本汉鄜县地，属左冯翊，后汉省。后魏于今县理置鄜城县，属鄜城郡，隋大业元年改属坊州。②

右关内采访使，以京官领。③

五、金州

汉阴郡，上。本西城郡，天宝元年曰安康郡，至德二载更名。

八至：东至武当郡七百二十里。南至云安郡九百五十四里。西至洋川郡二百里。北至京兆府界五百六十六里。东南到房陵郡五百四十七里。西南到通川郡一千一百里。西北到京兆府长安县界五百九十里。东北到上洛郡六百六十里。去西京九百九十一里，去东京一千九百五十六里。④

---

① （宋）欧阳修、宋祁等：《新唐书》卷三七《地理志一》，第970页。
② （唐）李吉甫：《元和郡县图志》卷三《关内道三·坊州》，第73页。
③ （宋）欧阳修、宋祁等：《新唐书》卷三七《地理志一》，第967页。
④ （唐）杜佑撰，王文锦等点校：《通典》卷一七五《州郡五·古梁州上》，第4580页。

(一) 户口

天宝户万四千九十一,口五万七千九百二十九。①

(二) 军府

有府一,曰洪义。②

(三) 县六

西城,上。本金川,义宁二年更名。有牛山。汉水有金。③ 又汉旧县。有妫墟。晋吉挹为梁州督,为苻坚所攻,于县南九里峻山筑垒,三年不下。④

洵阳,中下。武德元年以县置洵州,并置洵城、驴川二县,七年州废,县皆来属。贞观二年省驴川,八年省洵城。东有申口镇城。⑤ 又洵阳为汉旧县。有洵水、马迹山。⑥

淯阳,上。本黄土,天宝元年更名,大历六年省入洵阳,长庆初复置。⑦ 又淯阳西魏置淯阳郡。后曰黄土,因山为名也。⑧

石泉,中下。圣历元年曰武安,神龙元年复故名。⑨

汉阴,中下。本安康。武德元年以县置西安州,并置宁郁、广德二县。二年曰直州。贞观元年州废,省宁郁,以广德入安康,来属。西有方山关,贞观十二年置。月川水有金。⑩

平利,中下。武德元年以故吉安置。有女娲山。⑪

---

① (宋) 欧阳修、宋祁等:《新唐书》卷四〇《地理志四》,第 1033 页。
② (宋) 欧阳修、宋祁等:《新唐书》卷四〇《地理志四》,第 1033 页。
③ (宋) 欧阳修、宋祁等:《新唐书》卷四〇《地理志四》,第 1033 页。
④ (唐) 杜佑撰,王文锦等点校:《通典》卷一七五《州郡五·古梁州上》,第 4580 页。
⑤ (宋) 欧阳修、宋祁等:《新唐书》卷四〇《地理志四》,第 1033 页。
⑥ (唐) 杜佑撰,王文锦等点校:《通典》卷一七五《州郡五·古梁州上》,第 4580 页。
⑦ (宋) 欧阳修、宋祁等:《新唐书》卷四〇《地理志四》,第 1033 页。
⑧ (唐) 杜佑撰,王文锦等点校:《通典》卷一七五《州郡五·古梁州上》,第 4581 页。
⑨ (宋) 欧阳修、宋祁等:《新唐书》卷四〇《地理志四》,第 1033—1034 页。
⑩ (宋) 欧阳修、宋祁等:《新唐书》卷四〇《地理志四》,第 1033—1034 页。
⑪ (宋) 欧阳修、宋祁等:《新唐书》卷四〇《地理志四》,第 1033—1034 页。

右东道采访使，治襄州。①

六、洋州

洋川郡，雄。武德元年析梁州之西乡、黄金、兴势置，天宝十五载徙治兴道。②

州境：东西二百九十二里。南北六百六十里。

八到：东北至上都六百四十里。东北至东都一千四百九十里。东至金州五百里。西至兴元府一百二十里。南至壁州西路五百六十里。北至京兆府盩厔县五百里。③

（一）户口

开元户一万八千八百八十九。④

天宝户二万三千八百四十九，口八万八千三百二十七。⑤

元和户二千八百九十六。⑥

（二）县四

兴道，紧。本兴势，贞观二十三年更名。有骆谷路，南口曰傥谷，北口曰骆谷。⑦ 又兴道县本汉成固县地，后魏宣武帝分置兴势县，理在兴势山上，故以为名。武德元年置洋州，以县属焉。贞观二十三年改为兴道县。⑧

兴势山，在县北二十里。蜀先主遣诸葛亮出骆谷，戍兴势山，置烽火楼，处处通照，即此山。按三国时蜀以汉中、〔建安末破魏将夏侯妙才，遂有汉中，以魏延镇守，其后蒋琬、姜维相继镇于此，即今郡也。〕兴势、〔后主延熙七年，将军王平守之，魏将曹爽等攻不克，即今兴道县也。〕白帝〔先主章武元年屯

---

① （宋）欧阳修、宋祁等：《新唐书》卷四〇《地理志四》，第1034页。
② （宋）欧阳修、宋祁等：《新唐书》卷四〇《地理志四》，第1034页。
③ （唐）李吉甫：《元和郡县图志》卷二二《山南道三》，第561页。
④ （唐）李吉甫：《元和郡县图志》卷二二《山南道三》，第561页。
⑤ （宋）欧阳修、宋祁等：《新唐书》卷四〇《地理志四》，第1034页。
⑥ （唐）李吉甫：《元和郡县图志》卷二二《山南道三》，第561页。
⑦ （宋）欧阳修、宋祁等：《新唐书》卷四〇《地理志四》，第1034页。
⑧ （唐）李吉甫：《元和郡县图志》卷二二《山南道三》，第561页。

之，遂为重镇。后主建兴十五年，吴将全琮来攻，不克，即今云安郡也。〕并为重镇。①

汉水，经县南，去县一百步。②

傥谷，一名骆谷，在县北三十里。后主延熙二十年，诸葛诞反于淮南，分关中兵东下，姜维欲乘虚向秦川，率数万人出骆谷，闻诞已破，遂还。③

骆谷路，在今洋州西北二十里，州至谷四百二十里。晋司马勋出骆谷，破赵戍，壁于悬钩，去长安二百里。按骆谷在长安西南，南口曰傥谷，北口曰骆谷。谷中多反鼻蛇，青攒蛇一名燋尾蛇，常登竹木上，能十数步赟人。人中此蛇者，即须断肌去毒，不然立死。④

骆水，在县城西一里。⑤

西乡，上。武德四年析置洋源县，宝历元年省。有云亭山。⑥ 又西乡县，西北至州一百里。本汉成固县地，蜀先主置南乡，晋武帝改为西乡县。武德元年置洋州，州理在西乡，后移理兴道县。

洋水，东去县八里。⑦

黄金，中。有子午谷路。⑧ 又黄金县西南至州一百三十里。本汉安阳县地，属汉中郡。后魏文帝于此分置黄金县，因黄金水为名。⑨

黄金水，出县西北百亩山黄金谷，南流经县西，去县九里。其谷水陆艰险，语曰："山水艰阻，黄金、子午。"魏遣曹爽由骆谷伐蜀，蜀将王平拒之于兴势山，张旗帜至黄金谷，谓此山也。⑩

故铁城在县西北八十里。城在山上，言其险峻，故以"铁"为名。昔氐帅杨雄当寇汉川，令魏兴太守薛健据黄金戍，姜宝据铁城，宋遣梁州刺史萧思话攻拔之。驿即子午道也，旧道在今金州安康县界，梁将军王神念以旧子午道缘

---

① （唐）李吉甫：《元和郡县图志》卷二二《山南道三》，第 562 页。
② （唐）李吉甫：《元和郡县图志》卷二二《山南道三》，第 562 页。
③ （唐）李吉甫：《元和郡县图志》卷二二《山南道三》，第 562 页。
④ （唐）李吉甫：《元和郡县图志》卷二二《山南道三》，第 562 页。
⑤ （唐）李吉甫：《元和郡县图志》卷二二《山南道三》，第 562 页。
⑥ （宋）欧阳修、宋祁等：《新唐书》卷四〇《地理志四》，第 1034—1035 页。
⑦ （唐）李吉甫：《元和郡县图志》卷二二《山南道三》，第 563 页。
⑧ （宋）欧阳修、宋祁等：《新唐书》卷四〇《地理志四》，第 1035 页。
⑨ （唐）李吉甫：《元和郡县图志》卷二二《山南道三》，第 562 页。
⑩ （唐）李吉甫：《元和郡县图志》卷二二《山南道三》，第 563 页。

山避水，桥梁百数，多有毁坏，乃别开干路，更名子午道，即此路是也。①

真符，中。本华阳，开元十八年析兴道置。天宝三载省。八载开清水谷路，复置，因凿山得玉册，更名，隶京兆府。十一载来属。有太白山、金星洞。②

又贞符县南至州六十里。开元十八年置，初名华阳县，天宝三年废。八年，王鉷奏开清水谷路，复奏置。其年凿山得玉册，因改名贞符县，隶京兆府，十一年以路远，改属洋州。③

右西道采访使，治梁州。④

这一时期的畿内，在高祖至睿宗时期基本的构成条件之外，又增加了共同的等第这一特殊政策，畿甸的核心区即所谓的"三辅州"处于同一监察区内，其他畿内州则分属于其他监察区。在开元时期的畿甸区域中，京兆、同、华、岐、陇、邠、坊、商属于秦内史、西汉三辅旧地，他州则在秦内史、三辅之外，地域范围可能超过了秦内史、西汉三辅。畿甸政区群虽皆为或同于上州，但整体资地尚不及秦内史、西汉三辅。

第二节 玄宗时期畿甸地缘政策的发展演变

畿内政区等第的提高与地域范围的扩大，是这一时期畿甸政策的重要组成部分，它表明玄宗时期的畿甸政策正处于一个历史发展的新阶段。畿甸政策的发展除了提高畿内政区等第与扩大畿内地域范围政策之外，还包括畿甸的监察、选官、环护政策、军事布局等内容。这种政策最大的影响是虽在事实上减轻了畿甸的兵役负担，但客观上弱化了畿甸的军事力量，对玄宗朝中央与地方的关系产生了深远的影响。

一、开元天宝年间的畿甸监察政策

开元初期的畿内仍实行特殊的监察政策。如开元四年（716）七月六日制：

---

① （唐）李吉甫：《元和郡县图志》卷二二《山南道三》，第563页。
② （宋）欧阳修、宋祁等：《新唐书》卷四〇《地理志四》，第1035页。
③ （唐）李吉甫：《元和郡县图志》卷二二《山南道三》，第563页。
④ （宋）欧阳修、宋祁等：《新唐书》卷四〇《地理志四》，第1039页。

"京官及畿内州县，委御史大夫及吏部长官准此详察录奏。"御史大夫、吏部长官详察畿内州县，其他地区则由都督、刺史巡察①，畿内、畿外的监察官员存在较大的区别。此时的畿内多以雍、同、华、岐等州而非以雍州一州为指，故该制称"京官及畿内州县"中的"畿内州"似包括雍州在内的多州。唐代开元初以御史大夫为畿内监察官。御史大夫本是监察朝官的官员。这就表明至少在开元初期，畿内州长官的身份大体同于朝官、由御史大夫监察的特点，但其监察者的官品较睿宗时期的侍御史为高，而畿内也具有朝廷直辖的政治地位。

在开元二十一年置15道采访使后，畿内形成多样化的监察形势：京兆府、同州、华州、岐州、邠州、商州等畿内主体部分隶于京畿采访使，陇、泾二州隶于关内采访使②，金州隶于山南东道采访使，洋州隶于山南西道采访使。③御史中丞任京畿道采访使，治京城中，仍传承着御史大夫监察畿内之制，只是由御史改为御史的副官即御史中丞。如开元二十二年御史中丞卢奂为京畿采访使④，天宝中杨慎矜权判御史中丞充京畿采访使⑤，采访使的身份在诸道中是相当高的。这就决定了畿甸地域是有核心区与非核心区之别的。享受特殊的畿内政策是畿内政区的共同特点，分别监察畿内主体与非主体政区，是畿内政区监察政策的特异之处。

二、开元天宝年间畿甸的任官政策

开元天宝年间，官员出任畿内政区时的官资普遍高于高祖至睿宗时期，畿内政区的政治地位较开元以前有所提高。

---

① （宋）宋敏求：《唐大诏令集》卷一〇四《遣王志愔等各巡察本管内制》，第531页："诸道按察使扬州长史王志愔、广州都督宋璟、益州长史韦抗、博州都督程行谌、汴州刺史倪若水、魏州刺史杨茂谦、灵州都督强循、润州刺史李浚、荆州长史任昭理、秦州都督张嘉贞、洪州都督杨虚受、梁州都督张守洁等，并迈迹垂宪，伟才通识，有其直方，无所回避，宜令各巡本管内。官人有清介独立，可以标映士林，或文吏兼优，可以润益邦政者；百姓中有文儒异等，道极专门，或武力超伦，声侔敌国者：并精加访择，具以名闻。其官人有老弱及久病，妨于政理，并才用劣下，全不称职者，上佐已下，委数纤便停务；其官交要者，便简清勤人权摄。其京官及畿内州，委御史大夫及吏部官长，准此详察录奏。诸道僻远州及岭南道，委数纤量差判官，分道巡按。"
② （宋）欧阳修、宋祁等：《新唐书》卷三七《地理志一》，第967页。
③ （宋）欧阳修、宋祁等：《新唐书》卷四〇《地理志四》，第1034页。
④ （宋）欧阳修、宋祁等：《新唐书》卷一三〇《李尚隐传》，第4500页。
⑤ （五代）刘昫等：《旧唐书》卷一〇五《杨慎矜传》，第3226页。

(一) 京兆尹的选任及其迁转

开元天宝时期京兆尹的选任以尚书省官员为主,出身门下省官员的比例也高于高祖睿宗时期。但官员的任期短,离任后以升阶为主。

1. 由国子祭酒兼东都留守出任及其迁转

宋璟　国子祭酒(从三品)东都留守——京兆尹(从三品)——御史大夫(从三品)

2. 由节度使出任及其迁转

裴伷先　范阳节度使太原尹(从三品)——京兆尹(从三品)——工部尚书(正三品)

3. 由殿中省官员出任及其迁转

1) 李晋　殿中监(从三品)——京兆尹(从三品)伏诛

2) 张去奢　殿中监(从三品)——京兆尹(从三品)——转左金吾卫大将军(正三品)

4. 由尚书六部长官出任及其迁转

1) 崔日用　吏部侍郎(正四品上)——京兆尹(从三品)——吏部尚书(正三品)

2) 裴耀卿　户部侍郎(正四品上)——京兆尹(从三品)——门下省黄门侍郎(正四品上)

3) 萧炅　刑部尚书(正三品)兼京兆尹(从三品)

4) 源光誉　户部侍郎(正四品下)——京兆尹(从三品)

5) 李憕　尚书右丞(从二品)——京兆尹(从三品)——光禄卿(从三品)

5. 由门下省官员出任及其迁转

1) 苏璞　左散骑常侍(从三品)——京兆尹(从三品)

2) 源乾曜　黄门侍郎(正四品上)——京兆尹(从三品)——复为黄门侍郎、同中书门下三品

6. 由大理寺官员出任及其迁转

张暐　大理卿(从三品)——京兆尹(从三品)——太子詹事(正三品),判尚书左右丞(从二品)

7. 由洛州司马出任及其迁转

崔日知　洛州司马（从四品下）——京兆尹（从三品）——因赃被贬

8. 由都督出任及其迁转

李尚隐　广州都督（从二品或正三品）、五府经略使——京兆尹（从三品）——蒲州刺史（从三品）

9. 由州刺史出任及其迁转

韩朝宗　蒲州刺史（从三品）——京兆尹（从三品）——贬高平太守

10. 由御史大夫出任及其迁转

1）王鉷　御史大夫（从三品）兼京兆尹（从三品）

2）杨国忠　御史大夫权京兆尹

11. 由长史出任及其迁转

鲜于仲通　益州长史（从三品）——京兆尹（从三品），得罪杨国忠贬官

12. 由将作监出任及其迁转

李岘　将作监（从三品）兼京兆尹（从三品）——吏部尚书（正三品）①

（二）华州刺史的选任及其迁转

这一时期的华州刺史多由六部长官出任，华州刺史离任后所任之官大多记载不详，应是升迁能够入正史传记者不多。但兵部官员出任华州刺史的比例较贞观时期有所增加。它表明开元天宝时期唐廷对华州军事地位更加重视。

1. 无考者

蒋钦绪

2. 由亲王出任及其迁转

岐王李范　华州刺史（从三品）

3. 由将军出任及其迁转

张知謇　左、右羽林大将军（正三品）——同州刺史（从三品）——华州刺史（从三品）——大理卿（从三品）

---

① 郁贤皓：《唐刺史考全编》卷一《京兆府（雍州上）》，第15—24页。

4. 由县令出任及其迁转

崔隐甫　洛阳令（正六品上）——华州刺史（从三品）——转太原尹（从三品）

5. 由六部长官出任及其迁转

1）赵汉升　尚书左丞（从二品）——华州刺史（从三品）

2）杨玚　户部侍郎（正四品下）——（与宇文融争，出为）华州刺史（从三品）——国子祭酒（从三品）

3）卢绚　兵部侍郎（正四品下）——（李林甫陷害，任）华州刺史（从三品）——太子詹事（正三品）

4）源复　兵部侍郎（正四品下）——华州刺史（从三品）

5）韦恒　郎中（从五品上）——华州刺史（从三品）

6）魏仲犀　（刑部）比部员外郎（从六品上）——华州刺史（从三品）

6. 由太子府官员出任及其迁转

柳泽　太子右庶子（正四品下）——华州刺史（从三品）

7. 由刺史出任及其迁转

1）李尚隐　京兆尹（从三品）——蒲州刺史（从三品）——华州刺史（从三品）——大理卿（从三品）

2）赵冬曦　荥阳刺史（从三品）——华阴郡太守（从三品）

3）赵良弼　陕州刺史（从三品）——华州刺史（从三品）

8. 由出身无考者出任及其迁转

张宥　华州刺史（从三品）——益州长史（从三品）、剑南防御史①

（三）同州刺史的选任及其迁转

玄宗时期由重要的官员出任同州刺史，同州刺史、同州的地位较开元前为高。

1. 由门下省官员出任及其迁转

王琚　太子右庶子（四品下）兼巂州刺史——改同州刺史（从三

---

① 郁贤皓：《唐刺史考全编》卷三《华州（太州、华阴郡）》，第75—80页。

品）——蒲州刺史（从三品）

2. 由六部官员出任及其迁转

1）刘知柔　户部（——?）——同州刺史（从三品）——宋州刺史（从三品）

2）杨滔　吏部侍郎（从三品）——同州刺史（从三品）

3）陆象先　刑部尚书知吏部选事（从三品）——丁忧——起复为同州刺史（从三品）

4）慕容珣　户部侍郎（从三品）——同州刺史（从三品）——秘书监（从三品）

5）韦济　尚书左丞（从二品）——同州刺史（从三品）——仪王傅

3. 由十二卫官员出任及其迁转

张知謇　右羽林大将军（正三品）——同州刺史（从三品）——华州刺史（从三品）

4. 由太子府官员出任及其迁转

解琬　太子宾客（正三品）——同州刺史（从三品）

5. 由地方要员（长史、按察使）出任及其迁转

姚崇　扬州长史（从三品）、淮南按察使——同州刺史（从三品）——兵部尚书（正三品）、同中书门下三品

6. 由刺史出任及其迁转

1）李朝隐　滑州刺史（从三品）——同州刺史（从三品）

2）姜师度　蒲州刺史（从三品）——同州刺史（从三品）

3）源光乘　绛郡太守（从三品）——同州刺史（从三品）——太子詹事（正三品）

4）裴宽　东海太守（正四品上）——同州刺史（从三品）——礼部尚书（正三品）

5）李彭年　济阴太守（正四品下）——同州刺史（从三品）——中书舍人（正五品上)①

---

① 郁贤皓：《唐刺史考全编》卷四《同州（冯翊郡）》，第 115—122 页。

玄宗时期，由朝官出任同州刺史者占多数，同州刺史任后也多入朝为官。这与高祖睿宗时期同州刺史的来源、离任后的去向已经不同。由唐代同州刺史来源的数据看，玄宗朝同州刺史最受重视，具有一般刺史很难具备的职场升迁优势。

（四）岐州刺史的选任及其迁转

1. 离任后出任的情况

1）杨廉　岐州刺史（从三品）——陕王（肃宗）傅

2）崔琇　岐州刺史（从三品）——京兆府醴泉县尉（从九品上）

2. 由太子府官员出任及其迁转

元行冲　太子詹事（正三品）——岐州刺史（从三品）兼关内按察使——右散骑常侍（从三品），东都留守

3. 由刺史出任及其迁转

1）韦凑　汝州刺史（从三品）——岐州刺史（从三品）——将作大匠（从三品）

2）单思远　河南尹（从三品）——岐州刺史（从三品）

3）薛景先　吏部侍郎（正三品上）——虢州刺史（从三品）——岐州刺史（从三品）——吏部侍郎（从三品）卒

4）李择言　相州刺史（从三品）——岐州刺史（从三品）

5）苗晋卿　河东太守（从三品）——岐州刺史（从三品）——工部尚书（正三品）

6）房琯　邺郡太守（从三品）——扶风太守（从三品）——左庶子（正四品上），迁宪部尚书

4. 由大理寺官员出任及其迁转

李朝隐　大理卿（从三品）——岐州刺史（从三品）——扬州大都督府长史（从三品）

5. 由六部长官出任及其迁转

1）萧炅　户部侍郎（从三品）——岐州刺史（从三品）——户部侍郎（从三品）

2) 郑少微　刑部侍郎（从三品）——岐州刺史（从三品）①

玄宗朝多由他州刺史出任岐州刺史，岐州刺史任后多入六部为官，岐州成为地方刺史升任朝官的过渡之地。但岐州刺史的前资总体低于同、华二州，也低于高祖睿宗时期。岐州刺史的任期多不满三年。

（五）邠州刺史的选任及其迁转

这一时期的邠州刺史多由亲王出任，地位比其他畿内州略显崇重，三省官员出任邠州刺史的比例也比其他非畿内核心政区高些。但邠州刺史离任后并未获得更高的政治地位。

1. 由宗室为邠州刺史及其迁转

1) 李守礼（豳王）　邠州刺史（从三品）

2) 李成义（申王）　邠州刺史（从三品）

3) 李业（薛王）　泾州刺史（从三品）——邠州刺史（从三品）

4) 李瓘（许王李素节子）　邠州刺史（从三品）——秘书监（从三品）

5) 李濯（宗室）　坊州刺史（从三品）——邠州刺史（从三品）——贬密州司马（正六品下）

2. 三省官员出任及其迁转

1) 张嘉贞　中书令（正三品）——（因家属之累出为）邠州刺史（从三品）——户部尚书（正三品）

2) 郑温奇　（尚书省）礼部侍郎（从三品）——（转）邠州刺史（从三品）

3) 元彦冲　（门下省）给事中（正五品上）——（贬）邠州刺史（从三品）

3. 由刺史出任及其迁转

段崇简　深州刺史（从三品）——邠州刺史（从三品）——卫州刺史（从三品）②

---

① 郁贤皓：《唐刺史考全编》卷五《岐州（扶风郡凤翔府）》，第152—157页。
② 郁贤皓：《唐刺史考全编》卷六《邠州》，第178—182页。

(六) 坊州刺史的选任及其迁转

1) 段怀简　坊州刺史（从三品）——太子少詹事（正四品上）

2) 李濯　延州刺史（正四品下）——坊州刺史（从三品）——邠州刺史（从三品）

3) 郑愿　金部郎中（从五品上）——坊州刺史（从三品）——亳州刺史（从三品）

4) 罗希奭　殿中侍御史（从六品下）——（贬）坊州刺史（从三品）——始安（桂州）刺史（从三品）

5) 于休烈　（刑部）比部郎中（从五品上）——（受排挤为）中部郡太守（坊州刺史）（从三品）①

(七) 泾州刺史的选任及其迁转

1) 魏靖　易州刺史（从三品）——泾州刺史（从三品）——灵州都督（正三品）

2) 李宪（宋王）　泽州刺史（从三品）——泾州刺史（从三品）

3) 裴参玄　泾州刺史（从三品）——邓州刺史（正四品下）

4) 薛自劝　泾州刺史（从三品）——贬沣州别驾（从五品上）

5) 韦绳　泗州刺史（从三品）——泾州刺史（从三品）——鄘州刺史（从三品）

6) 韦炜　万年县令（正五品上）——泾州刺史（从三品）

7) 尹中庸　平原刺史（从三品）——泾州刺史（从三品）②

(八) 商州刺史的选任及其迁转

1) 侯莫陈涉　湖州刺史（从三品）——商州刺史（从三品）

2) 杨令深　润州刺史（从三品）——商州刺史（从三品）

---

① 郁贤皓：《唐刺史考全编》卷八《坊州》，第 228—230 页。
② 郁贤皓：《唐刺史考全编》卷一三《泾州》，第 276—278 页。

3）陈光　膳部郎中（从五品上）——商州刺史（从三品）

4）薛融　淄州刺史（从三品）——商州刺史（从三品）①

（九）金州刺史的选任及其迁转

1）李成裕　尚书（刑部）都官郎中（从五品上）——金州刺史（从三品）

2）郑璬　正议大夫（正四品上）——金州刺史（从三品）——衢州刺史

3）薛绘　金州刺史（从三品）——密州刺史

4）张九皋　尚书职方郎中（从五品上）——（贬）金州刺史（从三品）

5）苗晋卿　吏部侍郎（从三品）——金州刺史（从三品）——魏郡太守（从三品）②

（十）洋州刺史的选任及其迁转

贾曾　中书舍人（正五品上）——（贬）洋州刺史（从三品）——庆州刺史（正四品下）③

（十一）陇州刺史的选任及其迁转

1）李道坚　果州刺史（正四品上）——陇州刺史（从三品）——吉州刺史（从三品）

2）李守礼（邠王）　虢州刺史（从三品）——陇州刺史（从三品）——晋州刺史（从三品）

3）薛璇　左卫中郎（正四品下）——陇州刺史（从三品）——检校右领军卫将军（从三品）

4）独孤炫　巴州刺史（正四品上）——陇州刺史（从三品）——剑州刺史（从三品）

---

① 郁贤皓：《唐刺史考全编》卷二〇四《商州》，第276—278页。
② 郁贤皓：《唐刺史考全编》卷二〇三《金州》，第2753、2755页。
③ 郁贤皓：《唐刺史考全编》卷二〇九《洋州》，第2834、2835页。

5) 李鐈　施州刺史（正四品下）——陇州刺史（从三品）①

总之，其他畿内州长官的选任及仕途前景较邠州刺史更低，与畿内核心区州府长官的选任及仕途前景也不具可比性，开元天宝时期畿内政区长官的选任及仕途前景极富层次性，是这一时期畿内政区最高长官选任的重要特点。

唐代开元天宝时期，畿内州府形成多由朝官出任刺史的京兆、三辅核心区，及任官来源低于核心区的非核心州郡组成的上州群。但在畿甸的三辅州中，岐州刺史的地位较同、华二州为低。这与开元前的情况并不相同。这是由唐朝皇帝避暑地的变化决定的。在贞观后期，唐朝国力强盛，唐太宗开始大兴土木，在终南山建造"翠微宫"，作为皇帝的避暑行宫。唐太宗晚年多次到此避暑，并最终在翠微宫含风殿病逝。

唐太宗病逝后，翠微宫逐渐荒废，后被改建成翠微寺。到了唐玄宗后期，玄宗将长安城东保存下来的秦汉时期的骊山温泉宫进行了大规模扩建，建造了著名的华清宫。华清宫以冬日温泉闻名，但"腊月近汤泉不冻，夏天临渭屋多凉"②，华清宫既宜度夏又宜过冬，玄宗偶尔一年两度临幸。如《旧唐书·玄宗本纪》记载，天宝八载四月，唐玄宗赴华清宫避暑；同年十月，又赴华清宫避寒。③

唐玄宗曾在宫中专门为自己建造了一所"凉殿"："玄宗起凉殿，拾遗陈知节上疏极谏。上令力士召对。时暑毒方甚，上在凉殿座后，水激扇车，风猎衣襟。知节至，赐坐石榻。阴溜沈吟，仰不见日，四隅积水，成帘飞洒，座内含冻。复赐冰屑麻节饮。陈体生寒栗，腹中雷鸣，再三请起方许，上犹拭汗不已。陈才及门，遗泄狼籍，逾日复。故谓曰：'卿论事宜审，勿以己方万乘也。'"④这些都弱化了岐州在国家政治生活中的重要性。

这一时期唐朝在西北边地设有陇右、朔方节度使，来自西部的吐蕃势力在唐玄宗开元天宝年间屡屡受挫，是关中安全形势最好的历史时期，岐州作为西部军事要地的地位降低。这也是岐州刺史选任形势变化的原因之一。

---

① 郁贤皓：《唐刺史考全编》卷一五《陇州》，第 301、303 页。
② （清）彭定求等：《全唐诗》卷三〇〇《王建〈昭应官舍书事〉》，中华书局 1980 年版，第 3414 页。
③ （五代）刘昫等：《旧唐书》卷九《玄宗本纪下》，第 223 页。
④ （宋）王谠撰，周勋初校证：《唐语林校证》卷四《豪爽》，第 327—328 页。

三、转运江南租税减轻畿甸压力的政策

唐代关中畿甸已经无法完全满足京师所需，开元前即以江淮租税补畿甸供给能力之不足。玄宗时期为转运江淮之粮入关而大兴漕运，《唐会要》卷八七《转运盐铁总叙》："皇朝自武德永徽以后，姜行本、薛大鼎、褚朗皆以漕运上言，然未能通济。其后监察御史王师顺，运晋绛之粟于河渭之间，增置渭桥仓，自师顺始也。"但真正大兴江淮漕运以缓解畿甸压力，则是开元以后之事："开元二年，河南尹李杰为水运使，大兴漕事。""十八年，拜耀卿江淮转运使。耀卿主之三年，凡运六七百石。""二十五年，运米一百万石。"①

转运江淮之粮入关，减轻了畿甸供给的负担，促进了开元天宝时期畿甸社会经济的繁荣发展。但唐代前期江南地区的财富，亦有一部分用于支撑东北边境的军事防御。在安史之乱期间，清河郡"有江淮租布备北军，号'天下北库'。""天下北库"的物资足以支撑起平原、清河二郡"十万众"的消耗。平卢军刘正臣不从判军而归朝，颜真卿"遣贾载越海遗军资十余万"②。当时的剑南是防御吐蕃、南昭的要地，巴蜀财富为防吐蕃也难入关中。唐廷倚重的关外赋税多出河东、河南、河北，入关赋税所出地域较西汉大为缩减。

四、畿内实行禁止移居畿外的"乐住"政策

成书于开元年间的《唐六典》载唐有乐住之制："居狭乡者，听其从宽；居远者，听其从近；居轻役之地者，听其从重。""畿内诸州，不得乐住畿外，京兆、河南府不得住余州。"③从贞观、武周时期禁止或限定移民出关问题的记载看，贞观、武周时期尚未形成乐住制度。武周后之中宗、睿宗两朝朝政混乱，乐住制度应当殊难形成，乐住应是玄宗开元间形成的户口管理制度。畿内州等第的提高与分化、地域范围的扩大、政区监察的多元化及畿内户口乐住制，是唐代开元年间畿内政区改革的主要内容，也是开元前畿内乐住制度在开元间的深化与发展。

---

① （宋）王溥：《唐会要》卷八七《转运盐铁总叙》，第 1881—1882 页。
② （宋）欧阳修、宋祁等：《新唐书》卷一五三《颜真卿传》，第 4855 页。
③ （唐）李林甫等撰，陈仲夫点校：《唐六典》卷三《尚书户部》，第 74 页。

五、京兆、同、华等州府实行科举优惠政策

在唐代开元天宝时期,同、华二州与京兆相似,在科举考试中拥有较大的优势,区域科举政策具有相对同一的特点。唐代长安的中央官学有两监、六学、二馆,地方则是各州各县设立的州县学。《唐摭言》卷一《争解元叩贡院门求试后到附》记载:

> 按《实录》:西监,隋制;东监,龙朔元年所置。已前,进士不由两监者,深以为耻。《李华员外寄赵七侍御诗》,略曰:"昔日萧邵友,四人才成童。"邵后二年擢第,以冤横贬,卒南中。又郭代公、崔湜、范履冰辈,皆由太学登第。
>
> 李肇舍人撰《国史补》亦云:天宝中,袁咸用、刘长卿分为朋头,是时常重两监。尔后物态浇漓,稔于世禄,以京兆为荣美,同、华为利市,莫不去实务华,弃本逐末;故天宝十二载,敕天下举人不得言乡贡,皆须补国子及郡学生。①

但检诸当代通行的唐李肇《唐国史补》版本,《唐国史补》卷下《叙进士科举》并未言及同、华二州在科举中的地位:"开元二十四年,考功郎中李昂,为士子所轻诋,天子以郎署权轻,移职礼部,始置贡院。天宝中,则有刘长卿、袁咸用分为朋头,是时常重东府西监。至贞元八年,李观、欧阳詹犹以广文生登第,自后乃群奔于京兆矣。"②但这至少说明,京兆在唐代科举及第中占有较高的地位。

京兆、同、华等州府长官多来自省部,其与中央朝廷有着密切的人脉联系。科举生源一是官学的生徒,一是地方私学的乡贡。但地方生徒也好,乡贡也罢,二者皆需经过州府的选拔,再举送到礼部参加考试。京兆府、同州、华州堪称科举中的"利市",应与其特殊的州级、长官身份、长官前途密切相

---

① (五代)王定保:《唐摭言》卷一《争解元叩贡院门求试后到附》,中华书局1959年版,第5页。
② (唐)李肇:《唐国史补》卷下《叙进士科举》,上海古籍出版社1957年版,第56页。

关。这在客观上表明朝廷对京兆府、同州、华州实行了较为突出的科举环护政策。畿辅之地被视为天下的"首善之区"。唐代开元天宝时期对京兆、同、华等州府的科举环护政策，也是唐廷建设首善之区的政治需要。

六、以彍骑代替府兵抑制边镇的政策及其失败

在开元天宝时期，随着均田制的破坏，府兵日益贫困，无法维系正常发展："诸州府马阙，官私共补之。今兵贫难致，乃给以监牧马。然自是诸府士益多不补，折冲将又积岁不得迁，士人皆耻为之。"① 当时的府兵已经到了"兵贫难致"，军府无兵可交，士人以成为府兵为耻的地步，甚至出现"以户部印印其臂"②，避免军人逃亡的举动，府兵制已经走到了历史的尽头。开元天宝时期府兵一则难招，二则招而复逃的现象相当严重。

（一）畿甸彍骑的建立与废坏

1. 畿甸地区彍骑的建立

随着府兵制度的失败，募兵制发展起来。《新唐书·兵志》："盖唐有天下二百余年，而兵之大势三变，其始盛时有府兵，府兵后废而为彍骑，彍骑又废，而方镇之兵盛矣。"③ 最初的缘边镇兵有60余万，《旧唐书》卷九七《张说传》："先是，缘边镇兵常六十余万，说以时无强寇，不假师众，奏罢二十余万，勒还营农。玄宗颇以为疑，说奏曰：'臣久在疆场，具悉边事，军将但欲自卫及杂使营私。若御敌制胜，不在多拥闲冗，以妨农务。'""'以陛下之明，四夷畏伏，必不虑减兵而招寇也。'上乃从之。"这60万边兵，应仍属府兵之类，故张说奏罢20余万边军还农。不仅边军如此，当番的府兵也日渐贫弱，且"逃亡略尽"，故张说又罢番卫府兵，招募"逋逃"为"彍骑"。《旧唐书·张说传》：

时当番卫士，浸以贫弱，逃亡略尽。（张）说又建策，请一切罢

---

① （宋）欧阳修、宋祁等：《新唐书》卷五〇《兵志》，第1327页。
② （宋）欧阳修、宋祁等：《新唐书》卷五〇《兵志》，第1330页。
③ （宋）欧阳修、宋祁等：《新唐书》卷五〇《兵志》，第1323页。

之，别召募强壮，令其宿卫，不简色役，优为条例，逃逃者必争来应募。上从之。旬日，得精兵一十三万人，分系诸卫，更番上下，以实京师，其后彍骑是也。①

张说销藩镇之兵与建彍骑是同时进行的。它反映出的问题是，以当时的财政实力，整个国家军队的数量，只能大体维系在 60 万左右。由于对彍骑"优为条件"，故削减的 20 万边兵之费，约略正合 13 万彍骑之资。这应是当时国家财政允许的军事建置。据此，在当时赋税制度下，国家财政收入总额是有限的，军费支出在国家财政中的比重也是较为固定的。所以，张说削减 20 万边军之后招募 13 万彍骑，本质是对开元时期军费总额的再分配。

2. 三辅地区彍骑的兵力与管理

三辅是张说新建的彍骑的主要征发与分布地："开元十二年，张说奏，于三辅拣五尺八兵十二万人，谓之彍骑，置于南衙。每月分番，自此以后，不复简点。"② "（开元）十三年，始以彍骑分隶十二卫，总十二万，为六番，每卫万人。京兆彍骑六万六千，华州六千，同州九千，蒲州万二千三百，绛州三千六百，晋州千五百，岐州六千，河南府三千，陕、虢、汝、郑、怀、汴六州各六百，内弩手六千。"③

开元年间仍坚持畿甸居重驭轻的原则，同、华二州的精兵就被禁止外出防边，《通典》卷二八《职官十·武官上》：开元十一年二月敕："同、华两州，精兵所出，地资辇毂，不合外支。自今以后，更不得取同、华两州兵防。"④

彍骑由尚书左丞与当州长官拣择，后改为由京畿采访使、御使中丞兼知。《唐会要》卷七二《府兵》："（开元）十一年十一月二十日，兵部尚书张说置长从宿卫兵十万人于南衙，简京兆、蒲、同、岐等州府兵及白丁，准尺八例，一年两番，州县更不得杂使役，仍令尚书左丞萧嵩与本州长官同拣择以闻。

---

① （五代）刘昫等：《旧唐书》卷九七《张说传》，第 3053 页。
② （唐）杜佑撰，王文锦等点校：《通典》卷二八《职官十·武官上》，第 782 页。
③ （宋）欧阳修、宋祁等：《新唐书》卷五〇《兵志》，第 1327 页。
④ （唐）杜佑撰，王文锦等点校：《通典》卷二八《职官十·武官上》，第 783 页。

至十三年二月二十一日，始名彍骑，分隶十二卫。十六年二月二十五日，彍骑弓手，宜改为左右羽林骑。二十六年八月十日敕：'三卫当番逢闰，并比诸色，稍亦艰辛。诸每至闰月。取以次番人循环当上，庶免偏并。'二十九年闰四月敕：'应简三卫统彍骑，宜令京畿采访使、御史中丞张倚兼知，不须更别差使。从今已后，使有移改，亦当令一中丞相知勾当。'"①

3. 彍骑的废坏

彍骑兵源以畿甸地域为主，既保持了府兵土著的特点，使彍骑具有较强的本土意识，又便于朝廷对彍骑进行直接控制。但李林甫执政，彍骑之法渐坏。史载："自天宝以后，彍骑之法又稍变废，士皆失拊循。（天宝）八载，折冲诸府至无兵可交，李林甫遂请停上下鱼书。其后徒有兵额、官吏，而戎器、驮马、锅幕、糗粮并废矣，故时府人目番上宿卫者曰侍官，言侍卫天子；至是，卫佐悉以假人为童奴，京师人耻之，至相骂辱必曰侍官。而六军宿卫皆市人，富者贩缯彩、食粱肉，壮者为角抵、拔河、翘木、扛铁之戏，及禄山反，皆不能受甲矣。"②

（二）畿甸彍骑发展演变的原因

杜牧《原十六卫》谈到了开元天宝时期产生这种变化的原因："至于开元末，愚儒奏章曰：'天下文胜矣，请罢府兵。'诏曰：'可。'武夫奏章曰：'天下力强矣，请搏四夷。'诏曰：'可。'于是府兵内铲，边兵外作，戎臣兵伍，湍奔矢往，内无一人矣。起辽走蜀，缭络万里，事五强寇，十余年中，亡百万人，尾大中干，成燕偏重。而天下掀然，根萌烬燃，七圣旰食，求欲除之且不能也。"③府兵的弱化，是开元年间"文胜"的结果，是文武分职现象的必然产物。

《唐会要》也记载了天宝末"修文教，废武备"之事："天宝末，天子以中原太平，修文教，废武备，销锋镝，以弱天下豪杰。于是挟军器者有辟，蓄图谶者有诛，习弓矢者有罪，不肖子弟为武官者，父兄摈之不齿。惟边州

---

① （宋）王溥：《唐会要》卷七二《府兵》，第1538页。
② （宋）欧阳修、宋祁等：《新唐书》卷五〇《兵志》，第1327—1328页。
③ （唐）杜牧：《樊川文集》卷五《原十六卫》，第90页。

置重兵，中原乃包其戈甲，示不复用，人至老不闻战声。六军诸卫之士，皆市人白徒，富者贩缯彩，食粱肉，壮者角抵拔河，翘木扛铁，日以寝斗，有事乃股栗不能授甲。其后盗乘而反，非不幸也。"①

从以上彍骑建置形势的演变过程看，唐廷不是没有控御地方藩镇的畿甸军事机制，而是在执行畿甸军事建置的过程中出现了无法制御藩镇的问题。畿甸彍骑军力无法维系，是唐代开元天宝时期，边军发展挤掉彍骑"经费"的结果。《通典》卷一四八《兵一·兵序》：

> 开元初，每岁边费约用钱二百万贯，开元末已至一千万贯，天宝末更加四五百万矣。按兵部格，破敌战功各有差等，其授官千缣一二。天宝以后，边帅怙宠，便请署官，易州遂城府、坊州安台府别将、果毅之类，每一制则同授千余人，其余可知。虽在行间，仅无白身者。关辅及朔方、河陇四十余郡，河北三十余郡，每郡官仓粟多者百万石，少不减五十万石，给充行官禄。暨天宝末，无不罄矣。糜耗天下，若斯之甚。于是骁将锐士、善马精金，空于京师，萃于二统。②

开元天宝时期国家军事建置形势之所以转移，除去受均田制、国家财政等因素的影响之外，中原地区的畸形的尚文轻武之风，同样是造成彍骑衰败的主要原因，《通典》卷一五《选举三》对此记载道："开元以后，四海晏清，士无贤不肖，耻不以文章达。"③ 这种重文之风影响到仕人的政治心态，就是对内地军事发展的忽视。小者则是"子弟为武官，父兄摈之不齿"，大者则是疏于对畿内军事的管理，彍骑的日渐衰败与此不无关系。

唐代前期的畿内还有农忙归农，农闲训练，缓则为农，急则为兵的地方性质的团结兵。《唐六典》卷五《尚书兵部》："关内团结兵，京兆府六千三百二十七人，同州六千七百三十六人，华州五千二百二十三人，蒲州二千七

---

① （宋）王溥：《唐会要》卷七二《军杂录》，第 1539—1540 页。
② （唐）杜佑撰，王文锦等点校：《通典》卷一四八《兵一·兵序》，第 3780 页。
③ （唐）杜佑撰，王文锦等点校：《通典》卷一五《选举三·历代制下·大唐》，第 357—358 页。

百三十五人。(选丁户殷赡、身材强壮者充之,免其征赋,仍许在家常习弓矢,每年差使依时就试。)"① 这2万余人的团结兵有固定的名额,属于长期设置的团结兵。② 这些团结兵至少在形式上保持了畿内较为强大的军事势力。但中央禁军都相对虚弱的形势下,这些团结兵恐怕缺乏必要的战斗力。

简言之,唐玄宗开元天宝年间,朝廷直接掌控的畿甸军事力量已经大为弱化,朝廷并未建立起能够有效控御边地的畿甸军事力量。畿甸军事力量原则上是控御内外的国之根本,但事实上唐玄宗在边地建立方镇之后,畿甸控御外敌的职责委任于藩镇,而控御藩镇的军事实力并未建立起来。

七、实行统一赈恤、减免赋役的畿甸政策

由于三辅在地域上的共域性,三辅各地往往同时发生天灾,赋役负担沉重也是三辅共同的地区特点,朝廷对三辅实行统一赈恤与免役政策。如《全唐文》卷三四《玄宗〈赈岐华等州敕〉》:"如闻三辅近地,豳陇之间,顷缘水旱,素不储蓄,嗷嗷百姓,已有饥者。方春阳和,物皆遂性,岂可为之君上,而令有穷愁。静言思之,遂忘寝食。宜令兵部员外郎李怀让、主爵员外郎慕容珣分道,即驰驿往岐、华、同、豳、陇等州指宣朕意。"③《全唐文》卷三五《玄宗〈自东都还至陕州推恩敕〉》:"京兆及岐、同、华三州,畿辅之间,百役所出,至于征镇,又倍余州,其今年租,并依本州纳。其脚纵已支入京,亦令所司计折酬还。""使近甸之内,咸有赖焉。"④

总之,这一时期畿甸政策最大的变化,就是由于特殊的近畿州的等第政策,促成开元天宝时期的畿内地域范围的扩大。但在如此大的政区范围内,京兆、同、华、岐等府州核心区在构成、管理上,对唐代高祖至睿宗时期的畿甸建构仍然具有较强的传承性,和其他畿内政区也存在着明显的区别。换言之,畿内区域具有特定的层次分化性,畿甸军事虽然不似以前强大,畿内居重驭轻的军事建置大为弱化,但唐廷存在居重驭轻的政治理念则是不可否

---

① (唐)李林甫等撰,陈仲夫点校:《唐六典》卷五《尚书兵部》,第157页。
② 张国刚:《唐代团结兵问题辨析》,《历史研究》1996年第4期。
③ (清)董诰等:《全唐文》卷三四《玄宗〈赈岐华等州敕〉》,第373页。
④ (清)董诰等:《全唐文》卷三五《玄宗〈自东都还至陕州推恩敕〉》,第389—390页。

认的。开元天宝时期的畿甸虽然实行某种程度的环护政策，但整体环护政策缺失、畿甸地位低于西汉的特点相当突出。

第三节　开元天宝年间畿甸政策的地缘影响

唐代开元年间州县等级的增加，便利了州县官员的迁转叙用。兵制的变化也对畿甸社会发展产生了较大的影响。这些因素对畿内政治地位、军事形势、近畿教育及畿甸的协调管理具有不可忽视的作用。这些影响、作用又反映了开元天宝年间州县等第制度改革、扩大畿内地域目的的多样性与复杂性，揭示了这一时期畿内政区改革具有深刻的时代背景，使开元天宝年间的畿甸政区形成了新地缘特点。

一、强化了畿内治理力量，提高了畿内政治地位

在开元前的畿内 5 州中，京师所在的雍州领县最多，户口是他州总和的数倍，西汉三辅郡约略平均的户口配置形势不复存在。在畿甸的贡物之中，雍州也是物产最为丰富的地区。《唐会要》卷七〇《量户口定州县等第例》："《武德令》，三万户已上为上州。《永徽令》，二万户已上为上州。至显庆元年九月十二日，敕：户满三万已上为上州，二万已上为中州，先已定为上州中州者，仍旧。"① 唐高祖至睿宗时期畿内州县有不同的等第规定。

《旧唐书·地理志》所载"旧领"户口，指贞观十三年大簿所载的户口。② 按武德、永徽、显庆令，唐代贞观年间雍州、同州、岐州皆为上州，华州、邠州的等第则没有明确的记载。雄、望、辅等可能是开元年间的州的等第规定，开元前至少尚无辅类州的等第的出现。这就在开元前形成华、邠二州虽然政治地位特殊，但州与官员等级较低的形势；畿内诸州虽然区位特点重要，但除雍州之外并没有什么特殊的政治地位。开元年间量定、增加州县等

---

① （宋）王溥：《唐会要》卷七〇《量户口定州县等第例》，第 1457 页。
② 文媛媛：《新旧〈唐书·地理志〉各州领县户口系年考——从州县建置的角度》，《中南大学学报》（社会科学版）2014 年第 3 期。

第的活动，直接扩大了畿内官员的叙用量，同时提高了畿内州的政治等第。辅、雄、望、紧迁转等第之州，职官、属员设置是按"同上州"的标准设置的。

按《唐六典》，唐代上州属员 160 人：刺史一人，从三品。别驾一人，从四品下；长史一人，从五品上；司马一人，从五品下。录事参军事一人，从七品上；录事二人，从九品上；史三人。司功参军事一人，从七品下；佐三人；史六人。司仓参军事一人，从七品下；佐三人；史六人。司户参军事二人，从七品下；佐三人；史七人；帐史一人。司兵参军事一人，从七品下；佐三人；史六人。司法参军事二人，从七品下；佐四人；史八人。司士参军事一人，从七品下；佐三人；史六人。参军事四人。执刀十五人。典狱十四人。问事八人。白直二十人。市令一人，从九品上；丞一人；佐一人；史二人；帅三人；仓督二人；史四人。经学博士一人，从八品下；助教二人；学生六十人。医学博士一人，正九品下；助教一人；学生十五人。

中州属员 101 人：刺史一人，正四品上。别驾一人，正五品下；长史一人，正六品上；司马一人，正六品下。录事参军事一人，正八品上；录事一人，从九品下；史二人。司功参军事一人，正八品下；佐二人；史四人。司仓参军事一人，正八品下；佐二人；史四人。司户参军事一人，正八品下；佐三人；史五人；帐史一人。司兵参军事一人，正八品下；佐三人；史四人。司法参军事一人，正八品下；（兼掌司士事。）佐三人；史六人。参军事三人，正九品下。执刀十人。典狱十二人。问事六人。白直十六人。市令一人；丞一人；佐一人；史二人；帅二人；仓督二人；史三人。经学博士一人，正九品上；助教一人；学生五十人。医学博士一人，从九品下；助教一人；学生十二人。

下州属员 82 人：刺史一人，正四品下。别驾一人，从五品上；司马一人，从六品上。录事参军事一人，从八品上；录事一人，从九品下；史二人。司仓参军事一人，从八品下；（兼掌司功事。）佐二人；史四人。司户参军事一人，从八品下；（兼掌司兵事。）佐三人；史五人；帐史一人。司法参军事一人，从八品下；（兼掌司士事。）佐二人；史四人。参军事二人，从九品下。执刀十人。典狱八人。问事四人。白直十六人。市令一人；佐一人；史一人；帅二人；仓督一人；史二人。经学博士一人，正九品下；助教一人；学生四十人。医学博士一人，从九品下；学生一十人。①

开元年间 6 个畿内州同于上州，至少增叙 354 员官；2 州由下州升为上州，增叙 156 员官，8 州共增叙 510 员官。这种同上州的制度规定，在扩大了畿内官员叙用量的同时，也强化了畿内州县的治理力量。畿内州的高迁转等第、开元四年三辅次赤县的量定及畿内州并同上州的规定，进一步突出了畿内政区的全国的政治核心的地位。但开元时期畿内州同于上州的规定，增加了畿内州的财政负担。

二、对畿内核心区的监察力度大于其他地域

有学者研究指出，畿内刺史具有位卑权重的特点——都畿采访使本官：御史中丞；京畿采访使本官：御史中丞；关内道采访使本官：华州刺史。两畿乃以位卑权重之京官领之；畿外诸道则以位高势大的地方官领之②；华州刺史的地位较同、岐为重。这些都是相当有见地的研究结论。它表明，当时畿内核心区的监察力度大于其他地域，华州刺史的监察权又大于其他关内之州。但作者又言"京畿"当包括京兆府（雍州）、华州、同州、岐州四州，且一直持续到天宝末。金、商二州属于京畿道，是安史之乱初起时的军事策略。③这种"京畿"之称既与京畿道地域不同，又不同于专指京师的京兆府。这些认知上的模糊表明学界并未形成明确的"京畿"概念。

三、促进畿内教育的发展与科举优势的形成

特殊的州郡等第、地位代表着特殊的权益。唐代开元年间上、中、下州置经学博士、助教、医学博士各 1 人，但上州经学、医学生员 75 人，中州 62 人，下州 50 人。④ 中州同上州之制，至少扩大生员 78 人。下州同上州之制，扩大生员 50 人。畿内辅、州共增生员 128 人，促进了地方教育的发展。唐代参加科举的生员有官学生徒和私学乡贡两类。开元二十五年二月敕，上州岁

---

① （唐）李林甫等撰，陈仲夫点校：《唐六典》卷三〇《三府督护州县官吏》，第 745—746 页。
② 罗凯：《唐前期道制研究——以民政区域性质的道为中心》，复旦大学 2009 年硕士学位论文。
③ 罗凯：《唐前期道制研究——以民政区域性质的道为中心》，第 85 页。
④ （唐）李林甫等撰，陈仲夫点校：《唐六典》卷三〇《三府督护州县官吏》，第 745、746 页。

贡3人，中州2人，下州1人。① 开元年间畿内州并同上州，一则使畿内辅、州增贡生10人，形成一定程度的选举优势。但该敕令又规定岁贡之时，"必有才行，不限其数"②，具体的岁贡人数有较大的伸缩性。

在高祖至睿宗时期，畿内州在科举贡士方面并无特殊的环护政策，仅按州郡举送名额规定，举送生徒、乡贡参加科举考试："大唐贡士之法，多循隋制。上郡岁三人，中郡二人，下郡一人，有才能者无常数。"③ 不同的州郡等第代表着特殊的贡举权利。同、华二州在开元辅州中的特殊地位，使其举送的名额可能更多、及第概率更大，二州成为与京兆并列的选举"利市"："同、华解最推利市，与京兆无异，若首送，无不捷者。"④ 武宗会昌五年（845）规定同、华二州岁贡进士30人，员额与作为最高官学的两监无异，比次一级举送政区多2倍，反映的就是这种选举形势的存在。⑤ 开元年间畿内政治地位的提高，极大地强化了同、华二州的选举优势。《全唐文》卷七六《授崔琪同平章事制》："三辅宏取则之风，四方禀承流之化。"⑥ 为塑造畿内政区的风化形象，唐廷采取政治手段提高畿内的科举优势，应是京兆府、同州、华州为"利市"的根本原因，是唐代政治需要塑造的一个并非基于文化发展基础之上的教育发展的特殊现象。

四、强化了畿甸内地域资源的协调统一管理

开元年间，唐廷强化了对畿内水利资源的协调管理。如畿内华州与陕州水系相连，开元二年诏陕州刺史姜师度于华州华阴县开敷水渠；四年，开利俗渠、罗文渠溉田，又立堤以捍水害⑦，陕州刺史成为华州与陕州地域水利建设的协调者；天宝三载（744），左常侍兼陕州刺史韦坚在长安与华阴之间开渠运米。⑧ 又如，唐廷以京兆长官协调管理京师与近畿州的水利冲突，开元年

---

① （五代）王定保：《唐摭言》卷一《贡举厘革并行乡饮酒》，第1页。
② （五代）王定保：《唐摭言》卷一《贡举厘革并行乡饮酒》，第1页。
③ （唐）杜佑撰，王文锦等点校：《通典》卷一五《选举三·历代制下·大唐》，第353页。
④ （五代）王定保：《唐摭言》卷二《争解元》，第17页。
⑤ （五代）王定保：《唐摭言》卷一《会昌选举格文》，第1、5页。
⑥ （清）董诰等：《全唐文》卷七六《授崔琪同平章事制》，第798—799页。
⑦ （宋）欧阳修、宋祁等：《新唐书》卷三七《地理志一》，第964页。
⑧ （唐）李吉甫：《元和郡县图志》卷二《关内道二》，第35页。

间京兆尹李元纮协调管理三辅水利:"诸王公权要之家,皆缘渠立硙,以害水田,元纮令吏人一切毁之,百姓大获其利。"①

在协调管理畿内水利事务之外,畿内还实行大体同步的减省徭赋政策。如开元二十二年蠲省畿内有损田处,"州县不急之务,差科徭役并积年欠负等,一切并停。其今年租八等以下,特宜放免。"② 天宝十载敕令言"京兆府及三辅郡,百役殷繁。自今以后,应差防丁屯丁,宜令所由,支出别郡。"③ 天宝十四载诏"天下府县百姓,去载有损交不支济者,仰所由审勘责,除有仓粮之外,仍便据籍地顷亩量与种子。京兆府及华阳、冯翊、扶风等郡,既是近辅,须别优矜。"④ 这也在一定程度上促进了畿内管理的一体化形势。

五、仍无法改变畿甸地区民贫的地缘特性

开元天宝年间的畿甸,仍然存在着民贫现象。畿甸民贫首先仍是畿内人多地少造成的人地矛盾的结果:"京畿地狭,人户殷繁,计丁给田,尚犹不足。"⑤ "三辅近地","素不储蓄。"⑥ 人口从畿内狭乡迁往宽乡,是解决人地矛盾的主要手段之一。乐住之制使畿内人地紧张关系无从解决,帝京、三辅地区农民生计的改善是当时无解的难题。

其次,传统的均田制、租庸调制之弊,造成畿甸地域民生的贫困。均田制与租庸调制是唐代前期基本的土地与赋税制度。这些制度虽然在武则天时期已严重破坏,但它仍然维系着正常运行的形式,租庸调制成为对普通民众的超强制性经济剥削。至唐玄宗开元天宝时期,均田制及租庸调制成为畿内百姓贫困的重要原因。

府兵服役其间免其一人租庸。这一时期的府兵制实废而未废,但开元年间边将讳败而不言府兵之死,故版籍未除死者之名。在国家财政紧张的形势

---

① (五代)刘昫等:《旧唐书》卷九八《李元纮传》,第 3073—3074 页。
② (宋)王钦若等编,周勋初等校订:《册府元龟》(校订本)卷四九〇《邦计部·蠲复第二》,第 5559 页。
③ (宋)宋敏求:《唐大诏令集》卷六八《天宝十载南郊赦》,第 381 页。
④ (宋)王钦若等编,周勋初等校订:《册府元龟》(校订本)卷一〇五《帝王部·惠民第二》,第 1154 页。
⑤ (清)董诰等:《全唐文》卷三六《玄宗〈定京畿职田敕〉》,第 393 页。
⑥ (清)董诰等:《全唐文》卷三四《玄宗〈赈岐华等州敕〉》,第 373 页。

下,"计臣"利用虚废的府兵制,征收无名的租庸调,这又成为对畿甸民生的重压。《唐会要》卷八三《租税上》:

> 旧制,人丁戍边者蠲其租庸,六岁免归。玄宗方事夷狄,戍者多死不返,边将怙宠而讳败,不以死申,故其贯籍之名不除。至天宝中,王鉷为户口使,方务聚敛,以丁籍且存,则丁身焉往?是隐课而不出耳。遂按旧籍,计除六年之外,积征其家三十年租庸。天下之人,苦而无告。则租庸之法弊久矣。①

这里所谓的"人丁戍边者"应指府兵类人员。府兵类人员又以关中为多,故天宝中王鉷积征的三十年租庸中,畿内应是积欠租庸的主要地区。这在很大程度上表明,至少在天宝时期,国家财政来源发生了较大的变化,租庸调制已经长时期未曾严格地执行过。

第三,赋役负担仍然相对繁重,是造成畿甸民贫的重要原因之一。唐代开元天宝时期京兆、三辅赋役仍重:"京畿近辅,百役所出,虽庶务简省,终异于诸州"②,"京畿之内,杂役殷繁。"③ "京兆及岐、同、华三州,畿辅之间,百役所出,至于征镇,又倍余州。"④ "京兆府及三辅郡,百役殷繁。"⑤ "百姓屡空","差科徭役积年欠负"。⑥ 畿甸赋役方面的环护政策总体处于缺失的状态。但据史料记载,"凡赋役之制有四:一曰租,二曰调,三曰役,四曰杂徭。开元二十三年敕:以为今天下无事,百姓徭役,务从减省,遂减诸司色役一十二万二百九十四人。"⑦ 开元二十三年之后的畿内地域,赋役负担应相对较轻。

但随着天下安定及募兵制的发展,开元二十五年之后,出现了"州郡之

---

① (宋)王溥:《唐会要》卷八三《租税上》,第1819页。
② (宋)宋敏求:《唐大诏令集》卷二九《开元二十六年册皇太子赦》,第104页。
③ (清)董诰等:《全唐文》卷二四《玄宗〈春郊礼成推恩制〉》,第276页。
④ (清)董诰等:《全唐文》卷三五《玄宗〈给复京畿关辅敕〉》,第390页。
⑤ (宋)宋敏求:《唐大诏令集》卷六八《天宝十载南郊赦》,第381页。
⑥ (清)董诰等:《全唐文》卷三五《玄宗〈给复京畿关辅敕〉》,第387页。
⑦ (宋)王溥:《唐会要》卷八三《租税上》,第1813页。

间永无征发之役"的形势。《唐六典》卷五《尚书兵部》载:"开元二十五年敕,以为天下无虞,宜与人休息,自今已后,诸军镇量闲剧、利害,置兵防健儿,于诸色征行人内及客户中召募,取丁壮情愿充健儿长住边军者,每年加常例给赐,兼给永年优复;其家口情愿同去者,听至军州,各给田地、屋宅。人赖其利,中外获安。是后,州郡之间永无征发之役矣。"①

这在一定程度上减轻了畿内的赋役负担,对畿内社会发展起到了积极的作用。《新唐书》卷五三《食货志三》载:"是时,民久不罹兵革,物力丰富。"② 杜甫《忆昔》:"忆昔开元全盛日,小邑犹藏万家室。稻米流脂粟米白,公私仓廪俱丰实。九州道路无豺虎,远行不劳吉日出。齐纨鲁缟车班班,男耕女桑不相失。宫中圣人奏云门,天下朋友皆胶漆。百余年间未灾变,叔孙礼乐萧何律。"

玄宗时期全国人口的平均年寿59.94岁③,较高祖至睿宗时期有所提升。这反映出开元天宝时期经济形势普遍好转。畿甸地域虽然仍以赋役沉重见称,但赋役相对较轻的现象还是可以肯定的。随着均田制、租庸调制的破坏,与之密切相关的户籍管理松弛,大量新增户口未成为纳税对象④,也在客观上减轻了畿甸的赋税负担,促进了畿甸经济的"虚假"繁荣。畿甸地域即使赋役负担减轻,但仍重于其他非政治核心区。据相关统计,这一时期河北地域人口的平均年寿约为66.58岁。⑤ 这种赋役负担在地区间的差异,是造成地域经济生活水平差异、年寿有别的重要原因。

第四,官府、官员扰民也是造成畿甸民贫的重要原因,这其中就包括公廨钱、职田与民争利的扰民现象。"开元十年,中书舍人张嘉贞又陈其(公廨钱)不便,遂罢天下公廨本钱,复税户以给百官;籍内外职田,赋逃还户及

---

① (唐)李林甫等撰,陈仲夫点校:《唐六典》卷五《尚书兵部》,第156—157页。
② (宋)欧阳修、宋祁等:《新唐书》卷五三《食货志三》,第1366页。
③ 关珊珊:《唐前期人口死亡年龄研究——以墓志资料为研究中心》,南京师范大学2010年硕士学位论文。
④ (宋)王溥:《唐会要》卷八三《租税上》,第1819页:"(建中元年)八月,宰相杨炎上疏奏曰:国家初定令式,有租赋庸调之法。至开元中,玄宗修道德,以宽仁为治本,故不为版籍之书,人户寖溢,堤防不禁。丁口转死,非旧名矣;田亩移换,非旧额矣;贫富升降,非旧第矣。户部徒以空文,总其故书,盖非得当时之实。"
⑤ 顾乃武:《战国至唐之河北风俗研究》,第72页。

贫民；罢职事五品以上仗身。十八年，复给京官职田。州县籍一岁税钱为本，以高户捉之，月收赢以给外官。复置天下公廨本钱，收赢十之六。十九年，初置职田顷亩簿，租价无过六斗，地不毛者亩给二斗。"① 官员在畿甸添置的寄庄，也存在侵夺民田的现象，"郡县官人，多有任所寄庄，言念贫弱，虑有侵损。先已定者，不可改移。自今已后，一切禁断。"②

不仅如此，畿甸地区还存在官员、富豪侵夺百姓口分、永业田的情况。《全唐文》卷三三《玄宗〈禁官夺百姓口分永业田诏〉》："闻王公百官，及富豪之家，比置庄田，恣行吞并，莫惧章程。借荒者皆有熟田，因之侵夺；置牧者惟指山谷，不限多少。爰及口分永业，违法卖买，或改籍书，或云典贴，致令百姓，无处安置。乃别停客户，使其佃食，既夺居人之业，实生浮惰之端。远近皆然，因循亦久，不有厘革，为弊虑深。"③

官府在畿甸地区置牧地侵占民田，同样影响到畿甸民生的正常发展，故玄宗时期颁布诏令，规定"两京去城五百里内，不合置牧地。地内熟田，仍不得过五顷已上十顷已下。其有余者仰官收。""自今已后，更不得违法买卖口分永业田，及诸射兼借公私荒废地。无马妄请牧田，并潜停客户有官者私营农，如辄有违犯，无官者决杖四十，有官者录奏取处分。"④

第五，权势之家对当地农业经济的发展也产生过不利的影响。如王公寺观碓硙影响三辅民田水利。《唐会要》卷八九《碓硙》："开元九年正月，京兆少尹李元纮奏疏三辅诸渠：王公之家，缘渠立碓，以害水功，一切毁之。百姓大获其利。至广德二年三月，户部侍郎李栖筠、刑部侍郎王翊、充京兆少尹崔昭，奏请拆京城北白渠上王公寺观碓硙七十余所，以广水田之利，计岁收粳稻三百万石。"⑤

最后，畿内州按上州计，增加了畿内原不属于上州行政单位的俸料负担。正税之外额外的进奉也增加了畿辅财政负担。《全唐文》卷三二一《李华〈故

---

① （宋）欧阳修、宋祁等：《新唐书》卷五五《食货志五》，第1398—1399页。
② （清）董诰等：《全唐文》卷三三《玄宗〈禁官夺百姓口分永业田诏〉》，第365页。
③ （清）董诰等：《全唐文》卷三三《玄宗〈禁官夺百姓口分永业田诏〉》，第365页。
④ （清）董诰等：《全唐文》卷三三《玄宗〈禁官夺百姓口分永业田诏〉》，第365页。
⑤ （宋）王溥：《唐会要》卷八九《碓硙》，第1924页。

相国兵部尚书梁国公李岘传〉》：玄宗幸温汤，"每冬为恒，畿辅进奉万计。"①
这些都是造成开元天宝年间畿甸贫困的重要原因。

六、开元天宝年间军事控驭政策的失败

吐蕃作为中国西部主要的少数民族，隋代以前虽已存在但并未与中原政权发生过较大的冲突。随着吐蕃势力的逐渐发展，唐高祖睿宗时期，吐蕃势力已经发展为中原政权的边患。突厥在开元天宝时期衰落，唐的边事主要针对吐蕃和契丹。唐代开元天宝年间畿甸军事建置最大的特点，是虽然扩大了畿甸军事防御的地域范围，但畿甸的军事实力却形成了相对弱化的形势。

（一）从理论上强化了京兆的军事防御体系

开元前畿内同、华、岐三州，是以京畿为中心的东西军事要地。开元年间畿内的邠州、坊州，是关中地区从西北、东北进入长安的要冲②，商州是从东南进入长安的要道③，金④、洋⑤、泾、陇⑥则是次于上述诸州的入京要道。邠、坊、商、金、洋、泾、陇划入畿内，使京兆的防御体系更加严密。唐代开元年间有都督府，边疆地区有藩镇。扩大畿内政区的规模，提高畿内的政治地位，强化畿内的军事防御能力，适应地方军政形势的变化，应是开元年间畿甸防御体系改革的重要背景，也是唐代前期平衡中央与地方关系的努力。

（二）形成了三辅政区军事功能的分工

三辅之中的华州因潼关的存在，形成了较为特殊的军政地位，这在隋代就是如此。《隋书》卷二八《百官下》："置京辅都尉，从三品，立府于潼关，主兵领遏，并置副都尉，从四品。"⑦ 这可能是沿自西汉的传统，西汉时期的

---

① （清）董浩等：《全唐文》卷三二一《李华〈故相国兵部尚书梁国公李岘传〉》，第3254页。
② 严耕望：《唐代交通图考》第一卷《图六·唐代关内道交通图》，上海古籍出版社2007年版，第294—295页夹图。
③ 严耕望：《唐代交通图考》第三卷《图十一·唐代秦岭山脉东段诸谷道图》，第804—805页夹图。
④ 严耕望：《唐代交通图考》第三卷《图十一·唐代秦岭山脉东段诸谷道图》，第804—805页夹图。
⑤ 严耕望：《唐代交通图考》第三卷《图十一·唐代秦岭山脉东段诸谷道图》，第804—805页夹图。
⑥ 严耕望：《唐代交通图考》第一卷《图六·唐代关内道交通图》，第294—295页夹图。
⑦ （唐）魏徵等：《隋书》卷二八《百官下》，第802页。

京辅都尉即治华阴。《三辅黄图校证》卷一《三辅治所》载："京辅都尉，治华阴。"① 《唐会要》卷七八《诸使中·诸使杂录上》开元十一年二月二十九日敕："同、华两州，精兵所出，地资辇毂，不合外支。自今已后，更不得取同、华兵防秋，容其休息。"② 这就在三辅之中，形成了同、华两州专司京师东部防御，岐州重在京师西部防御的布防格局。

（三）三辅的军事力量不足以控驭边镇

随着均田制、府兵制的破坏，唐玄宗时普遍实行募兵制。招募而来的士卒长期驻守边疆，与边将关系密切，因而极易成为边将的私人武装，边将的权力也在逐渐加强。睿宗景云元年（710），开始在边地设节度使。至天宝元年（742）时，共设平卢、范阳、河东、朔方、河西、陇右、北庭、安西、剑南等九节度使及岭南经略使。他们各领兵二三万至八九万，并由起初只管军事发展到兼管行政、财政，集大权于一身，成为强大的地方势力。朝廷直接掌握的武力大为削弱。代替府兵的彍骑缺乏训练，战斗力差，无论数量、质量都远逊于节度使的武力。

综观唐代历史，初唐时期军事部署"内重外轻"，统治者居关中以治天下；迫于边防压力，唐朝的军事部署逐渐向"内轻外重"转变，边境地区尤其是河北幽州地区军事力量膨胀，为天宝之乱埋下了隐患。"安史之乱"后，中央政府逐渐吸取教训，在军事部署上采取制衡策略，统治者还在关中地区、河南地区设置节度使，防范河北地区藩镇势力的发展。这种以藩镇制藩镇的政策，应是"安史之乱"后唐王朝能够存续一百多年的主要原因之一。

---

① 陈直校证：《三辅黃图校证》卷一《三辅治所》，陕西人民出版社1980年版，第4页。
② （宋）王溥：《唐会要》卷七八《诸使中·诸使杂录上》。

第四章　唐肃代德时期关中畿甸政区群的重构

唐肃宗、代宗、德宗三朝处于从平定安史之乱到恢复政权稳定的历史阶段。开元天宝时期的畿甸政区建构形式在这一阶段已经瓦解，但畿甸核心区建构的实质不仅未变而且被赋予新的内涵。藩镇形势的发展是肃代德时期畿甸政区建构演变的重要原因。但这一时期的"畿内"多指京兆府辖区，政区群性的"畿内"称号已不见记载，"畿内"的内涵出现了较大的变化。无论政区建置如何变化，与其他藩镇级地方一级政区建构形式相异，或由单构型藩镇及州级道混合构成的一级政区群，仍是畿甸政区的重要特点。

第一节　肃代德时期藩镇及州郡等第的变化

"方镇"（藩镇）一词在唐代有双重涵义，它"既指一类特殊的地方使职，也兼指该使职所涵盖的权限范围"[1]。安史之乱后唐廷广建藩镇，藩镇成为唐代具有准政区性质的地方一级政权。唐代开元时期畿内政区的发展与演变，是与州郡等第制度的变化直接相关的。唐后期藩镇这一地方行政区划或准行政区划的广泛建立，首先涉及的就是政区的分类与重新规划政区等第问

---

[1] 赖青寿：《唐后期方镇建置沿革研究》，复旦大学1999年博士学位论文。

题。弄清这两个问题，是辨析肃代德时期畿甸政区结构的前提条件。

一、唐后期的"道"与节度使、观察使、防御使及朝廷直属州的关系

在我们对唐代后期地方政区的认识中，藩镇与直属于朝廷的州府是唐后期地方一级行政区划。但事实上唐人所称的唐代后期的地方一级行政区划统称为"道"。唐后期不少诏令是直接向"诸道"颁布的，最典型的如《资治通鉴》载会昌五年（845）中书门下毁佛奏文"天下诸道共五十处，四十六道合配三等"：

> 《实录》："中书门下奏请上都、东都两街各留寺十所，每寺留僧十人，大藩镇各一所，僧亦依前诏。敕上都、东都每街各留寺两所，每寺僧各留三十人。中书门下奏：'奉敕，诸道所留僧尼数宜令更商量，分为三等：上至二十人，中至十人，下至五人。今据天下诸道共五十处，四十六道合配三等：镇州、魏博、淮南、西川、山南东道、荆南、岭南、汴宋、幽州、东川、鄂岳、浙西、浙东、宣歙、湖南、江西、河南府，望每道许留僧二十人；山南西道、河东、郑滑、陈许、潞磁、郓曹、徐泗、凤翔、兖海、淄青、沧齐、易定、福建、同华州，望令每道许留十人；夏桂、邕管、黔中、安南、汝、金、商州、容管，望每道许留五人；一道河中，已敕下留十三人。'"①

首先，这里的"道"属于"在行政上、军事上直接跟中央沟通的地方权力主体"②，我们视这类"权力主体"为地方一级军政区的通称。这类"道"首先包括节度使、观察使、防御使、经略使等，如《唐会要》卷七九《诸使下·诸使杂录下》："（文宗开成）二年十二月，中书门下奏：诸道节度使、

---

① （宋）司马光编修，（元）胡三省音注：《资治通鉴》卷二四八"唐武宗会昌五年"条，第 8016 页。
② 罗凯认为这样的"权力主体"皆属于藩镇，但州与藩镇存在较大的差异，同州、华州本身就是州而不是州级的藩镇。同州、华州虽然不是藩镇，但却是这样的"权力主体"，故文中仍使用"权力主体"的概念。罗凯：《何为方镇：方镇的特指、泛指与常指》，《学术月刊》2018 年第 8 期。

观察、都团练使,请朝官任使,准贞元二年敕。"① "(宣宗大中三年三月中书门下奏:)诸道节度使、观察使、防御使、经略使,如或特降恩赐制,及一子官年十五以下者,即望许奏请勾当留除外,其余并望准前敕处分。"②

节度、观察、防御、经略等使,都属于"方镇"长官,这里的"方镇"又可称为"戎镇""藩方",文宗开成二年(837)十二月中书门下所奏的"诸道节度使、观察、都团练使"就属于"方镇":"贞元之初,戎镇之事,比于今日,颇谓不同。圣朝授任推公,惟才是急,辍诸上选,分佐戎行,职则稍尊,命则稍重,而又才人涉历,练达武经,出入往来,便堪奖用,是朝廷之所利。诚方镇之得人。""臣等商量,诸节度、观察、都团练使,朝中素有相知者,许奏一人充副使,章服准太和三年五月八日敕。如素无相知,不奏亦听。其方镇带相,及自庙堂平章事出镇者,任约旧例奏署。庶使藩方益重,试任程才。"③ 宣宗大中二年三月中书门下奏文中称诸道节度、观察、防御、经略等使子孙为"诸道方镇子孙"④。据此,"藩方"就是"藩镇"的同义词了。

节度、观察、防御、经略等使虽可称为"方镇",但其前提条件是"在行政上、军事上直接跟中央沟通的地方权力主体"。唐代后期除这些方镇之外,还存在"系属"(隶属)于这类方镇的观察使、防御使的现象,系属于这类方镇的观察使、防御需通过方镇与朝廷沟通,系属性诸使辖区则不能称为"道",也不能称为"方镇"了。节度、观察、防御、经略诸使称为"方镇",属于一种广义的"方镇",狭义的"方镇"仅指节度使辖区,《新唐书》卷五〇《兵志》:"夫所谓方镇者,节度使之兵也。"⑤ 但广义的"方镇"概念在唐后期的使用更为普遍。

其次,方镇虽然属于"道",但并不是所有的"道"都是藩镇。在上文《通鉴考异》中,如果点校正确,那么同、华、汝、金、商属于地方一级军政区的"州",与节度、观察、经略诸使并非一类。《唐会要》卷二五《杂录》

---

① (宋)王溥:《唐会要》卷七九《诸使下·诸使杂录下》,第1712页。
② (宋)王溥:《唐会要》卷七九《诸使下·诸使杂录下》,第1716—1717页。
③ (宋)王溥:《唐会要》卷七九《诸使下·诸使杂录下》,第1721页。
④ (宋)王溥:《唐会要》卷七九《诸使下·诸使杂录下》,第1716—1717页。
⑤ (宋)欧阳修、宋祁等:《新唐书》卷五〇《兵志》,第1328页。

即将同州、华州刺史排除在带使州府之外:"元和元年三月,御史中丞武元衡奏:中书、门下、御史台五品以上官,尚书省四品以上官,诸司正三品以上官,及从三品职事官,东都留守,转运、盐铁、节度、观察使,团练、防御、招讨、经略等使,河南尹,同、华州刺史,诸卫将军三品以上官除授,皆入阁谢,其余官许于宣政南班拜讫便退。"①

华州设"潼关防御镇国军使,华州刺史领之。"② "同州防御长春宫使,同州刺史领之。"③ 他处对这样的州的最高长官也称"刺史"而非"防御使"。如《新唐书》卷九《僖宗本纪》乾符元年二月,"华州刺史裴坦为中书侍郎、同中书门下平章事。"④ 同书卷一一四《崔慎由传》:"咸通初,徙华州刺史,改河中节度使。"⑤ 同书卷一一八《裴潾传》载穆宗年间,裴潾"迁左散骑常侍、集贤殿学士。改刑部侍郎,为华州刺史。"⑥ 同书卷一二六《张仲方传》:"宰相郑覃更以薛元赏代之,出为华州刺史。"⑦

《唐会要》卷六六《留守》:"(元和九年十月)以尚书左丞吕元膺为检校工部尚书,充东都留守。旧例,留守必赐旗甲,与方镇略同。及元膺受任,竟无所赐。朝论以东有寇虞,特用元膺,尤不当削其仪,以沮威望。谏官上疏,援华、汝、寿三州例,赐戎械,居守之重,固宜宠借。上曰:'此数处并不当与。'其后遂皆停。"⑧ 这直接表明,华州刺史一度赐予"旗甲",但即使被赐予"旗甲"时,也未属方镇之列,仅仪式上与"方镇略同"而已。如后文"州的等第"处引杨绾所言,刺史带团练、防御本是刺史本职所在,故刺史带团练、防御使的州,在唐代仍被视为州而不是镇。另,州级防御、团练使俸料同上州刺史,所以州级防御、团练使也属州级使职。但同州、华州作为一"道",是设有防御使的州级"道"。

---

① (宋)王溥:《唐会要》卷二五《杂录》,第553页。
② (五代)刘昫等:《旧唐书》卷三八《地理志一》,第1390页。
③ (五代)刘昫等:《旧唐书》卷三八《地理志一》,第1390页。
④ (宋)欧阳修、宋祁等:《新唐书》卷九《僖宗本纪》,第264页。
⑤ (宋)欧阳修、宋祁等:《新唐书》卷一一四《崔慎由传》,第4199页。
⑥ (宋)欧阳修、宋祁等:《新唐书》卷一一八《裴潾传》,第4288页。
⑦ (宋)欧阳修、宋祁等:《新唐书》卷一二六《张仲方传》,第4431页。
⑧ (宋)王溥:《唐会要》卷六六《留守》,第1401—1402页。《新唐书》卷一五《宪宗本纪》第451页、《旧唐书》卷一五四《吕元膺传》第4104—4105页载为"与方镇同",当误。

第四章　唐肃代德时期关中畿甸政区群的重构

州与藩镇是两个不同的概念。州的长官是刺史。藩镇的长官是节度、观察、团练、防御、经略等使，属于军事使职，以这些军事使职作为军政单位的最高长官，是这一政区能够成为藩镇的最基本的构成要件。同州、华州皆设有防御使，但二州却是以州刺史的身份入阁谢恩的。它表明同、华二州刺史虽然兼本州防御使，但刺史最初即是地方军政官员，刺史兼防御使仍属于传统的州级行政单位，并不属于以防御使为最高长官的藩镇。同、华州是以州而不是镇的形式出现的，故唐代后期地方一级军政区包括藩镇与同州、华州这样的州级单位。有学者认为唐代后期的"道"即是"藩镇"①，这种观点略嫌绝对化而是可以商榷的。

某些作为"道"的藩镇，下辖系属本"道"的防御使、团练使或其他使职，如凤翔陇州镇下设陇州防御使，河东节度兼"楼烦"监牧使，陈许节度使下辖由蔡州刺史充使的"龙陂"监牧使。② 这些使都应设有判官员额。《唐会要》卷七九《诸使下·诸使杂录下》载武宗会昌五年"条流诸道判官员额"事，其中：

> ……淮南……京南……陈许……凤翔……泾原、邠宁、河中、岭南，已上旧各有八员，望各留六员。
>
> ……天德旧有三员，亦望不减。同州旧有四员，商州两员，并望不减。
>
> ……
>
> 防御副使，莘（华）州、泗州各有两员，并望不减。楚州、寿州各有三员，寿州望减团练副使一员，楚州望减营田巡官一员。汝州、盐州、陇州，旧各有一员，望不减。桂管旧有六员，望减防御巡官一员。容管旧有五员，望减招讨巡官一员。延州旧有两员，亦望减防御推官一员。
>
> 楼烦、龙陂，旧各有两员，望各减巡官一员。

---

① 罗凯：《何为方镇：方镇的特指、泛指与常指》，《学术月刊》2018年第8期。
② 罗凯：《何为方镇：方镇的特指、泛指与常指》，《学术月刊》2018年第8期。

右奉圣旨,令商量减诸道判官,约以六员为额者。臣等商量,须据旧额多少,难于一例停减。今据本镇额量减,数亦非少。仍望令正职外,不得更置摄职。仍令御史台及出使郎官御史,专加察访。

敕旨依奏。①

在"条流诸道判官"的"诸道"中,陇州、楼烦、龙陂都不能构成"道",或根本不能称为"道",它们仅仅是属于诸"道"中设有判官、需要条流判官员额之处。凤翔陇州、河东、陈许三道条流的判官,包括节度使府(凤翔、河东、陈许)的判官及下属防御使、监牧使判官三部分。由于奏文内容在今人看来并不明晰,从而产生陇州、楼烦、龙陂皆属于"道"而不属于"朝野公认的方镇之列"②这样的误解是在所难免的。

由藩镇("道")管理的团练使、防御使,在五代被称为"系属节镇防御使"。《五代会要》卷四《笺表例》载后唐天成三年(928)敕:"今后天下诸州刺史,及系属节镇团练、防御使,除应圣节、冬至、端午外,谢上及每月起居庆贺章表,并付本道封进。其余公事,准往例,节度,观察使䞇覆奏闻。"③这些藩镇所属之州至少包括藩镇的支州,藩镇支州刺史与系属节镇的团练、防御使是并列的,三者在地方行政区划中的层级是相同的。唐代后期也当存在"系属节镇"的团练使与防御使。这种系属节镇的团练使、防御使的权力大于普通的藩镇支州,后文贞元三年到大中五年期间系于凤翔陇州镇下的陇州防御使就是如此。

二、唐代后期藩镇的类型

王援朝、张国刚根据藩镇与唐廷的关系,将藩镇分为河朔型、防御型、缘边型、财赋型四类。④按王援朝、张国刚之说,唐后期关中的凤翔镇、泾原镇、邠宁镇应皆属缘边型藩镇。但孙继民在后来的研究中指出,河朔在总体

---

① (宋)王溥:《唐会要》卷七九《诸使下·诸使杂录下》,第1714—1716页。
② 罗凯:《何为方镇:方镇的特指、泛指与常指》,《学术月刊》2018年第8期。
③ (宋)王溥撰:《五代会要》卷四《笺表例》,杭州出版社2004年版,第2034页。
④ 王援朝:《唐代藩镇分类刍议》,《唐史论丛》1990年第5辑;张国刚:《唐代藩镇类型及其动乱特点》,《历史研究》1983年第4期。

上为高度自治型藩镇①,推进了人们对河朔型藩镇的认识。这些藩镇类型的划分在客观上是以藩镇与中央关系、功用来衡定的。但唐代后期的藩镇据其他标准还可划分出多种类型:

(一) 按藩镇使职、军力与地域划分

吴廷燮除按使职将藩镇划分为节度、观察、防御、经略四种外,还按军力将藩镇划分为大镇(军五万)、小镇(军不足万)、中镇(军三万):"用人重轻,不以地广,而以兵多。河东、宣武,号称大镇,究厥地形,如今一道。江西、福建,即今一省,而置观察,号为小镇。并、汴戎士,皆诩十万。洪、福、谭、越,不过万人,概以此也。实则大镇厥军五万,此外节度,率皆三万。"②按地域划分为关河诸道、僻远之区及邕容诸管三种:"唐自天宝,方镇始盛,权任之重,沿袭江左;节度之目,改由总管。观察、处置,本为采访。至德而后,关河诸道,多以节度兼领观察;江湖僻远,则以观察而带团练;邕容诸管,又名经略。质而言之,皆方镇也。"③

(二) 按藩镇政区结构可划分为五种类型

1. 治州支州架构型藩镇

这种藩镇是藩镇中最多的一类。治州是藩镇治所州。支州刺史又包括两类:一类是支州刺史没有军权型,这是唐代后期藩镇刺史军权的主要类型;二类是所辖州之刺史掌军型藩镇。唐代某些州刺史充本州团练、防御使。这样的藩镇多分布在军事要地。如防御吐蕃的陇州在隶于凤翔陇州节度使期间,在宪宗元和年间王泚为陇州防御使④,文宗开成初至开成五年(836—840)王宰为陇州防御使⑤。史宪忠开成五年至武宗会昌三年(843)为陇州刺史充本

---

① 孙继民:《"四王"建号与署置百官:唐代割据藩镇政治诉求的制度表达》,《光明日报》2010年3月23日。
② (清)吴廷燮:《唐方镇年表·旧序》,第1287页。
③ (清)吴廷燮:《唐方镇年表·序录》,第1页。
④ 郁贤皓:《唐刺史考全编》卷一五《关内道·陇州(汧阳郡)》,第306页。
⑤ 郁贤皓:《唐刺史考全编》卷一五《关内道·陇州(汧阳郡)》,第306页。

州防御使①，李偲在会昌中为陇州防御使。② 隶于淮南道的楚州、寿州也是如此③。这类藩镇数量也不多。

2. 遥（兼）领州县型特殊藩镇

如关中的泾原节度使一度领有河南的郑、颖二州，河阳三城怀州节度使管一州，但兼领河南府之河阳等5县。④ 这种类型的藩镇存在的时间较短。

3. 拥有隶属藩镇型的藩镇

《新唐书·方镇表二》载唐后期德宗贞元十三年，"废徐、泗、濠三州节度使。未几，复置泗、濠二州观察使，隶淮南。"⑤ 这年，泗濠观察使属于系属淮南节度使的藩镇。这类藩镇存在的时间不长，个案也不多。

4. 隶属于他镇型的藩镇

上文泗、濠二州观察使，即是隶属于他镇的藩镇。现有史料并不能说清楚这种藩镇的权力架构到底如何，本书暂将其列于藩镇之列。

5. 由一州（府）构成的藩镇

由一州（府）构成的藩镇，是指因地位特殊而由一州（府）构成的藩镇，如后文特定时期仅辖京兆、仅辖凤翔的京畿观察使、凤翔节度使，及仅辖一州的陇州防御使。这种藩镇也仅存在于较短的时期内。

（三）按藩镇长官兼领情况可划分为四种类型

一是一位节度使、观察使、防御使、经略使统领一镇型。这是唐后期藩镇的主要类型。

二是一人兼两镇节度使型藩镇，唐后期幽州、卢龙节度使就是由一人兼两镇节度使的藩镇。这种形式在唐后期是长期存在的。

三是凤翔尹兼凤翔、陇右、秦陇三镇节度使。但也存在于特定地域、特定时期内。

四是后文李抱玉兼凤翔、秦陇、怀泽潞、陇右四镇节度使，朱泚身兼凤

---

① 郁贤皓：《唐刺史考全编》卷一五《关内道·陇州（汧阳郡）》，第307页。
② 郁贤皓：《唐刺史考全编》卷一五《关内道·陇州（汧阳郡）》，第307页。
③ 陈志坚：《唐代州郡制度研究》，第34页。
④ （唐）李吉甫：《元和郡县图志》卷一六《怀州》，第443页。
⑤ （宋）欧阳修、宋祁等：《新唐书》卷六五《方镇表二》，第1813页。

翔、秦陇、陇右、幽州节度使。这种情况也仅此两例,这两例都有荣宠特殊身份的大臣的用意。

(四) 按地方监察形式可划分为三种类型

一类是设有观察使、由观察使负责监察本道的藩镇。唐后期节度使例兼观察使,节度镇、观察镇都是由观察使监察本道的方镇。

一类是以防御使为最高长官的、本州刺史监察本镇的类型。如天德军防御使、金商都防御使就是这类藩镇。

一类是以经略使为最高长官的藩镇。如岭南五管。

此外,在安史之乱期间,还存在过混合型诸使。如"经略都防御使"("都防御经略使"):乾元二年(759),升邕州管内都防御经略使为节度使[①],上元元年(760),升容州经略都防御使为观察使[②];"经略讨击使":至德元载(756),升五府经略讨击使为岭南节度使,领22州,治广州。[③] 这种混合型诸使仅出现在安史之乱期间的岭南地区,并非常态化、广泛设置的藩镇类型。

这里需要说明的是观察使与都防御使的性质。唐后期的观察使镇中,观察使领都团练使是一种定制:"至德之后,改采访使为观察,观察皆并领都团练使。"[④] 观察使在领都团练使外,也存在领都防御使的现象,"观察使"镇实指"都团练观察使"或"都防御观察使"镇。如《唐会要》卷七八《诸使中·诸使杂录上》载:"(贞元)十四年六月,罢宣、歙、池三州,鄂、岳、沔三州都团练观察使,陕、虢两州都防御观察使,以其地分隶诸道。"[⑤] 宣歙池在贞元十四年左右多称"宣歙观察使"[⑥],鄂岳亦有"观察使"之称[⑦]。宪宗元和二年正月,"鄂岳等州观察使"吕元膺,"奏新妹婿京兆府咸阳尉马缝,

---

① (宋)欧阳修、宋祁等:《新唐书》卷六九《方镇表六》,第1936页。
② (宋)欧阳修、宋祁等:《新唐书》卷六九《方镇表六》,第1936页。
③ (宋)欧阳修、宋祁等:《新唐书》卷六九《方镇表六》,第1934—1935页。
④ (唐)杜佑撰,王文锦等点校:《通典》卷三二《职官一四·州牧刺史》,第889页。
⑤ (宋)王溥:《唐会要》卷七八《诸使中·诸使杂录上》,第1703页。
⑥ (清)吴廷燮:《唐方镇年表》卷五《宣歙》,第802页。
⑦ (清)吴廷燮:《唐方镇年表》卷六《鄂岳》,第879页。

授试大理评事，充当州观察支度使，为宪司所劾，密亲佐幕，有亏典法。敕：诸使府参佐检校，释元膺之罪。时咸非之。"①

陕虢设观察使通称陕虢观察使。这里的陕虢观察使即是陕虢"都防御观察使"。如"陕虢"在德宗贞元十三年时全称为"陕虢都防御观察转运等使"②。文宗太和四年五月敕："陕虢西去两京非远，唯管一郡，分置廉使，本因艰难。若四方少事，则旧制为便。其都防御观察使额宜停。所管兵马使，属本州防御使。"③ 陕虢都防御观察使下之陕州、虢州各设防御使，都防御使下设防御使，是都防御使职官设置的重要特点。吴廷燮言"以观察带团练"说的是观察使镇使职的任命形式之一。

王缙任凤翔尹、秦陇州防御使至乾元三年。④ 据《唐刺史考全编》，至德元载至二载，郭英乂为秦州都督、陇右节度使兼御史中丞。乾元元年李国贞为秦州刺史，乾元元年到上元元年（760）杨慎微为秦州防御使，上元元年韦伦为秦州刺史、秦州防御使。⑤ 从乾元二年、上元元年王缙为秦陇州（都）防御使之例看，唐代都防御使下辖各州是设有防御使的。德宗兴元元年（784），置金、商二州都防御使。⑥ 文宗大和二年（828）、三年，独孤密为商州刺史、充商州防御使。⑦ 都防御使下辖之州设防御使，是都防御使镇建构的基本特点。⑧

三、唐肃代德时期藩镇的等第

既然藩镇有不同的类型，不同类型的藩镇当有不同的等第。藩镇等第是通过藩镇最高长官的设置体现出来的，不同的藩镇之使体现着不同的藩镇等第，据藩镇诸使判定藩镇等第具有相对直观的特点。通过考察节度、观察、经略与防御、团练等军事使官的升降关系，可以判断肃代德时期藩镇的等第。

---

① （宋）王溥：《唐会要》卷七八《诸使中·诸使杂录上》，第1704页。
② （清）吴廷燮：《唐方镇年表》卷四《陕虢》，第379页。
③ （宋）王溥：《唐会要》卷七九《诸使下·诸使杂录下》，第1711页。
④ 郁贤皓：《唐刺史考全编》卷五《岐州》，第158页。
⑤ 郁贤皓：《唐刺史考全编》卷二七《陇右道·秦州》，第415页。
⑥ （宋）欧阳修、宋祁等：《新唐书》卷六七《方镇表四》，第1876页。
⑦ 郁贤皓：《唐刺史考全编》卷二〇四《山南东道·商州》，第158页。
⑧ 罗凯：《何为方镇：方镇的特指、泛指与常指》，《学术月刊》2018年第8期。

（一）从诸军事使官的升降看藩镇的等第

不同等第的藩镇有不同等第的使职，《新唐书·方镇表》所见藩镇等第，直接表现为节度、观察、经略、防御、团练等军使的升降差异。

1. 经略使升为节度使

肃宗乾元元年（758），升安南管内经略使为节度使。① 这是藩镇之间的升降。

2. 防御使升为节度使

1）州防御（守捉）升为节度使

肃宗至德二载（757），升襄阳防御使为山南东道节度使。②

至德二载，升河中防御为河中节度，兼蒲关防御使，领蒲等七州，治蒲州。③

同年，升夔州防御为夔峡节度使。④ 这是由一州防御扩大到辖两州的节度镇之例。

这些州防御使应是直属于朝廷的、设有防御使的州，由州级道升为节镇，是以"升"州级防御使的形式完成的。

2）都防御使升为节度使、（都防御）观察使

肃宗乾元二年（759），升郓、齐、兖三州都防御使为节度使，治兖州。⑤

代宗广德元年（763），升山南西道防御守捉使为节度使，寻降为观察使，领十三州。⑥ 这是由都防御使升为节度使之例。

广德元年（763），置魏博等州防御使，领五州，治魏州。寻升为节度使。⑦ 这也是由都防御使升为节度使之例。

德宗贞元二年（786），升东都畿、汝州防御使为都防御观察使。⑧ 这是

---

① （宋）欧阳修、宋祁等：《新唐书》卷六九《方镇表六》，第1935页。
② （宋）欧阳修、宋祁等：《新唐书》卷六七《方镇表四》，第1870页。
③ （宋）欧阳修、宋祁等：《新唐书》卷六六《方镇表三》，第1838页。
④ （宋）欧阳修、宋祁等：《新唐书》卷六七《方镇表四》，第1870页。
⑤ （宋）欧阳修、宋祁等：《新唐书》卷六五《方镇表二》，第1802页。
⑥ （宋）欧阳修、宋祁等：《新唐书》卷六七《方镇表四》，第1872—1873页。
⑦ （宋）欧阳修、宋祁等：《新唐书》卷六六《方镇表三》，第1840页。
⑧ （宋）欧阳修、宋祁等：《新唐书》卷六四《方镇表一》，第1775页。

由都防御使升为观察使之例。

3. 团练使的升降

1）州团练使升为（都团练）观察使

建中五年（784），升寿州团练使为都团练观察使，领寿、濠、庐三州，治寿州。① 但这样的团练使属于直属州，直属州升为观察镇，也是通过升团练使的形式完成的。

2）都团练使升为（都团练）观察使

代宗永泰元年（765），丹、延二州别置都团练使，治延州。是年，增领安塞军使，寻升为（都团练）观察使。②

永泰元年，升鄂州都团练使为（都团练）观察使。③

4. 混合型诸使的升降

1）经略都防御使（都防御经略使）升为节度使、观察使

乾元二年（759），升邕州管内都防御经略使为节度使。④

上元元年（760），升容州经略都防御使为观察使。⑤

2）经略讨击使升为节度使

至德元载（756），升五府经略讨击使为岭南节度使，领22州，治广州。⑥

5. 观察使升为节度使

建中元年（780），升山南西道观察使为节度使。⑦

建中四年（783），升江南西道都防御团练观察使为节度使。⑧

6. 节度使降为观察使

广德元年（763），升山南西道防御守捉使为节度使，寻降为观察使，领13州。⑨

---

① （宋）欧阳修、宋祁等：《新唐书》卷六八《方镇表五》，第1909页。
② （宋）欧阳修、宋祁等：《新唐书》卷六四《方镇表一》，第1765页。
③ （宋）欧阳修、宋祁等：《新唐书》卷六八《方镇表五》，第1905页。
④ （宋）欧阳修、宋祁等：《新唐书》卷六九《方镇表六》，第1936页。
⑤ （宋）欧阳修、宋祁等：《新唐书》卷六九《方镇表六》，第1936页。
⑥ （宋）欧阳修、宋祁等：《新唐书》卷六九《方镇表六》，第1934—1935页。
⑦ （宋）欧阳修、宋祁等：《新唐书》卷六七《方镇表四》，第1875页。
⑧ （宋）欧阳修、宋祁等：《新唐书》卷六八《方镇表五》，第1909页。
⑨ （宋）欧阳修、宋祁等：《新唐书》卷六七《方镇表四》，第1872—1873页。

(二) 从藩镇诸使僚佐设置规模看藩镇的等第

不同等第的藩镇,其僚佐设置应当有别;级别较高的藩镇,使府僚佐规模应当较大。从节度、观察、防御、团练诸使的僚佐设置规模看,大略应以节度、观察、团练、防御使为次第。《新唐书》卷四九下《百官志四下》:

> 节度使、副大使知节度事、行军司马、副使、判官、支使、掌书记、推官、巡官、衙推各一人,同节度副使十人,馆驿巡官四人,府院法直官、要籍、逐要亲事各一人,随军四人。
>
> 节度使封郡王,则有奏记一人;兼观察使,又有判官、支使、推官、巡官、衙推各一人;又兼安抚使,则有副使、判官各一人;兼支度、营田、招讨、经略使,则有副使、判官各一人;支度使复有遣运判官、巡官各一人。
>
> ……
>
> 观察使、副使、支使、判官、掌书记、推官、巡官、衙推、随军、要籍、进奏官,各一人。
>
> 团练使、副使、判官、推官、巡官、衙推,各一人。
>
> 防御使、副使、判官、推官、巡官,各一人。①

"衙推"是指幕府中的医官或医务类人员。② 虽然团练使僚属比防御使多一衙推,但团练使与防御使的僚属在构成上并无本质差异。团练使、防御使僚佐设置无州团练使、州防御使与都团练使、都防御使之别,说明州级团练、防御使与都级团练、防御使在辖区上有区别,但在具体职能上并没有太多的不同。

但唐代文献对经略使僚佐设置的记载极为粗略。《册府元龟》卷七一六《幕府部·总序》载:

---

① (宋)欧阳修、宋祁等:《新唐书》卷四九下《百官志四下》,第1309—1310页。
② 邓文韬:《唐末至宋初定难军节度使及其僚属的兼官与带职》,《西夏研究》2016年第4期。

则天长寿中有经略使。睿宗景云后有节度使。肃宗至德后有观察使。明皇天宝后有团练、防御使。

节度使之属有副使一人，行军司马一人，判官二人，掌书记一人，参谋无员，随军四人。

观察使有判官支使，经略使有判官等员。

其后节度、观察使，防御、团练皆有推官、巡官之职，兼度支、营田、招讨使者，又有度支、营田等判官，自是正为幕府之职。①

经略使的地位似乎并不重要，以致岭南经略使镇的地位较轻，岭南节度使兼五管经略使的旧制常被朝臣遗忘。《唐会要》卷七八《诸使中·节度使》："岭南节度使，至德二载正月，贺兰进明除岭南五府经略，兼节度使，自此始有节度之号，已前但称五府经略，自此遂为定额。又云：杜佑授岭南节度使，德宗兴元朝廷故事，执政往往遗忘。旧日岭南节度，常兼五管经略使，佑独不兼，盖一时之误，其后遂不带五管经略名目。至咸通三年五月，分为两节度，以广州为岭南东道，邕州为岭南西道。"②

(三) 从诸军事使官卒后的辍朝规定看藩镇等第

唐代特定级别的军事长官卒，有朝廷辍朝以示尊宠之制。《唐会要》卷二五《辍朝》载：

> 贞元十五年七月，以黔府观察使王础卒，辍朝一日。故事，团练观察使卒，未有废朝者，自础始焉。
>
> ……
>
> 十六年，以徐、泗、濠等州节度使张建封卒，辍朝。近例，节度使带仆射以上卒，辍朝三日。尚书以下都团练观察使则否。泊贞元八年嗣曹王皋，十一年李自良，皆以节度使带尚书卒，各辍朝三

---

① (宋) 王钦若等编，周勋初等校订：《册府元龟》(校订本) 卷七一六《幕府部·总序》，第 8249 页。
② (宋) 王溥：《唐会要》卷七八《诸使中·节度使》，第 1693 页。

日。至十四年，樊泽以仆射卒，辍朝一日。十五年，黔府观察使王础卒，时为辍朝一日。

元和九年六月丙子，天德军经略使周怀义卒，辍朝一日。经略使废朝，自怀义始也。①

大略而言，最初（近例）带仆射以上职事官（从二品）的节度使卒时辍朝三日，带尚书（正三品）以下职事官的观察使卒时不辍朝。德宗贞元八年嗣曹王、李自良以节度使带尚书卒，各辍朝三日。贞元十四年，山南东道节度使樊泽（检校尚书右仆射）（从二品）卒，辍朝一日。黔府观察使王础带御使中丞职（正五品上）卒，辍朝一日。天德军经略使不知兼何职事官，但也有辍朝之事。

唐德宗、元和时期藩镇长官卒而辍朝尚未形成定制，但据上例我们大体可以看出在诸使所兼职事官（本官）中，节度使所兼职事官的品级应当最高，以从二品以上居多；观察使所兼职事官则从正三品到正五品以上不等。观察使除都团练观察使外尚有都防御观察使。都防御观察使辍朝应同于都团练观察使。经略使卒辍朝是见于宪宗元和年间的事。据此可知，诸镇中节度使地位最重、等第最高，其次是观察使，再次是经略使。

唐文宗太和元年七月的朝廷行文记载了辍朝制度，这是对以前辍朝制度的总结：

> 谨按仪制令，百官正一品丧，皇帝不视事一日。又准官品令，太师、太傅、太保、太尉、司徒、司空以上，正一品；太子太师、太子太傅、太子太保以上，从一品；侍中、中书令以上，正二品；左右仆射、太子少师、太子少傅、太子少保、三京牧、大都护、上将军、统将以上，从二品；门下、中书侍郎、六尚书、左右散骑常侍、太常、宗正卿、左右卫及金吾大将军、左右神策、神武、龙武、羽林大将军、内侍监以上，正三品；御史大夫、殿中、秘书监、七

---

① （宋）王溥：《唐会要》卷二五《辍朝》，第549—550页。

寺卿、国子祭酒、少府监、将作监、京兆河南尹以上，从三品。

缘令式旧文，三品以上薨殁，通有辍朝之制。伏以君臣之间、礼情所及，事必繁于委遇，官则以时重轻，一用旧仪，咸乖中道。臣等参配色目如前，其留守、节度、观察、都护、防御、经略等使，并请各据所兼官为例。

依奏。

其年九月，中书、门下奏：近奏定合辍朝官品，敕已寻行。①

这在一定程度上表明，藩镇诸使本无品级，但可以据其"兼官"大致定品，或以"同"于某兼官官品的形式定品。据此，藩镇诸使所兼之官在客观上成为藩镇诸使等级的标志。唐代诸使兼官并无定例，故诸使品第不是固定的。诸使的品第虽不固定，但至少存在大致的标准，如节度使兼官高于观察使，观察使兼官高于他使等。

（四）由唐代军事使职的俸料可大致看出藩镇的等第

唐代官员的俸料钱有大致的规定，其中节度使三十万，都防御使十五万，观察使十万，都团练使、副使、上州刺史八万。② 这表明，在军事体系诸使中，节度使等第最高，其次是都防御使，再次是观察使，最后是都团练使。节度、防御主军事，观察主治民，团练主地方治安，故俸料等第的安排次序是先军事，后民事。但到都团练使时，其地位仅与上州刺史相当，防御使、团练使则根据所任刺史的级别定俸料。观察镇实为都防御观察使或都团练观察使，故观察镇要高于都防御、都团练使军镇。在这种情况下，节度镇等第高于观察镇，观察镇高于都防御镇，再高于都团练镇，州级防御、团练的等第则要视其所兼刺史的本官而定。

但肃代德时期的方镇等第并未形成固定的制度，故根据需要有升降之辞，亦有罢、废、置之说。如：

---

① （宋）王溥：《唐会要》卷二五《辍朝》，第550—551页。
② （宋）欧阳修、宋祁等：《新唐书》卷五五《食货志五》，第1402—1403页。

肃宗乾元元年（758），废河南节度使，置汴州都防御使，领州十三如故。①

肃宗上元元年（760），改陕虢华节度为陕西节度，兼神策军使，寻置观察使。②

上元二年（761），废兴平节度使，置武关内外四州防御观察使，领州如故。③

代宗大历十四年（779），罢渭北节度，置都团练观察使。④

德宗建中四年（783），罢观察，置东畿汝州节度。⑤

贞元元年（785），废东都畿汝节度，置都防御使。⑥ 置陕虢都防御使，治陕州。踰月，又为都防御观察陆运使。罢河阳节度，置都团练使。⑦ 罢东都畿汝州观察使，置都防御使，汝州别置防御使。⑧

贞元三年（787），罢保义节度，置都团练观察防御使。未几，复置节度，兼右神策军行营节度使。⑨

贞元十五年（799），罢河中节度，置河中防御观察使。元和十四年（819），罢河中节度，置河中都防御观察使。⑩

兴元元年（784），置金、商二州都防御使。⑪

文宗大和八年（834），废沂海节度使为观察使。⑫

同一区域的方镇在不同时期有不同的级别，此时节度彼时可能就降为观察、防御、团练；反之亦然。据《唐方镇年表》墓志所载并参以正史文献，德宗兴元元年（784）至贞元十四年（798），14年间凤翔皆为观察镇，再至元和二年（807），凤翔一直确定为观察之镇。⑬

---

① （宋）欧阳修、宋祁等：《新唐书》卷六五《方镇表二》，第1801页。
② （宋）欧阳修、宋祁等：《新唐书》卷六四《方镇表一》，第1767页。
③ （宋）欧阳修、宋祁等：《新唐书》卷六七《方镇表四》，第1872页。
④ （宋）欧阳修、宋祁等：《新唐书》卷六四《方镇表一》，第1771页。
⑤ （宋）欧阳修、宋祁等：《新唐书》卷六四《方镇表一》，第1773页。
⑥ （宋）欧阳修、宋祁等：《新唐书》卷六四《方镇表一》，第1774页。
⑦ （宋）欧阳修、宋祁等：《新唐书》卷六四《方镇表一》，第1774页。
⑧ （宋）欧阳修、宋祁等：《新唐书》卷六四《方镇表一》，第1776页。
⑨ （宋）欧阳修、宋祁等：《新唐书》卷六四《方镇表一》，第1775页。
⑩ （宋）欧阳修、宋祁等：《新唐书》卷六六《方镇表三》，第1847页。
⑪ （宋）欧阳修、宋祁等：《新唐书》卷六七《方镇表四》，第1876页。
⑫ （宋）欧阳修、宋祁等：《新唐书》卷六五《方镇表二》，第1818页。
⑬ （清）吴廷燮：《唐方镇年表》，第6—8页。

此外，特定时期的防御使可能在享有赐旌节的待遇，如《旧唐书》卷一五下《宪宗本纪下》载元和九年："以尚书左丞吕元膺检校工部尚书、东都留守。旧例，命留守赐旗甲与方镇同，及元膺受命，不赐。谏官援华、汝、寿三州例有赐，居守之重，不宜独阙，上曰：'此三处亦宜停赐。'"① 华州的地位一度是相当高的。据此，以刺史兼防御使之州，防御使一般不赐旌节而属于州级行政单位。

据以上诸使升降形势，我们不难发现，节度使等第最高，经略使、州防御使、都防御使、观察使、都经略使都有升为节度使之例；都防御或都团练观察使镇简称观察使镇，观察使镇地位次于节度使镇，都团练使、团练都防御使有升为观察使之例。但经略使、防御使、团练使之间无升降，三者应是最底层的军使。简言之，唐代最高等第的藩镇为节度使镇，其次为观察使镇，经略使镇为最底层的藩镇，其权力较前两类藩镇要小很多。

藩镇最高长官资历是影响藩镇等级升降的重要因素，如韦皋为陇州节度使，陇州有奉义军之号；离任则取消节镇建置而降为防御使；李晟在凤翔陇州时为凤翔陇州节度使，邢君牙时则降为观察使。不同资历的官员出任藩镇最高长官，藩镇的等第会有所变化。不同的政治形势同样决定藩镇的废置。但总体趋势是根据藩镇军事的重要性确定藩镇的等第。②

四、肃代德时期新的州郡类型及等第

唐代前期州郡最常见的种类，按资地划分为辅、雄、望、紧四类，按户数划分为上、中、下三类。③ 如果按与长安的远近关系分，又有近畿州与非近畿州之别。近畿州为畿内州，其他则为"畿外"州。如按定贯需要划分，唐代前期的州有边州、关内州、军府州之别。《旧唐书》卷四三《职官二》："凡户之两贯者，先从边州为定，次从关内，次从军府州。"④ 但在唐肃代德

---

① （五代）刘昫等：《旧唐书》卷一五下《宪宗本纪下》，第451页。
② （清）钱大昕：《廿二史考异》卷四六《唐书六·方镇表一》，上海古籍出版社2004年版，第708—714页；卷四七《唐书七·方镇表二》，第715—722页；卷四八《唐书八·方镇表三》，第723—733页；卷四九《唐书九·方镇表四》，第734—742页。
③ （宋）王溥：《唐会要》卷七〇《量户口定州县等第例》，第1457页。
④ （五代）刘昫等：《旧唐书》卷四三《职官二》，第1825页。

时期的方镇体制下，形成了新的州郡类别与等第划分形式。

张国刚指出唐代后期存在不隶藩镇、直属于朝廷的直属州，并认为直属州的地位犹同藩镇，在长安置设置有进奏院。①陈志坚在指出防御州、团练州、直属州是唐代州郡的特殊种类，但并未指出观察州的存在，对节度州也未展开研究。②其实，唐代后期的州府可分为两京，藩镇体系的州与直隶于朝廷的州（道级州），一州体量的防御、团练州三大类。藩镇体系州又可分为复合型藩镇的州府、直隶于朝廷的单构型藩镇体系州两类。

（一）复合型藩镇的州府

这样的州府有诸道中的节度、观察镇最高长官所莅之州（节度、观察州）及支州，及系于节镇的团练、防御州之别。

1. 藩镇的治州

这样的州有节度、观察使"所莅之郡""治所州""节度州""观察州"等称。都防御使、都团练使治州也当属于藩镇治州。

观察使所治之州在德宗年间称为观察使"所莅之郡"，藩镇中治州以外的州称为"支郡"。《唐会要》卷八三《租税上》："（建中）六年二月制：……其所在观察使，仍以其莅之郡租赋自给，若不足，然后许征于支郡。其诸州送使额，悉变为上供，故疲民稍息肩。"③ 这样的州也可以称为"节度使、观察使治所州"：会昌五年（845）唐武宗开始毁佛，"天下节度、观察使治所

---

① 张国刚：《唐代藩镇研究》，第170页。从《唐会要》卷七九《诸使下·诸使杂录下》记载同、华二直属州亦是"道""镇"看，直属州皆为刺史兼防御使之州。
② 如陈志坚认为，"唐后期出现了节度州、防御州、团练州、刺史州的名称及实体，而且以后还形成了一种特殊的所谓的'州格'。这种状况一直持续到了宋金时期。""州长官兼任防御使、团练使的则称为防御、团练州。""防御、团练州的地位比一般刺史州重要，与中央的关系也比一般刺史州更为密切。"但其仅在1处提到"节度州"之外，他处并未见相关的节度州研究。除节度、防御、团练州之外，唐后期还出现了"观察州"，"观察州"也是其研究尚未涉及的问题。刘波对唐末（883—507）五代华北地区节度体系州的研究，在很大程度上推进了节度体系州的认识，但唐代节度体系州的具体发展未见专论。陈志坚：《唐代州郡制度研究》第一编《唐代州郡的等级和类别》，第1、10页；刘波：《唐末五代华北地区州级军政之变化研究——基于军政长官的探讨》，华东师范大学2013年硕士学位论文，第216页。
③ （宋）王溥：《唐会要》卷八三《租税上》，第1823页。

及同、华、商、汝州各留一寺,分为三等。"①

节度使、观察使所莅之州,在德宗年间已经有了节度州(府)、观察州(府)之称。《册府元龟》卷六三六《铨选部·考课第二》载:"(德宗建中七年)十二月校外官考使奏:'准考课令:三品以上及同中书门平章事,并奏取裁。注云:'亲王及大都督,亦同。'伏详此文,则职位崇重,考绩褒贬,有司皆合上奏。今缘诸州刺史、大都督府长史及上中下都督、都护等,有带节度、观察使者,方镇既崇,名礼当异,每岁考绩,亦请奏裁。其非节度、观察等州府长官,有带台省官者,请不在此限。'"②

在唐代墓志中也偶尔出现"观察州"之类的称谓。唐元和年间设有宣歙观察使,治宣州。在卒于元和年间的程纲墓志中,程纲所任"宣州宣城令"即是"观察州县令"③,故观察使所治之州称为"观察州"已经相当普遍。节度州之称,在五代时已经定型。《资治通鉴》卷二八一:"自今诸道主兵将校之外节度州听奏朱记大将以上十人。"胡注:"节度州者,节度使所治之州。"④ 就此而言,至少在武宗时期,节度州之类的称谓并非定制,节度州、观察州与节度、观察使治所州是混称、通用的。

此外,根据节度州、观察州之称,经略使治州也当称为"经略州",但历史文献未见有这样的记载。

2. 藩镇的支州

肃代德时期复合型方镇中的支州又称"属州",属州之称最早见于唐宪宗时期。⑤ 藩镇支州属于"刺史州",如杜牧《杭州新造南亭子记》:"武皇帝始继位,独奋怒曰:'穷吾天下,佛也。'始去其山台野邑,四方所冠,其徒几至十万人。后至会昌五年,始命西京留佛寺四,僧唯十人;东京二寺。天下

---

① (宋)司马光等编修,(元)胡三省音注:《资治通鉴》卷二四八"唐武宗会昌五年"条,第8015—8016页。
② (宋)王钦若等编,周勋初等校订:《册府元龟》(校订本)卷六三六《铨选部·考课第二》,第7351页。
③ 杨庆兴:《唐程岵书〈程纲墓志〉》,《书法》2012年第9期。
④ (宋)司马光编修,(元)胡三省音注:《资治通鉴》卷二八一"后晋天福三年"条,第9186页。
⑤ (宋)欧阳修、宋祁等:《新唐书》卷五二《食货志二》:"宪宗又罢除官受代进奉及诸道两税外权率,分天下之赋以为三:一曰上供,二曰送使,三曰留州。宰相裴垍又令诸道节度、观察调费取于所治州,不足则取于属州,而属州送使之余与其上供者,皆输度支。"但这里的"属州"即是"支州"。

所谓节度、观察、同、华、汝三十四治所，得留一寺，僧准西京数。其他刺史州不得有寺。"① 同、华等州也属于刺史州，但这样的州与藩镇支州地位并不相同。

除刺史不掌军的州属于藩镇支州之外，隶于藩镇的、设有团练使、防御使的州也属于支郡。这样的州在唐代可以称为"团练州"或"防御州"。如《旧唐书》卷一六《穆宗本纪》："敕团练、防御州置判官一员，其副使、推逃并停。"② 这样的州的等第应低于所隶藩镇中的节度、观察州。如《唐摭言》卷一《会昌五年举格节文》仅载凤翔"所送进士不得过一十五人，明经不得过二十人。"在这条格文中，凤翔陇州节度中的陇州列于支郡而不提，仅言"诸支郡所送人数，请申观察使为解都送，不得诸州各自申解。"③ 这样的支州的地位应高于普通的"刺史州"。

刺史掌军是刺史的本职所在。《新唐书》卷一四二《杨绾传》载肃宗时诸州悉带团练使，杨绾奏："刺史自有持节诸军事以掌军旅；司马，古司武，所以副军，即今副使；司兵参军，今团练判官。官号重复，可罢天下团练、守捉使。"④ 州级团练兵属本州刺史掌管的州级军事力量，故设有团练使之州的长官多称为某州刺史。

如寿州在建中四年隶于淮南节度使并设有团练使，寿州最高长官就多称刺史。《旧唐书》卷一七下《文宗本纪下》载开成元年九月，"以寿州刺史高承恭为邕管经略使。"⑤ 同书卷一八下《宣宗本纪下》载大中十一年五月，"以职方郎中李玄为寿州刺史。"⑥ 同书卷一九上《懿宗本纪》载咸通三年七月，"前年寿州刺史温璋为节度使，骄卒素知璋严酷，深负忧疑。璋开怀抚谕，终为猜贰，给与酒食，未尝沥口，不期月而逐璋。上是以（王）式代璋。时（王）式以忠武、义成之师三千平定仇甫，便诏式率二镇之师渡淮。"⑦

---

① （唐）杜牧：《樊川文集》卷一〇《杭州新造南亭子记》，第155页。
② （五代）刘昫等：《旧唐书》卷一六《穆宗本纪》，第499页。
③ （五代）王定保：《唐摭言》卷一《会昌五年举格节文》，中华书局1959年版，第2页。
④ （宋）欧阳修、宋祁等：《新唐书》卷一四二《杨绾传》，第4664—4665页。
⑤ （五代）刘昫等：《旧唐书》卷一七下《文宗本纪下》，第566页。
⑥ （五代）刘昫等：《旧唐书》卷一八下《宣宗本纪下》，第638页。
⑦ （五代）刘昫等：《旧唐书》卷一九上《懿宗本纪》，第653页。

节度州、观察州、防御州、团练州在唐代又被称为"带使州府"。《唐会要》卷五八《尚书省诸司中·户部尚书》："元和五年二月，户部尚书李仁素准元和四年五月敕，厘革诸道州府应征留使留州钱物色目，并带使州合送省钱，便充留州给用等。据诸道申报，除与敕文相当外，或称土宜不同，须重类会起置者。诸州府先配供军钱，回充送省，带使州府，先配送省钱，便留供军。则供军见钱，尽在带使州府，事颇偏并。"①

(二) 直隶于朝廷的两府与团练、防御州 (道级州府)

在隶于藩镇的州及两京之外，肃宗时期始见由刺史兼防御使、团练使的，仅有一州之量、直隶于朝廷的团练州、防御州。如华州设"潼关防御镇国军使，华州刺史领之。"②"同州防御长春宫使，同州刺史领之。"③ 这样的州的最高长官多称"刺史"而非"防御使"。如《新唐书》卷九《僖宗本纪》乾符元年二月，"华州刺史裴坦为中书侍郎、同中书门下平章事。"④ 同书卷一一四《崔慎由传》："咸通初，徙华州刺史，改河中节度使。"⑤ 同书卷一一八《裴潾传》载穆宗年间，裴潾"迁左散骑常侍、集贤殿学士。改刑部侍郎，为华州刺史。"⑥ 同书卷一二六《张仲方传》："宰相郑覃更以薛元赏代之，出为华州刺史。"⑦ 这样的州也当属于唐代的"带使州"。这样的州与藩镇一样，属于地方一级政区之"道"。我们称这样的州府为"道级州府"，这样的道为"州府级道"。

(三) 唐代后期州的等第的发展变化

唐史学者已经注意到防御州、团练州与刺史州之间存在等级差异，但并

---

① (宋) 王溥：《唐会要》卷五八《尚书省诸司中·户部尚书》，第1186页。
② (五代) 刘昫等：《旧唐书》卷三八《地理志一》，第1390页。
③ (五代) 刘昫等：《旧唐书》卷三八《地理志一》，第1390页。
④ (宋) 欧阳修、宋祁等：《新唐书》卷九《僖宗本纪》，第264页。
⑤ (宋) 欧阳修、宋祁等：《新唐书》卷一一四《崔慎由传》，第4199页。
⑥ (宋) 欧阳修、宋祁等：《新唐书》卷一一八《裴潾传》，第4288页。
⑦ (宋) 欧阳修、宋祁等：《新唐书》卷一二六《张仲方传》，第4431页。

未就这种差异的具体表现展开研究。① 州级防御使、州级团练使、经略使俸料与上州刺史同。上州刺史从三品，故州级防御使、团练使、经略使约同于从三品，等第低于节度使、观察使。节度使、观察使等第高于都团练、都防御使，也高于州团练、防御使，同时对所属支州包括上州具有管辖权，故其礼遇性的品级至少要高于等第同于上州的州团练、防御使及上州刺史，节度、都防御、观察使至少是同正三品之使。按照州县最高长官官级与州级相对应的原则，节度州、观察州之刺史即属于同正三品的刺史。

由于节度使、观察使、团练使、防御使等属于使职，这些使职最初并没有品阶。但随着这些使职的设置的常设化与地方化，为便于其与州县官员的比较与管理，故以"礼遇"的形式给予节度、观察等使相应的"品级"参考标准，但这种品级参考标准并非正式的职官设置等第，唐代节度、观察、团练、防御州的"等第"，应当也是"同"于特定等级的不成文性规定。

唐代后期州的户数锐减，以户数量定的州的等第在事实上已经成为空壳，唐代前期据户数所定州之等第决定了州之佐官的规模。唐后期州之佐官则由税额而定。《唐会要》卷六九《州府及县加减官》："会昌四年六月十九日，准敕，以税额数少，悉减佐官。……伏奉今年十一月二十二日敕，宜令吏部拣择，县邑有人户五千，税钱一万贯以上，与一员官，仍天下州县所添，不得过四百员者，准敕条流诸添置外，兼于州官内，据税钱额定等第。及观察使节度州，量各添置，共三百八十三员。"② 户口在州县官员员额厘定中的地位，已经被税额所取代。

由于节度、观察等州实质上是各使所治之州，而各使并非地方官员的迁转等第，故唐代后期地方迁转等第仍是上、中、下之州，节度州、观察州虽有等第之别，但不属于官员迁转等第之州。这就在唐代后期产生了迁转之州与非迁转之州的区别，州的等第也有节度州、观察州、防御州、团练州等与原上、中、下州之别，节度、观察州等第在上州之上。这就打破了唐代开元

---

① "防御州、团练州与刺史州之间存在等级差异。""重要的防御、团练州较一般的支郡地位要高，介于诸道会府州与一般支郡之间。这不仅体现在其州长官——防御、团练使的品级比一般刺史较高，而且这些防御、团练州也比一般的州拥有更多的特权。"陈志坚：《唐代州郡制度研究》，第28、30页。
② （宋）王溥：《唐会要》卷六九《州府及县加减官》，第1454页。

时期形成的府、辅、望、雄、紧等州一律以上州计的形势。

若从刺史品级看，团练、防御州与上州刺史相当，上州刺史从三品，节度州、观察州等第高于团练、防御州，按等第的连续性，其刺史应是三品待遇。这就又突破了唐代前期州的等第规定，是唐代州郡等第或州级制度的发展。据唐代成制，"京兆、河南、太原府，牧各一人，从二品；尹一人，从三品。"① 唐后期州府的等第应当就是三府（京兆、河南、太原）、节度观察州、都防御使州，都团练、防御州、上州，中州、下州这样的等第。

综上所述，节度州（府）、观察州、防御州、团练州具有如下特点：一是属于各级政区所设使职的治所州；二是这种州刺史由于身兼治州节度、观察使等而在"校外官考使"考课时，与"三品以上及同中书门下平章事"一样，其考课结果同样需要奏请；三是这种州"名礼"异于普通州，刺史一律按"三品以上"身份考课，事实上属于唐前期的上州等第，甚至要高于上州的等第。那些直隶于朝廷的州，与藩镇一样同为唐后期的"道"，其地位高于防御、刺史州。唐后期朝廷掌握的户口锐减，在肃代德时期的上州已经不再具有户口意义，成为虚设的、仅供官员迁转的僵化的州郡阶差。

第二节 肃代德时期旧畿甸政区建构的瓦解

天宝十五载（756）六月十四日，潼关失守。十七日甲午，安禄山叛军攻陷西京。"其初，自京畿、鄜坊至于岐陇，悉附之。"② 至德二年（757）八月二十八日，肃宗皇帝入长安城，安抚百姓。十月六日，又收东都，安庆绪空东都，遁于河朔。③ 肃宗时期属于与安史之乱的时期，吐蕃开始侵吞陇右诸

---

① （唐）李林甫等撰，陈仲夫点校：《唐六典》卷三〇《三府督护州县官吏》，第740页。
② （唐）姚汝能，曾贻芬校点：《安禄山事迹》卷下，第38页。
③ （唐）姚汝能，曾贻芬校点：《安禄山事迹》卷下，第39页。

州，开元天宝时期的畿内州郡成为防御吐蕃的前沿。① 受这种政治军事形势的影响，肃代德时期旧（开元天宝年间）畿甸政区的结构及政区等第都发生了较大的变化。

一、肃代德时期旧畿甸核心政区的建置沿革与等第变化

肃代德时期，旧畿甸核心区州府的类型发生了较大的变化，最终发展为由京兆府、凤翔陇州镇，及同、华二州构成的政区群。与开元天宝时期关中的畿内政区相比，肃、代、德时期岐州等第变化最大。肃宗至德二载（757），岐州由州升为府，行政等级进一步提高。凤翔府治县天兴县等第为次赤，岐山、扶风、普润、麟游、宝鸡、虢县、郿县皆为次畿县。② 蒲州（河中府）最大的变化在于其复为府，等第为赤，府治河东县为次赤，余皆为次畿县。③

（一）京兆府的建置沿革

京兆府在这一时期的建置沿革变化较大，但不设藩镇的京兆府或仅辖一府的藩镇是这一时期京兆府建置的主要形态。它反映出京畿藩镇建置不同于普通藩镇，京兆府长期不设藩镇、军政权力较小、便于控制的特点。

1. 肃宗至德元载（756）至上元二年（761）置京畿节度使

《新唐书·方镇表》载肃宗至德元载："置京畿节度使，领京兆、同、岐、金、商五州。是年，以金、商、岐州隶兴平凤翔，同州隶河中。"④

至德元载，京兆陷入叛军之手。这一时期的京畿节度使，应是仅留有京畿虚号的京畿节度使。

---

① （清）董诰等：《全唐文》卷七三六《沈亚之〈陇州刺史厅记〉》，第 7602—7603 页："昔制戍于西安瀚海之时，而陇汧去塞万三千里。其处内居安如此，朝之命守，犹以为重地，必拔其良能。当时之务，其难不过理宠门大家之田园陂池而已。观升平之基，其需贤如此。今自上邽清水已西，六镇五十郡既失地。地为戎田，城为戎固，人为戎奴婢。顾陇泾盐灵，皆列为极塞，而陇益为国路。凡戎使往来者必出此，视其守由主人也。其言语威仪，岂容易而处近世者？朝之命守，殆未能注意耳。"
② （唐）李吉甫：《元和郡县图志》卷二《关内道二·凤翔府》，第 41 页。
③ （唐）李吉甫：《元和郡县图志》卷一二《河东道一·河中府》，第 323—324 页。
④ （宋）欧阳修、宋祁等：《新唐书》卷六四《方镇表一》，第 1766 页。

2. 代宗宝应元年（762）废京畿节度使复京兆府建置

至德二载九月，唐军收复长安，应复置京畿节度使，但宝应元年又废。宝应元年（762），"京畿节度使复领金、商。是年，废节度使。"①

3. 代宗广德元年（763）仍为京兆府建置

这年，无建置记载，应是京畿节度使废后，仅有京兆府的建置。

4. 代宗广德二年（764）至德宗建中三年（782）置京畿观察使

广德二年，置京畿观察使，以御史中丞领之②。

代宗永泰元年（765），以御史大夫为京畿观察使。③

自广德二年至建中三年的18年间，京兆属于仅辖一府的单构型观察镇。这成为肃代德时期京兆主要的政区建置形式，也是仅次于府级地方一级政区的建置形式。

5. 德宗建中四年（783）为节度使治州

建中三年，发生泾师之乱。建中四年，"置京畿渭南节度观察使，领金、商二州。是年，兼渭北、鄜坊、丹、延、绥五州。未几，罢五州及金州，为京畿商州节度使。"④ 建中四年，京兆府一度为叛臣朱泚控制，京畿地区的藩镇建置应是战时特殊形势的产物。

6. 德宗兴元元年（784）至贞元二十年（804）复置京兆府

兴元元年，罢京畿节度。⑤

此后，京兆不复设置藩镇，成为地方一级政区，到德宗贞元二十年（804）时仍是如此。

（二）岐州政区的建置沿革

岐州（凤翔）的政区建置与京兆府兴平县，山南的兴州、凤州，关中的陇州及陇右的"行秦州"密切相联。这一地区一度存在过"兴平凤翔节度使""凤翔、秦陇节度使""凤翔、秦陇都防御观察使""凤翔、兴凤陇节度

---

① （宋）欧阳修、宋祁等：《新唐书》卷六四《方镇表一》，第1768页。
② （宋）欧阳修、宋祁等：《新唐书》卷六四《方镇表一》，第1768页。
③ （宋）欧阳修、宋祁等：《新唐书》卷六四《方镇表一》，第1769页。
④ （宋）欧阳修、宋祁等：《新唐书》卷六四《方镇表一》，第1773页。
⑤ （宋）欧阳修、宋祁等：《新唐书》卷六四《方镇表一》，第1773—1774页。

使"等建置。《新唐书·方镇表》对这些变化并未做出清晰的勾勒，相关研究也未对这种建构给予揭示。① 我们在这里对这一时期的建置加以辨析。

1. 肃宗至德元载（756）到乾元二年（759）岐州（凤翔）建置不定，但以不建藩镇、不隶藩镇之州府为其发展趋势。这点与京兆的建置趋势相同。

1）至德元载六月前隶于京畿节度使，京畿节度使废后隶兴平凤翔节度使，是年兴平凤翔又废。

《新唐书·方镇表》载至德元载："置京畿节度使，领京兆、同、岐、金、商五州。是年，以金、商、岐州隶兴平凤翔，同州隶河中。"②

同年，又"置兴平节度使，领上洛、安康、武当、房陵四郡，治上洛郡。"③

兴平为京兆府辖县。兴平凤翔与兴平节度使，都是由数州与京兆府兴平一县构成的藩镇。兴平县隶于其他藩镇，表明在安禄山占领京兆期间，京兆府尚未完全落入叛军之手。

至德元载六月前，岐州驻有安禄山的宣慰使，陈仓令薛景仙收复岐州："扶风人康景龙杀贼宣慰使薛总等二百余人，陈仓令薛景仙率众收扶风郡，守之。"④

唐代的藩镇一般以本镇等第最高州府为治所，京畿节度使应治于京畿，兴平凤翔道应治于凤翔，凤翔府在这一阶段已经具有了较高的政治军事地位。

2）至德元载六月至乾元元年或二年，凤翔为设有防御使的道级州府

据现有材料看，从至德元载薛景仙之后到乾元二年三月，郭英乂、李岘、李晔、李齐物、严向为凤翔尹⑤，凤翔是直属于朝廷的道级府。

《旧唐书·肃宗本纪》载乾元二年三月，"薛景仙为凤翔尹、本府防御使"。⑥

---

① （清）钱大昕：《廿二史考异》卷四六《方镇表一》，第828—836页；吴泽：《〈新唐书·方镇表〉考校记》，《史学史研究》1992年第1期；李晓奇：《唐代凤翔镇研究》，陕西师范大学2014年硕士学位论文。
② （宋）欧阳修、宋祁等：《新唐书》卷六四《方镇表一》，1766页。
③ （宋）欧阳修、宋祁等：《新唐书》卷六七《方镇表七》，第1868—1869页。
④ （五代）刘昫等：《旧唐书》卷一〇《肃宗本纪》，第255页。
⑤ 郁贤皓：《唐刺史考全编》卷五《岐州》，第157—158页。
⑥ （五代）刘昫等：《旧唐书》卷一〇《肃宗本纪》，第255页。

这是凤翔府设有防御使的最早记载。凤翔作为京畿西部边防要地，自至德薛景仙任岐州刺史，至乾元二年复任凤翔尹，凤翔都是一个直属于朝廷的道级州府。

2. 肃宗乾元二年至三年（上元元年），王缙时期的"一元二道"体制下之防御道

《旧唐书·王缙传》：乾元二年，王缙为"凤翔尹、秦陇州防御使"。①

凤翔尹是凤翔府的最高长官。按薛景仙为凤翔尹、凤翔府防御使之例，王缙仍兼"本府"即凤翔府防御使，属于府级道，故其最高长官称为"尹"。秦陇州防御使应是秦陇都防御使，属于辖区大于防御使级的道。故王缙身兼二道长官：一是道级凤翔府府尹，这是府级军政单位；二是秦陇州（都）防御使，是秦陇镇的最高长官。据此，乾元二年时，凤翔府与秦陇镇是两个互不统属的、并列道，王缙兼凤翔尹与秦陇防御使二官，凤翔仍是一个直隶于朝廷的府级道。我们称这种体制为"一元二道"体制。

王缙作为凤翔尹、本府防御使当驻于凤翔府，秦陇防御使应是王缙遥领之道。

自代宗朝开始，吐蕃连年入侵，陇山和岍山之间的汧水河谷，一直是吐蕃入侵的一条重要路线，凤翔府、陇州就在这一线。② 王缙兼凤翔尹与秦陇防御使，加强了这一地区的军事协调防御能力。

至乾元三年，王缙一直兼凤翔尹、秦陇州防御使两个并立道的最高长官。③

3. 肃宗上元元年（760）至代宗宝应元年（762），凤翔为"一元二道"体制下仅辖凤翔府的凤翔镇（道）

1）上元元年，崔光远兼凤翔节度使、秦陇州节度使

《旧唐书·肃宗本纪》："上元元年，崔光远为凤翔尹、秦陇节度使。"④ 凤翔尹是凤翔府的最高长官，秦陇节度使是秦陇地区的最高长官，凤翔府与秦陇节度使仍是由崔光远兼最高长官的、两个互不统属的道。

---

① （五代）刘昫等：《旧唐书》卷一一八《王缙传》，第3416页。
② 史念海：《河山集》（四集），《关中的历史军事地理》，陕西师范大学出版社1991年版，第194页。
③ 郁贤皓：《唐刺史考全编》卷五《岐州》，第158页。
④ （五代）刘昫等：《旧唐书》卷一〇《肃宗本纪》，第258页。

《全唐文》卷四二四《于邵〈为崔邠公谢除凤翔节度使表〉》中将崔光远所兼二节度使的关系表述为"充本府及秦陇等州节度观察使。"① 据此，上元元年，王缙时期的凤翔防御使与秦陇防御使，在崔光远继任后皆升为节度使级军政单位。《旧唐书·肃宗本纪》中称崔光远为凤翔尹，是因为凤翔节度使在事实上仅辖一府之地，还未超出刺史（府尹）掌军的传统，故仍将凤翔定位为府级地方军政单位。

《旧唐书》卷一一一《崔光远传》载是年崔光远"充本府及秦陇观察使"而非节度使。② 崔光远所任的凤翔节度使、秦陇节度使应由凤翔观察、秦陇观察升级而来，崔光远镇凤翔、秦陇期间，凤翔、秦陇的建置是多变的。

《资治通鉴》卷二二一载肃宗上元元年十二月："贼帅郭愔等引诸羌、胡，败秦陇防御使韦伦，杀监军使。"③ 崔光远应是遥领秦陇节度使，韦伦任秦陇都防御使、直接掌控该镇。《旧唐书》卷一三八《韦伦传》："（乾元三年，韦伦为）秦州刺史、兼御史中丞、本州防御使。时吐蕃、党项岁岁入寇，边将奔命不暇。伦至秦州，屡与虏战，兵寡无援，频致败衄，连贬巴州长史、思州务川县尉。"④

秦陇节度使崔光远曾招抚秦陇地区的"土贼"，并对秦陇军事负有协同、支援的责任。《旧唐书》卷一一一《崔光远传》载："（乾元）三年（上元元年），除凤翔尹，充本府及秦陇观察使。先是，岐、陇吏人郭愔等为土贼，掠州县，为五堡，光远使判官、监察御史严侁召而降之。光远在官好蒲酒，晚年不亲戎事。上元元年冬，侁等潜连党项及奴剌、突厥，败韦伦于秦陇，杀监军使，击黄戍。肃宗追还（崔光远），以李鼎代之。"⑤ 秦陇镇事务由秦陇节度使与秦陇都防御使双重管理，这是秦陇道重要的军政指挥体制。

2）乾元三年，李鼎任"一元多镇"体制下的凤翔镇（道）

《新唐书·方镇表》：乾元三年，"置兴（州）凤（州）陇（州）节度

---

① （清）董诰等：《全唐文》卷四二四《于邵〈为崔邠公谢除凤翔节度使表〉》，第4325页。
② （五代）刘昫等：《旧唐书》卷一一一《崔光远传》，第3319页。
③ （宋）司马光编修，（元）胡三省音注：《资治通鉴》卷二二一"肃宗上元元年"条，第7100页。
④ （五代）刘昫等：《旧唐书》卷一三八《韦伦传》，第3781页。
⑤ （五代）刘昫等：《旧唐书》卷一一一《崔光远传》，第3319页。

使"。①《旧唐书·肃宗本纪》载这一年"李鼎为凤翔尹、兴凤陇节度使。"②

《全唐文》卷四二《肃宗〈授李鼎陇右节度使制〉》载李鼎为"开府仪同三司行凤翔尹兼御史大夫，充本府及秦陇兴凤成等州节度观察使"，"可持节都督鄜州诸军事鄜州刺史陇右节度营田等使，余并如故。"③ 据此，凤翔在是年仍是设有节度使之"道"，而"兴凤陇节度使"则是"秦陇兴凤成等州节度观察使"的简称。

在安史之乱中，陇右兵内徙勤王，吐蕃入侵，陇右渐次失陷。这一时期的陇右节度使，应寄治于凤翔境内。凤翔尹充本府、秦陇及陇右节度使，是这一区域重要的边防体制建置形式，我们称这种体制为"一元三镇"体制。以一府立一镇，约略是为防止尾大不掉，限制凤翔镇势力发展的产物；凤翔重要的军事政治地位，唐廷又不得不于此立镇而强化其军事功能。凤翔府尹兼三镇节度使，又在一定程度上提高了凤翔府尹的权力与地位。

总之，处于战乱形势下的肃宗时期，凤翔尹领凤翔与秦陇或兴凤陇二镇的形势基本形成并固定化。

4. 代宗广德元年（763）至大历十二年间"一元多镇"体制下的凤翔镇

广德元年，兴凤二州隶于山南西道④，凤州刺史由山南西道节度使辟署。⑤ 建中二年，严震为兴凤两州（都）团练使。⑥ 兴凤二州隶于山南西道，兴凤陇节度使解体。《旧唐书·代宗本纪》载大历十二年（777），"河西陇右副元帅，凤翔、怀泽潞、秦陇等州节度观察等使，同平章事、知凤翔府事、凉国公李抱玉卒。"⑦

泽潞节度使李抱玉在代宗永泰元年（765）至大历十二年间，除大历五年

---

① （宋）欧阳修、宋祁等：《新唐书》卷六四《方镇表一》，第1767页。
② （五代）刘昫等：《旧唐书》卷一〇《肃宗本纪》，第260页。
③ （清）董诰等：《全唐文》卷四二《肃宗〈授李鼎陇右节度使制〉》，第464页。
④ （清）吴廷燮：《唐方镇年表》卷四《山南西道》，第651页。
⑤ （五代）刘昫等：《旧唐书》卷一一七《严震传》，第3405页。
⑥ （五代）刘昫等：《旧唐书》卷一一七《严震传》，第3405页。
⑦ （五代）刘昫等：《旧唐书》卷一一《代宗本纪》，第311页。《资治通鉴》载此事为"兵部尚书、同平章事，凤翔、怀泽潞、秦陇节度使李抱玉薨，弟抱真仍领怀泽潞留后。"（宋）司马光编修，（元）胡三省音注：《资治通鉴》卷二二五"代宗大历十二年"条，第7241页。

短暂出任山南西道节度使外，一直处在"凤翔"镇任上①，大历十二年卒于任时至少兼凤翔、怀泽潞、秦陇三道节度使。据此，约在广德元年，凤翔与秦陇一直是并列的两个藩镇。

宝应元年（762），吐蕃陷秦州、成州。②唐代某些州陷敌之后，寄治于他州者称为"行州"。泾原节度使由寄治于泾州的行原州和泾州构成③，秦陇节度使也应由行秦州与陇州构成，秦陇镇成为事实上仅辖陇州及行秦州的藩镇。

5. 大历十二年至建中三年"一元四镇"体制下的凤翔镇

朱泚本为幽州节度使，大历九年（774）带兵入朝，并最终留于京师，但仍领"幽州卢龙节度使"，以其弟朱滔为幽州节度留后。④"幽州卢龙节度使"通称幽州节度使，或称范阳节度使等。朱泚所领入关之兵仍称幽州兵马，如《资治通鉴》卷二二八称朱泚部为幽州兵马："初，朱泚镇凤翔，遣其将朱云光将幽州兵五百人戍陇州，以陇右营田判官韦皋领陇右留后。"⑤或称范阳兵马，如《旧唐书·韦皋传》："先是，朱泚自范阳入朝，以甲士自随；后泚为凤翔节度使，既罢，留范阳五百人戍陇州，而泚旧将牛云光督之。"⑥朱泚在大历十二年为凤翔节度使。

6. 建中三年至建中四年"一元三镇"体制下的凤翔镇

建中三年，朱泚之弟、幽州节度留后朱滔在建中三年发动叛乱，宰相张镒代朱泚为凤翔节度使。建中四年长安发生了朱泚之乱，并围攻德宗于奉天。《旧唐书·萧复传》载变乱发生后："凤翔将李楚琳杀节度使张镒以应朱泚。"⑦张镒治下的凤翔镇，仍应辖有凤翔、秦陇、陇右三镇兵马。

---

① （清）吴廷燮：《唐方镇年表》卷一《凤翔》，第3—5页。
② （宋）欧阳修、宋祁等：《新唐书》卷四〇《陇右道》，第1404页；卷四〇《山南西道》第1035页载成州（同谷郡），"宝应元年没吐蕃，贞元五年版，于同谷之西境泥公山权置行州，咸通七年复置，徙治宝井堡，后徙治同谷。"
③ 原州代宗广德元年陷吐蕃，"节度使马璘表置行原州于（泾州）灵台（县）之百里城"。据《唐方镇年表》，大历三年（768）始置泾原节度使且以马璘为节度使，泾原镇就是由泾州与行原州构成的藩镇。（宋）欧阳修、宋祁等：《新唐书》卷三七《地理志一》，第968页。（清）吴廷燮：《唐方镇年表》卷一《泾原节度使》，第56页。
④ （五代）刘昫等：《旧唐书》卷二〇〇下《朱泚传》，第5386—5387页。
⑤ （宋）司马光编修，（元）胡三省音注：《资治通鉴》卷二二八"唐德宗建中四年"条，第7367—7368页。
⑥ （五代）刘昫等：《旧唐书》卷一四〇《韦皋传》，第3821页。
⑦ （五代）刘昫等：《旧唐书》卷一二五《萧复传》，第3821页。

7. 建中四年至兴元元年"一元多镇"体制解体与李楚琳控制下的凤翔镇

李楚琳于建中四年十月壬子杀节度使张镒之后"归款朱泚","及（建中四年十一月癸巳）奉天解围，楚琳遣使贡奉，时方艰阻，不获已，命为凤翔节度使"，并"优诏安慰其心"，以求一时之安。① 据此，在建中四年十月到十一月癸巳（二十），朝廷并未授李楚琳凤翔节度使。《旧唐书·萧复传》："凤翔将李楚琳杀节度使张镒以应朱泚。（张）镒判官韦皋先知陇州留后，首杀幽叛卒数百人，不应楚琳。"② 这一时期的凤翔府实际上由李楚琳掌控，陇州实际控制于韦皋之手，"一元多镇"体制不复存在。

建中四年十一月乙亥（初二），韦皋被命为奉义节度使。③ 建中四年十一月癸巳之后，李楚琳归顺朝廷，方被命为凤翔节度使，故《旧唐书》卷一二《德宗本纪上》载兴元元年八月甲辰，"以保义军节度使、凤翔尹李楚琳为金吾大将军。"④ 据此，在建中四年十一月癸巳至兴元元年八月，凤翔与陇州为两个互不统属的朝廷藩镇。

8. 德宗兴元元年（784）至贞元二十年凤翔陇州镇

《旧唐书》卷一二《德宗本纪上》载兴元元年八月甲辰，"以保义军节度使、凤翔尹李楚琳为金吾大将军；以奉义军节度使、陇州刺史韦皋为左金吾卫大将军。"⑤ 李楚琳、韦皋入朝后，李晟出任凤翔节度使。《旧唐书》卷一二《德宗本纪上》："（兴元元年八月）癸卯，加司徒、中书令、合川郡王李晟兼凤翔尹，充凤翔陇右节度等使、泾原四镇北庭行营兵马副帅，改封西平郡王。"⑥《唐方镇年表》：兴元元年至贞元三年，李晟任凤翔节度使。⑦

李晟时期凤翔与陇州的关系并无确切记载，但陇州与凤翔仍属一个军事防御区则是可以肯定的，这个军事防御区就被称为凤翔镇。如《旧唐书》卷一五二《野诗良辅传》："（史敬奉）与凤翔将野诗良辅、泾原将郝玼各以名

---

① （五代）刘昫等：《旧唐书》卷一三九《陆贽传》，第3797页。
② （五代）刘昫等：《旧唐书》卷一二五《萧复传》，第3821页。
③ （五代）刘昫等：《旧唐书》卷一二《德宗本纪上》，第338页。
④ （五代）刘昫等：《旧唐书》卷一二《德宗本纪上》，第346页。
⑤ （五代）刘昫等：《旧唐书》卷一二《德宗本纪上》，第346页。
⑥ （五代）刘昫等：《旧唐书》卷一二《德宗本纪上》，第346页。
⑦ （清）吴廷燮：《唐方镇年表》卷一《凤翔》，第6页。

雄边上。吐蕃尝谓汉使曰：'唐国既与吐蕃和好，何妄语也！'问曰：'何谓？'曰：'若不妄语，何因遣野诗良辅作陇州刺史？'其畏惮如此。"① 陇州刺史为凤翔镇将，凤翔镇就包括陇州地区在内。陇州也是凤翔节度使的辖区，如《资治通鉴》卷二三二载贞元二年凤翔节度使李晟"遣其将王佖将骁勇三千伏于汧城"。胡注："陇州之东有汧阳县，汧城在其旁。"②

《旧唐书·邢君牙传》载邢君牙继李晟之任时，邢君牙为"凤翔尹、凤翔陇州都防御观察使"，"寻迁右神策行营节度、凤翔陇州观察使，加检校工部尚书。"③据此，贞元三年邢君牙任凤翔尹兼凤翔陇州观察使、右神策行营节度使。邢君牙为李晟部将，由李晟谏为继任者。从邢君牙任凤翔陇州观察使、凤翔陇州节度使的情况看，凤翔与陇州在李晟时期应合并为凤翔陇州镇。

唐人多简称凤翔陇州观察使、节度使为凤翔节度使，如确知出任凤翔陇州节度使的邢君牙、张敬则、李鄘、孙璹，在各种文献中多被称为"凤翔陇右节度使"或"凤翔节度使"。④ 韩愈《凤翔陇州节度使李公墓志铭》称"凤翔陇州节度使"李惟简为"凤翔节度使"⑤，《旧唐书》卷一五下《宪宗本纪下》也称李惟简为"凤翔节度使"⑥。崔珙在文宗开成初年，由"太子宾客，出为凤翔节度使"，卒时全称为"凤翔陇州节度观察处置等使"。⑦ 李晟以后至大中四年之间，"凤翔观察使（节度使）"就是"凤翔陇州观察使（节度使）"的简称。

（三）华州、同州的建置沿革

1. 华州成为直属州（州级道）

肃宗乾元二年（759），华州隶陕华节度使。⑧

---

① （五代）刘昫等：《旧唐书》卷一五二《野诗良辅传》，第4079页。
② （宋）司马光等编修，（元）胡三省音注：《资治通鉴》卷二三二"德宗贞元二年"条，第7472—7473页。
③ （五代）刘昫等：《旧唐书》卷一四四《邢君牙传》，第3926页。
④ （清）吴廷燮：《唐方镇年表》卷一《凤翔》，第8、10页。
⑤ （清）董诰等：《全唐文》卷五六五《韩愈〈凤翔陇州节度使李公墓志铭〉》，第5720页。
⑥ （五代）刘昫：《旧唐书》卷一五下《宪宗本纪下》，第463页。
⑦ （五代）刘昫：《旧唐书》卷一七七《崔珙传》，第4589页。
⑧ （宋）欧阳修、宋祁等：《新唐书》卷六六《方镇表三》，第1839页。

上元二年（761），以华州置镇国节度，亦曰关东节度。① 以同州隶镇国军节度。②

代宗广德元年（763），罢镇国军节度。华州、同州为不隶任何方镇的州级行政单位。③ 自此之后，华州至僖宗广明之乱前，皆为朝廷的直属州。

2. 同州成为朝廷的直属州（州府级道）

肃宗至德元载（756），同州隶京畿节度使。同年，改隶河中。④

上元二年（761），同州隶于镇国节度。

代宗广德元年（763），罢镇国军节度，同州未见隶于他镇，应属朝廷的直属州。

兴元元年（784），同州为奉诚军节度，领同、晋、慈、隰四州，是年罢。⑤ 复置河中节度使，领河中府，同、绛、虢、陕四州。⑥

约贞元十二年（796），同州已经不复隶于河中节度使，成为朝廷的直属州，原河中节度使改称为河中绛州节度使⑦，河中节度使仅辖河中府、绛州二府州。《旧唐书》卷一三《德宗本纪下》："（贞元十四年）以太常卿杜确为同州刺史、本州防御、长春宫使。"⑧ 贞元十五年（799），《旧唐书》卷一三《德宗本纪下》载：（贞元）十二月丁酉，以同州刺史杜确为河中绛州节度使。⑨

唐代藩镇一般由两州或两个以上州构成。凤翔镇长期属于由本州构成的藩镇，这是唐代后期藩镇建构中的特例。它反映的问题是：唐廷既需要凤翔防御吐蕃，又要防范凤翔势力做大的矛盾心态。在凤翔陇州镇成立之后，陇州作为设有防御使之州，对凤翔仍有较大的制约作用。京兆府、华州、同州

---

① （宋）欧阳修、宋祁等：《新唐书》卷六四《方镇表一》，第1767页。
② （宋）欧阳修、宋祁等：《新唐书》卷六六《方镇表三》，第1839页。
③ （宋）欧阳修、宋祁等：《新唐书》卷六四《方镇表一》，第1768页。
④ （宋）欧阳修、宋祁等：《新唐书》卷六四《方镇表一》，第1766页。
⑤ （宋）欧阳修、宋祁等：《新唐书》卷六四《方镇表一》，第1773—1774页。
⑥ （宋）欧阳修、宋祁等：《新唐书》卷六六《方镇表三》，第1845页。
⑦ （宋）王钦若等编，周勋初等校订：《册府元龟》（校订本）卷一七六《帝王部·姑息》，第1959页："（贞元）十二年十月乙丑，以朔方河中绛邠宁庆兵马副元帅、河中绛州节度、度支营田观察使、元从奉天定难功臣、开府仪同三司、检校司徒兼侍中、河中尹、上柱国、咸宁郡王浑瑊为检校司徒兼中书令，依前兼侍中、河中尹、充副元帅、节度使。"
⑧ （五代）刘昫等：《旧唐书》卷一三《德宗本纪下》，第388—389页。
⑨ （五代）刘昫等：《旧唐书》卷一三《德宗本纪下》，第392页。

长期保留着道级州府的形态,但其等第则呈现出阶梯化的特点,原同、华、岐皆为辅州、上州的形势发生了较大的变化,客观上促进了开元天宝年间旧的州府等第的解体。

二、泾州邠州蒲州成为藩镇的节度州府

(一) 泾州成为泾原镇的治州

开元二十二年(734),朔方节度兼关内道采访处置使,增泾、陇、鄜、坊十二州。①

至德元载(756),别置关内节度使以代采访使,徙治安化郡。② 泾为关内节度使支州。

乾元二年(759),置邠宁节度使,泾州隶于邠宁节度,泾州为支郡。③

上元二年(761),废关内节度使,以泾、原、宁、庆、坊、丹、延隶邠宁节度。④

大历三年(768),置泾原节度使,治泾州。泾州成为节度州。⑤ 此时原州陷于吐蕃,此原州为寄治于泾州的"行原州"。

(二) 邠州成为邠宁镇的治州

开元二十二年(734),朔方节度兼关内道采访处置使。邠州为朔方采访区。⑥

天宝元年(742),朔方节度增领邠州。⑦

至德元载(756),别置关内节度使以代采访使。⑧

---

① (宋)欧阳修、宋祁等:《新唐书》卷六四《方镇表一》,第1763页。
② (宋)欧阳修、宋祁等:《新唐书》卷六四《方镇表一》,第1766页。
③ (宋)欧阳修、宋祁等:《新唐书》卷六四《方镇表一》,第1767页。
④ (宋)欧阳修、宋祁等:《新唐书》卷六四《方镇表一》,第1767页。
⑤ (宋)欧阳修、宋祁等:《新唐书》卷六四《方镇表一》,第1769页。
⑥ (宋)欧阳修、宋祁等:《新唐书》卷六四《方镇表一》,第1763页。
⑦ (宋)欧阳修、宋祁等:《新唐书》卷六四《方镇表一》,第1764页。
⑧ (宋)欧阳修、宋祁等:《新唐书》卷六四《方镇表一》,第1766页。

乾元二年（759），置邠宁节度使，邠州隶于邠宁节度，为节度州。①

上元二年（761），废关内节度使，以泾、原、宁、庆、坊、丹、延隶邠宁节度。②

大历三年（768），罢邠宁节度使。同年，朔方节度增领邠、宁、庆三州。邠州隶于朔方节度使。③

大历十四年（779），析朔方置河中、振武、邠宁三节度，复置邠宁庆节度使，邠州复为节度州。④

（三）河中府成为治州

至德元载（756），置河中防御守捉蒲关使。⑤

至德二载（757），升河中防御为河中节度，兼蒲关防御使，领蒲、晋、绛、隰、慈、虢、同七州，治蒲州。⑥

乾元二年（759），河中节度兼河中尹、耀德军使。虢州隶陕华节度。⑦

广德二年（764），废河中节度，置河中五州都团练观察使。⑧

兴元元年（784），置晋慈隰节度使，治晋州。寻罢，复置河中节度使，领河中府、同绛虢陕四州。⑨

贞元元年（785），河中节度罢领陕、虢二州。⑩

贞元四年（788），置晋慈隰防御观察使。⑪

贞元十五年（799），罢河中节度，置河中防御观察使。⑫

贞元十六年（800），复置河中节度使。⑬

---

① （宋）欧阳修、宋祁等：《新唐书》卷六四《方镇表一》，第1767页。
② （宋）欧阳修、宋祁等：《新唐书》卷六四《方镇表一》，第1767页。
③ （宋）欧阳修、宋祁等：《新唐书》卷六四《方镇表一》，第1769页。
④ （宋）欧阳修、宋祁等：《新唐书》卷六四《方镇表一》，第1771页。
⑤ （宋）欧阳修、宋祁等：《新唐书》卷六六《方镇表三》，第1838页。
⑥ （宋）欧阳修、宋祁等：《新唐书》卷六六《方镇表三》，第1838页。
⑦ （宋）欧阳修、宋祁等：《新唐书》卷六六《方镇表三》，第1839页。
⑧ （宋）欧阳修、宋祁等：《新唐书》卷六六《方镇表三》，第1841页。
⑨ （宋）欧阳修、宋祁等：《新唐书》卷六六《方镇表三》，第1845页。
⑩ （宋）欧阳修、宋祁等：《新唐书》卷六六《方镇表三》，第1845页。
⑪ （宋）欧阳修、宋祁等：《新唐书》卷六六《方镇表三》，第1846页。
⑫ （宋）欧阳修、宋祁等：《新唐书》卷六六《方镇表三》，第1847页。
⑬ （宋）欧阳修、宋祁等：《新唐书》卷六六《方镇表三》，第1847页。

河中府作为一个节度使治州，行政地位总体变化不大。元和三年（808），罢晋慈隰观察使，以三州隶河中节度。元和十四年（819），罢河中节度，置河中都防御观察使。元和十五年（820），复置河中节度使。长庆二年（822），置晋慈都团练观察使，治晋州。大和元年（827），升晋慈观察使为保义军节度。是年罢，以二州隶河中节度。①

三、金州成为都防御使的治州

至德元载（756），隶京畿节度使。是年，废京畿节度使，金州隶兴平凤翔节度使。②

至德二载（757），废南阳节度使，升襄阳防御使为山南东道节度使，领金、商等九州，治襄州。③

宝应元年（762），复隶京畿节度使。是年，废节度使。④ 金州成为不隶方镇的地方一级政区。

建中四年（783），隶京畿渭南观察使。⑤

兴元元年（784），置金、商二州都防御使。⑥ 金州成为都防御使的治州。

四、坊州商州洋州成为藩镇的支州

（一）商州成为都防御使治下的支州

至德元载（756），隶京畿节度使。是年，又隶兴平凤翔节度使。⑦

至德二载（757），废南阳节度使，升襄阳防御使为山南东道节度使，领金、商等九州，治襄州。⑧

---

① （宋）欧阳修、宋祁等：《新唐书》卷六六《方镇表三》，第 1848—1851 页。
② （宋）欧阳修、宋祁等：《新唐书》卷六四《方镇表一》，第 1766 页。
③ （宋）欧阳修、宋祁等：《新唐书》卷六七《方镇表四》，第 1870 页。
④ （宋）欧阳修、宋祁等：《新唐书》卷六四《方镇表一》，第 1768 页。
⑤ （宋）欧阳修、宋祁等：《新唐书》卷六四《方镇表一》，第 1773 页。
⑥ （宋）欧阳修、宋祁等：《新唐书》卷六七《方镇表四》，第 1876 页。
⑦ （宋）欧阳修、宋祁等：《新唐书》卷六四《方镇表一》，第 1766 页。
⑧ （宋）欧阳修、宋祁等：《新唐书》卷六七《方镇表四》，第 1870 页。

宝应元年（762），金、商二州隶京畿。① 是年，复隶京畿节度使。是年，废节度使，商州恢复为不隶任何方镇的地方一级政区。②

建中四年（783），隶京畿渭南观察使。是年，京畿渭南观察使罢，隶京畿商州节度使。③

兴元元年（784），罢京畿节度，④ 置金、商二州都防御使。⑤

(二) 洋州成为山南西道的支州

广德元年（763），升山南西道防御守捉使为节度使，寻降为观察使，领洋等十三州，治梁州。⑥

(三) 陇州成为设防御使的支州

陇州地位的变化，见岐州（凤翔府）建置。

兴元元年（784）到贞元二十年，陇州成为凤翔陇州镇治下的防御州。

(四) 坊州成为鄜坊镇的支州

开元二十二年（734），朔方节度兼关内道采访处置使，增泾、原、宁、庆、陇、鄜、坊、丹、延、会、宥、麟十二州，以匡、长二州隶庆州，安乐二州隶原州。⑦

乾元二年（759），置邠宁节度使，坊州隶于邠宁节度。⑧

上元元年（760），置渭北鄜坊节度使，治坊州，并领丹、延二州。坊州为节度州。⑨

上元二年（761），废关内节度使，以泾、原、宁、庆、坊、丹、延隶邠

---

① （宋）欧阳修、宋祁等：《新唐书》卷六七《方镇表四》，第1872页。
② （宋）欧阳修、宋祁等：《新唐书》卷六四《方镇表一》，第1768页。
③ （宋）欧阳修、宋祁等：《新唐书》卷六四《方镇表一》，第1773页。
④ （宋）欧阳修、宋祁等：《新唐书》卷六四《方镇表一》，第1773—1774页。
⑤ （宋）欧阳修、宋祁等：《新唐书》卷六七《方镇表四》，第1876页。
⑥ （宋）欧阳修、宋祁等：《新唐书》卷六七《方镇表四》，第1872—1873页。
⑦ （宋）欧阳修、宋祁等：《新唐书》卷六四《方镇表一》，第1763页。
⑧ （宋）欧阳修、宋祁等：《新唐书》卷六四《方镇表一》，第1767页。
⑨ （宋）欧阳修、宋祁等：《新唐书》卷六四《方镇表一》，第1767页。

宁节度。①

大历六年（771），渭北鄜坊节度使更名渭北节度使。②

大历十四年（779），罢渭北节度，置都团练观察使。坊州为团练州。③

建中四年（783），复置渭北节度，如上元之旧，寻罢。未几复置，徙治鄜州，其后置都团练观察防御使。坊州为支州。是年，建中四年鄜坊隶京畿渭南观察使。未几罢。④

贞元三年（787），复置渭北节度使。⑤

此后，坊州成为鄜坊节度使下的支州的形势长期存在下去。

总之，唐代前期京兆、同州、华州、岐州等畿甸的核心区，在肃代德时期演变为京兆府、同州、华州等州府级道，及仅辖陇州一个支郡、且以刺史掌支郡之军，制约节度使权力的凤翔陇州镇。

第三节　肃代德时期畿甸核心区的地缘建构

旧的畿甸政区的解体就是肃代德时期畿甸重构的开始。构成畿甸核心区的要素有如下几个方面：一是长期存在由不隶藩镇或仅辖一州藩镇构成的核心区，二是实行共同的、特殊的区域性的选官制度，三是作为朝廷禁军的主要分布地，四是有着其他的共同的区域政策。肃代德时期京兆府、同州、华州、凤翔府在这四个方面具有较大的区域共同性。

一、京兆三辅政区最高长官选任的共性

肃代德时期仍然保持着多以朝官选任京兆府、同州、华州及凤翔府长官的特点。但战乱期间的肃宗朝的某些州府长官记载不明，故仅以统计数量相对充足的历史时期为例，统计京兆三辅政区最高长官的选任情况。

---

① （宋）欧阳修、宋祁等：《新唐书》卷六四《方镇表一》，第1767页。
② （宋）欧阳修、宋祁等：《新唐书》卷六四《方镇表一》，第1770页。
③ （宋）欧阳修、宋祁等：《新唐书》卷六四《方镇表一》，第1771页。
④ （宋）欧阳修、宋祁等：《新唐书》卷六四《方镇表一》，第1773页。
⑤ （宋）欧阳修、宋祁等：《新唐书》卷六四《方镇表一》，第1775页。

(一) 京兆尹的选任及其迁转

肃宗朝京兆一度为叛军占据，期间的京兆尹的建置不计。

1. 代宗朝京兆尹的选任及其迁转

代宗朝地方刺史升任京兆尹的数量增加；门下、尚书六部长官为京兆尹者居多，京兆尹离任之后，仍多出任六部官员，个别进入门下省。这与唐玄宗时期有较大的区别，但同样存在不久任的现象。

1）由刺史出任及其迁转

刘晏　户部侍郎（正四品下）兼御史大夫（从三品）——京兆尹（从三品）——吏部尚书（正三品）、同中书门下平章事

第五琦　朗州刺史（正四品下）——京兆尹（从三品）

御史大夫（从三品）——京兆尹（从三品）、专判度支

李勉　汾州刺史（从三品）——京兆尹（从三品）——检校右庶子（四品下）兼御史中丞、都畿观察使

孟皞　汝州刺史（从三品）兼御史中丞——京兆尹（从三品）——门下省左常侍（从三品）

2）由太子宾客出任及其迁转

严武　成都尹（从三品）——太子宾客（正三品）——京兆尹（从三品）——成都尹（从三品）——黄门侍郎（正四品上）

3）由门下省官员出任及其迁转

崔昭　左散骑常侍（从三品）——京兆尹（从三品）

杜济　给事中（正五品上）——京兆少尹（从四品下）——京兆尹（从三品）——因典选被贬，出为杭州刺史

黎干　谏议大夫（五品）——京兆少尹（从四品下）——京兆尹（从三品）——刑部侍郎（正四品下）

4）由六部贰官出任及其迁转

魏少游　刑部尚书（正三品）——京兆尹（从三品）

第五琦　户部侍郎（正四品下）判度支兼京兆尹（从三品）——户部侍郎（正四品下）判度支

萧昕　兵部侍郎（正四品下）——京兆尹（从三品）

贾至　兵部侍郎（正四品下）——京兆尹（从三品）——（门下）右（散骑）常侍（从三品）

5）由节度使出任及其迁转

李勉　江南西道都团练观察等使、洪州刺史（从三品）——京兆尹（从三品）——（得罪鱼朝恩）除广州刺史（从三品），兼岭南节度观察使

黎干　桂管观察使、桂州刺史（从三品）——京兆尹（从三品）兼御史大夫——改兵部侍郎（正三品）①

2. 德宗朝京兆尹的选任及其迁转

德宗朝门下省官员出任京兆尹者增多；六部长官出任京兆尹后多升职。同样任期较短。

1）由尹出任及其迁转

严郢　河南尹（从三品）——京兆尹（从三品）

2）由门下省官员出任及其迁转

卢甚　左司郎中（从五品上）——京兆少尹（从四品下）——京兆尹（从三品）贬抚州司马同正

韦祯　给事中（正五品上）——京兆少尹（从四品下）——京兆尹（从三品）

崔纵　右庶子（四品下）——京兆尹（从四品下）兼御史大夫——御史大夫（从三品）

于颀　右散骑常侍（从三品）——京兆尹（从四品下）——河南尹

李充　左庶子（四品下）——京兆尹（从四品下）——贬信州长史

3）由六部长官出任及其迁转

于颀　户部侍郎（正四品下）——秘书少监（从四品上）——京兆少尹（从四品下）——太府卿（正三品）——京兆尹（从三品）——御史大夫（正四品下）

韩洄　兵部侍郎（正四品下）——京兆尹（从三品）——刑部侍郎（正四品下）

鲍防　礼部侍郎（正四品下）——京兆尹（从三品）——工部尚书（正

---

① 郁贤皓：《唐刺史考全编》卷一《京畿道·京兆府（下）》，第28—34页。

三品)

韩皋　兵部侍郎（正四品下）——京兆尹（从三品）——贬抚州司马

顾少连　吏部侍郎（正四品下）——京兆尹（从三品）——吏尚（正三品)

韦夏卿　吏部侍郎（正四品下）——京兆尹（从三品）——太子宾客（正三品)

4) 由军使出任及其迁转

王翃　振武军使——京兆尹（从三品）——汾州刺史（从三品）

5) 由太常寺官员出任及其迁转

郑叔则　太常卿（正三品）——转京兆尹（从三品）——贬永州长史（权臣构愍)

6) 由司农寺官员出任及其迁转

薛钰　司农卿（从三品）——京兆尹（从三品）——坐窦参改太子宾客（正三品)

罗珦　司农卿（从三品）——京兆尹（病）——太子宾客

李实　司农卿（从三品）——京兆尹——贬通州长史

7) 由金吾卫将军出任及其迁转

吴凑　右金吾将军（从三品）——京兆尹（从三品）

8) 由鸿胪寺官员出任及其迁转

王权　鸿胪卿（从三品）——京兆尹（从三品）——贬为雅王傅[①]

(二) 华州刺史的选任及其迁转

由朝官出任华州刺史者占绝大多数，华州刺史任后多出任节度使，地位重要。离任回朝的比例不高。

1. 代宗朝华州刺史的选任及其迁转

1) 由刺史出任及其迁转

刘晏　度支郎中（从五品上）——杭州刺史（从三品）——陇州刺史（从三品）——华州刺史（从三品）

---

① 郁贤皓：《唐刺史考全编》卷一《京畿道·京兆府（下）》，第34—40页。

李椅（锜）　弘农（陕）刺史（从三品）——华州刺史（从三品）——福建观察使

2）由羽林卫将军出任及其迁转

李怀让　左羽林大将军（正三品）——华州刺史（从三品）——御史大夫（从三品）

3）由（神策军）将领出任及其迁转

周智光　鱼朝恩部将——华州刺史（从三品）

4）由六部长官出任及其迁转

张重（仲）光　兵部侍郎（从三品）——华州刺史（从三品）、潼关防御使——尚书左丞（从二品）

蒋涣　尚书左丞（从二品）——华州刺史（从三品）、潼关防御使

5）刺史离任后出任

李承昭　华州刺史（从三品）——相州刺史，知昭义兵马留后

6）由门下省官员出任及其迁转

孟皞　左散骑常侍（从三品）——华州刺史（从三品）、潼关防御使

7）由中书省官员出任及其迁转

孙宿　中书舍人（正五品上）——华州刺史（从三品）

2. 德宗朝华州刺史的选任及其迁转

1）由门下省官员出任及其迁转

董晋　右散骑常侍（从三品）兼御史中丞（正五品上）知台事——华州刺史（从三品）兼御史中丞、潼关防御使

2）由刺史出任及其迁转

卢征　同州刺史（从三品）——华州刺史（从三品）

3）由将领出任及其迁转

李元谅　潼关将——华州刺史（从三品），朱泚之乱中，被皇帝任命

4）由六部长官出任及其迁转

袁滋　尚书右丞（从二品）——华州刺史（从三品）——金吾卫大将军（正三品）

5）由宗正寺官员出任及其迁转

李复　宗正卿（从三品）——检校工部尚书（正三品）——华州刺史

(从三品)、潼关防御镇国军使

　　6) 由秘书省官员出任及其迁转

　　杨于陵　秘书少监（从四品上）——华州刺史（从三品）——越州刺史（从三品）、浙东观察使

(三) 同州刺史的选任及其迁转

　　由朝官出任刺史，是同州刺史选任的主要特点。回朝为官及出任地方节度使，是其迁转的主要特点。

代宗朝同州刺史的选任及其迁转

　　1) 由门下省官员出任及其迁转

　　姚南仲　门下省给事中（正五品上）——同州刺史（从三品）——陕虢观察使

　　卢征　给事中（正五品上）——同州刺史（从三品）

　　严涗　给事中（正五品上）——同州刺史（从三品）

　　2) 由御史台官员出任及其迁转

　　窦觎　御史中丞（正五品上）——同州刺史（从三品）——户部侍郎（从三品）

　　3) 由太常寺官员出任及其迁转

　　杜确　太常卿（正三品）——同州刺史（从三品）、本州防御、长春宫使——河中尹（从三品）、河中绛州观察使

　　4) 由州刺史出任及其迁转

　　萧复　潭州刺史（正四品下）——左冯翊（从三品）——兵部侍郎（从三品）

　　康日知　赵州刺史（从三品）——兼同州刺史（从三品）——奉诚军节度使

　　裴佶　黔中观察使——同州刺史（从三品）兼本州防御使——中书舍人（正五品上）

　　5) 由县令出任及其迁转

　　崔淙　长安县令——同州刺史（从三品）——陕州大都督府长史（从三

品)、陕虢观察水陆转运等使

6) 同州刺史离任后出任

李承 同州刺史（从三品）——河中尹（从三品）、晋绛都防御观察使

刘公济 同州刺史（从三品）——鄜州刺史（从三品）、鄜坊丹延观察使

（四）凤翔尹的选任及其迁转

凤翔由于设有节度使，凤翔尹由品高望深的朝官出任，离任也多回朝为官，其地位比同州、华州刺史要高些。

1. 肃宗朝凤翔尹的选任及其迁转

1) 凤翔尹离任后出任情况

薛景仙 凤翔太守（从三品）——少府监（从三品）

李齐物 凤翔尹（从三品）——刑部尚书（正三品）

严向 凤翔尹（从三品）——太常卿（正三品）

2) 由地方官出任及其迁转

郭英乂 秦州都督（正三品）——凤翔太守（从三品）——西平（鄯州）太守（从三品）

李岘 长沙郡太守（从三品）——扶风太守（从三品）——御史大夫（从三品）兼京兆尹

3) 由太子府官员出任及其迁转

薛景仙 太子宾客（正三品）——凤翔尹（从三品），本府防御使

崔光远 太子少保（正三品）——凤翔尹（从三品）——成都尹（从三品），剑南节度使

4) 由羽林卫大将军出任及其迁转

李鼎 右羽林大将军（正三品）——凤翔尹（从三品）——鄜州刺史（从三品），兴凤陇等州节度使

5) 由国子监官员出任及其迁转

王缙 国子祭酒（从三品）——凤翔尹（从三品）——工部侍郎（从三品）

2. 代宗朝凤翔尹的选任及其迁转

1）由节度使出任及其迁转

李抱玉　泽潞李抱玉兼凤翔尹（从三品）——判梁州事，充山南西道节度使

皇甫温　陕州节度使——凤翔尹（从三品）

2）由兵马使出任及其迁转

李忠臣　京西兵马使——凤翔尹（从三品）

3）由六部长官出任及其迁转

萧炅　户部侍郎（从三品）——岐州刺史（从三品）——户部侍郎（从三品）判凉州事

郑少微　刑部侍郎（从三品）——岐州刺史（从三品）

4）由大理卿出任及其迁转

李朝隐　大理卿（从三品）——岐州刺史（从三品）——扬州大都督府长史（从三品）

5）由太子府官员出任及其迁转

元行冲　太子詹事（正三品）——岐州刺史（从三品），兼关内按察使——右散骑常侍（从三品），东都留守

6）由州刺史、尹出任及其迁转

韦凑　汝州刺史（从三品）——岐州刺史（从三品）——将作大匠（从三品）

单思远　河南尹（从三品）——岐州刺史（从三品）

薛景　吏部侍郎（从三品）——虢州刺史（从三品）——岐州刺史（从三品）——吏部侍郎（从三品）

李择言　相州刺史（从三品）——岐州刺史（从三品）

苗晋卿　河东太守（从三品）兼河东采访使——岐州刺史（从三品）——工部尚书（正三品）

房琯　邺郡太守（从三品）——扶风太守（从三品）——左庶子（正四品上）

7）离任后出任

杨廉　岐州刺史（从三品）——陕王（肃宗）傅

崔琇　岐州刺史（从三品）——京兆府醴泉县尉

3. 德宗朝凤翔尹的选任及其迁转

1）由节度使为凤翔尹

朱泚　陇右节度使兼幽州节度使——凤翔尹（从三品）

2）由中书长官出任及其迁转

李晟　司徒兼中书令（正三品）——凤翔尹（从三品）——太尉兼中书令（正三品）

张镒　中书侍郎（从三品）平章事——兼凤翔尹（从三品），陇右节度使

3）自立为节度使及其迁转

李楚琳　凤翔将，杀张镒——自为节度使、凤翔尹（从三品）——左金吾大将军（正三品）

4）由凤翔将出任及其迁转

邢君牙　凤翔都虞候——凤翔尹（从三品），凤翔陇州都防御观察使——右神策行营节度，凤翔陇州观察使——卒

5）由神策军将领出任及其迁转

张敬则（张昌）　右神策将军——凤翔尹（从三品）、右神策行营节度——卒

孙璹（禁军）——凤翔尹（从三品）

6）由京兆尹出任及其迁转

李郇　京兆尹（从三品）——凤翔尹（从三品），凤翔陇右节度使——河东节度使

7）由金吾卫将军出任及其迁转

李惟简　左金吾卫将军（从三品）——凤翔尹（从三品）

在这一时期的三辅政区中，凤翔的政治地位较同、华二州略高些，凤翔、华州由军将出任刺史的比例也高些。凤翔作为防御吐蕃的重镇以及仅辖一府的政区，出任凤翔尹者身兼多道节度使，是凤翔与同、华二州选官产生差距的重要原因。三辅长官仍以三省长官出任者占多数，离任后的前途也较一般刺史优越得多。

二、三辅政区军事力量的建置形势

肃代德时期朝廷对畿甸地区的控制，首先是建构同州、华州、凤翔府三辅政治核心政区。同州、华州作为仅辖一州之道，凤翔势力最大时是辖一州的藩镇，每一道的军事力量皆不足以对抗朝廷。朝廷对凤翔府、同州、华州军事力量的掌控，主要是对凤翔镇军事力量的控制；对凤翔镇的控制主要是通过对凤翔与兴凤陇、秦陇镇或陇州，及陇右驻军的建构完成的。

(一) "一元二道"与"一元多镇"体制下凤翔陇州地区的军事建置

"一元二道"及"一元多镇"体制下，凤翔节度使虽对秦陇、兴凤陇拥有军事指挥、支援权，但多镇节度使府治于凤翔府，凤翔节度使除直接领有凤翔一府之外，凤翔尹遥领的秦陇、兴凤陇地区，节度留后在事实上拥有自己的军事力量，制约着凤翔节度使权力的发展。如《资治通鉴》载建中三年张镒为凤翔节度使时，韦皋为"陇右营田判官"，"领陇右留后"。《旧唐书》言韦皋为"陇州留后"[①]，或"权知陇州行营留后事"。[②] 二书中韦皋的官称虽然有别，但陇右留后的本质则是一致的。出征在外的藩镇军队称为"行营"。节度使不亲莅藩镇，代其处理镇务者称"留后"。这表明，在建中三年的"一元多镇"体制中，陇右节度使府设于凤翔，但陇右军却驻扎在陇州，故在陇州设有陇右留后。凤翔尹所兼的陇右节度使并未亲领陇右军，韦皋则是陇右军的直接掌控者。

又如朱泚在大历十二年为凤翔节度使。德宗建中三年朱滔发动叛乱前，朱泚实兼凤翔、秦陇、陇右及幽州四镇节度使，而陇州至少驻有三支军队：一支是秦陇镇中陇州刺史所辖的陇州兵。代宗大历八年，陇州华亭置义宁军[③]，陇州刺史也掌握着一定的军事力量。一支是陇右留后韦皋实际控制的陇右军。陇右军是唐前期即已存在的边军，这应是驻扎在陇州的精锐部队。一支是朱泚旧将牛云光率领的幽州兵马。在建中三年朱泚罢镇居长安时，仍保

---

① (五代) 刘昫等：《旧唐书》卷一二五《萧复传》，第3821页。
② (五代) 刘昫等：《旧唐书》卷一四〇《韦皋传》，第3821页。
③ (宋) 欧阳修、宋祁等：《新唐书》卷三七《地理志一》，第968页。

留着幽州节度使一职①，故驻陇州的幽州兵马仍与朱泚存在着隶属关系。

(二) 凤翔陇州镇时期凤翔、陇州地区的军事建置

凤翔陇州镇下的陇州设有防御使。陇州这种掌军刺史州的判官员额是由朝廷厘定的，朝廷对这样的州具有直接的人事管辖权。如《唐会要》卷七九《诸使下·诸使杂录下》："（会昌五年）九月，中书门下奏：条流诸道判官员额。……防御副使，莘（华）州、泗州各有两员，并望不减。楚州、寿州各有三员，寿州望减团练副使一员，楚州望减营田巡官一员。汝州、盐州、陇州，旧各有一员，望不减。……今据本镇额量减，数亦非少。仍望令正职外，不得更置摄职。仍令御史台及出使郎官御史，专加察访。"②

陇州作为凤翔陇州镇的属州，也要服从本道长官的政令，如李惟简任凤翔陇州节度使时的陇州，"地与吐蕃接，旧常朝夕相伺，更入攻抄，人吏不得息。""公以为国家于夷狄当用长算，边将当承上旨，谨条教，蓄财谷，完吏农力以俟；不宜规小利，起事盗恩。禁不得妄入其他。益市耕牛，铸镈钐鉏斸，以给农之不能自具者；丁壮兴励，岁增田数十万亩。连八岁五种俱熟，公私有余。贩者负入褒斜，船循渭而下，首尾相继不绝。"③

但陇州刺史同样拥有较大的军事自主权。《旧唐书》卷一九六下《吐蕃下》载陇州与吐蕃战事：

> （贞元三年八月）陇州刺史韩清沔与（驻陇神策军副将）苏太平夜出兵伏于大像窊，及夜半，令城中及窊各举火相应，贼大惊，因袭其营，贼乃退散。时吐蕃攻陷华亭。初，贼之围华亭也，先绝其汲水道。其守将王仙鹤及镇兵百姓凡三千人，皆在围中，使人间道请救于陇州，刺史韩清沔令苏太平率一千五百人赴之。及中路，其游骑百余没于贼，太平素懦怯寡谋，遽引众退归。贼自是每日令

---

① （五代）刘昫等：《旧唐书》卷二〇〇下《朱泚传》，第5387页。
② （宋）王溥：《唐会要》卷七九《诸使下·诸使杂录下》，第1714—1716页。
③ （清）董诰等：《全唐文》卷五六五《韩愈〈凤翔陇州节度使李公墓志铭〉》，第5720页。

游骑千余至陇州，州兵不敢复出。①

陇州刺史不仅兼陇州防御使而直接组织陇州地区的军事活动，而且对驻防本州的神策军也有指挥权。陇州在一定程度上成为制约凤翔节度使的重要力量。凤翔节度使直接管辖的，其实不过凤翔一府之地。凤翔陇州的这种关系一直持续到大中四年。

藩镇刺史掌军是对藩镇节度使权力的分割与制约。如元和十三年（818）横海军节度使乌重胤上言："臣以河朔能据朝命者，其大略可见。盖刺史失职，反使镇将领兵事。若刺史各得职分，又有镇兵，则节将难有禄山、思明之奸，岂能据一州为叛哉？所以河朔六十年能拒朝命者，只以夺刺史、县令之职，自作威福故也。"② 类似陇州这样的刺史不仅掌握本州的军权，而且还拥有朝廷专奏权。如德宗建中四年以后，隶于淮南节度使的寿州团练就有专奏权，在军事行动中也可独当一面。③ 楚州也是隶于淮南道的系属节镇的团练州，楚州刺史也有专奏权。④

为什么要建立凤翔陇州这样的辖有两州府的藩镇呢？这应是特殊时期的军事建置的要求。如文宗太和四年五月敕："陕虢西去两京非远，唯管一郡，分置廉使，本因艰难。若四方少事，则旧制为便。其都防御观察使额宜停。所管兵马使，属本州防御使。"⑤ 陕虢节度使是因"四方多事"，加强京畿东部的军事防御力量而设。凤翔陇州节度使也是"唯管一郡"的藩镇，其设置也应是在吐蕃为患的形势下，为强化凤翔陇州军事力量而为。宣宗大中五年，陇右张议潮归国，"河、陇陷蕃百余年，至是悉复陇右故地。"⑥ 随着吐蕃威胁的降低，凤翔、陇州镇解体，陇州成为直属于朝廷的防御州。

"一元二道"或"一元多镇"体制，增强了以凤翔为中心的西北防御力量。代宗朝后期，朱泚执掌凤翔，凤翔镇成为关中不可小觑的雄藩。但这种

---

① （五代）刘昫等：《旧唐书》卷一九六下《吐蕃下》，第5255页。
② （五代）刘昫等：《旧唐书》卷一六一《乌重胤传》，第4223页。
③ 陈志坚：《唐代州郡制度研究》，第34页。
④ 陈志坚：《唐代州郡制度研究》，第34页。
⑤ （宋）王溥：《唐会要》卷七九《诸使下·诸使杂录下》，第1711页。
⑥ （五代）刘昫等：《旧唐书》卷一八下《宣宗本纪下》，第629页。

军事协调机制又是建立在军力制约基础之上的。建中四年前,凤翔尹已兼凤翔、陇右二节度,陇右节度使府在凤翔,但陇右军却驻于陇州。如前文所述,建中四年韦皋为陇右营田判官,领陇右留后,权知陇州行营留后事,实际掌握着驻陇州的陇右军。陇右节度使驻地与陇州驻军处于两分的状态,故陇右留后韦皋对陇右军拥有较强的控制力。

兴元元年八月,唐德宗命神策军出身的李晟出镇凤翔,之后凤翔镇历任节帅多出自禁军系统,中央对凤翔镇的控制力大大加强了。德宗贞元以后,中央通过扩充神策军,加强对西北藩镇的监视和控制,消除了京西北藩镇对京师的潜在威胁,凤翔也被中央神策军牢牢掌控。德宗贞元年间凤翔镇境内普润县陇右经略军的设置,也成为制约凤翔节度使的一支军事力量。

三、畿甸神策军的建立与发展

肃、代两朝及德宗朝初年,畿甸地域并未建立起朝廷直接掌控的军事力量,朝廷很大程度上实行着依靠方镇制衡方镇的均势政策。但泾原之乱证明这种政策有着极大的局限性。建立一支由朝廷直接控制的军队,对当时的唐廷具有极为重要的迫切性。德宗末年神策军的发展,扭转了畿甸军事力量相对弱化的局面。①

(一) 神策军的建立

神策军本是为了防御吐蕃而建的戍边军队。《李相国论事集》卷六《论京西京北两神策镇遏军事》:"今京西、京北,并有神策军镇兵。本置此者,只防蕃寇侵轶,俾其御难战斗也,不使其鲜衣美食,坐费衣粮尔。"②《唐会要》卷七八《节度使》:"天宝十三载七月十七日,陇右节度哥舒翰以前年收黄河九曲,请分其地置洮阳郡,内置军焉,以成如璆为太守,充神策军使。"③ 安史之乱期间,神策军一部千余人,由卫伯玉率领,赴中原参加平叛。乾元二

---

① 以下相关部分内容转引自齐勇锋《说神策军》,《陕西师范大学学报》(哲学社会科学版) 1983 年第 2 期。
② (唐) 李绛撰,(宋) 蒋偕编辑:《李相国论事集》卷六《论京西京北两神策镇遏军事》,《丛书集成初编》第 853 册,中华书局 1985 年版。
③ (宋) 王溥:《唐会要》卷七八《节度使》,第 1689 页。

年九节度兵败相州后,神策军退驻陕州,作为防备安史的二线部队,"以殿东夏"。① 不久,卫伯玉和继任神策军节度使的郭英乂先后调离,神策军权为宦官鱼朝恩所掌握。

代宗广德元年,吐蕃攻入长安,"禁军不集,征召离散"②,代宗奔陕,"朝恩率神策军以迎,兼护车驾,幸其营焉。京师克平,朝恩以所统军归于禁中。"③ 神策军正式成为禁军。不过,这时的神策军已不是最初卫伯玉统领的千把人马,而是扩编后的万人大军。《新唐书·兵志》载:"广德元年,代宗避吐蕃幸陕,朝恩举在陕兵与神策军迎扈,悉号神策军。"④ 表明当时驻防陕州的军队已被鱼朝恩编入神策军了。

当时的陕州除卫伯玉的神策军外,还有郭英乂的陕州镇军。陕州节度的前身为置于乾元二年的陕虢华节度,首任节帅为来瑱,郭英乂为二任节帅。来瑱在战乱前长期从军河西,官至"河西节度副使"。⑤ 郭英乂为陇右名将郭知运之子,亦"策名河、陇间",安史之乱后,迁任"陇右节度使"。⑥ 据《资治通鉴》卷二二一肃宗乾元二年载:"十一月甲子……发安西、北庭兵屯陕,以备史思明。"⑦ 同书卷二二二肃宗上元二年载:鱼朝恩与卫伯玉、李光弼等会攻洛阳,败于邙山,"朝廷闻之,大惧,益兵屯陕。"⑧

据此,神策军直接由戍守临洮的陇右边军发展而来,神策军在陕州整编的部分河西、陇右军和安西、北庭军,也是与其性质相同的戍边部队。因此,虽然不能否认神策军在"归于禁中"时的大军中可能有招募的士兵,其主要成分无疑是训练有素、具有相当作战能力的原西北边军。最初的神策军无疑是朝廷掌握的一支精兵劲旅。

---

① (五代)刘昫等:《旧唐书》卷一九三《宦官·鱼朝恩传》,第4763页。
② (五代)刘昫等:《旧唐书》卷一九三《宦官·鱼朝恩传》,第4763页。
③ (宋)王溥:《唐会要》卷七二《神策军》,第1533页。
④ (宋)欧阳修、宋祁等:《新唐书》卷五〇《兵志》,第1332页。
⑤ (五代)刘昫等:《旧唐书》卷一〇《肃宗本纪》,第255页。
⑥ (五代)刘昫等:《旧唐书》卷一一七《郭英乂传》,第3396页。
⑦ (宋)司马光等编修,(元)胡三省音注:《资治通鉴》卷二二一"肃宗乾元二年"条,第7089页。
⑧ (宋)司马光等编修,(元)胡三省音注:《资治通鉴》卷二二二"肃宗上元二年"条,第7106页。

(二) 神策军的扩编

安史之乱后，唐中央集权与地方割据的尖锐矛盾，迫使统治者建立一支由中央直接掌握的、有战斗力的军事武装。因而，神策军入归禁中后，由鱼朝恩专掌，并再次进行扩编。这次扩编仍以大量吸收和整编其他方镇军队为主。如邢君牙为平卢兵马使，"安禄山反，随平卢节度使侯希逸过海，至青、徐间，……领防秋兵入镇好畤。属吐蕃陵犯，代宗幸陕，君牙隶属禁军扈从。"① 阳惠元初从军平卢，"后与田神功、李忠臣等相继泛海至青、齐间，忠勇多权略，称为名将。又以兵隶神策，充神策京西兵马使。"② 尚可孤本为安史降将，后"充神策大将，……以禁兵三千镇于扶风县，后移武功。"③ 郝廷玉原为朔方节度使李光弼"帐中爱将，光弼薨，代宗用为神策将军。"④ 侯仲庄"为光弼先锋……封为上谷郡王，为神策京西将。"⑤ 李晟"代居陇右为裨将"，号"万人敌"，后事泾原节度使马璘，"璘忌晟威名，又遇之不以礼，令朝京师，代宗留居宿卫，为右神策都将。"⑥

神策军这次整编的平卢军邢君牙部、阳惠元部，安史降将尚可孤部，朔方军郝廷玉部、侯仲庄部等，都是久经沙场、惯于作战的方镇军。经过这次扩编，神策军的势力大增，开始在政治舞台上充分发挥作用。它不仅几次出征河朔叛镇，更重要的是在建中四年"泾师之变"中，孤军奋战，剪灭朱泚，收复京城，使唐王朝转危为安，再次为唐王朝立下了汗马功劳，加强了唐王朝对神策军的信赖。

神策军的建立本是为了强干弱枝，故神策军亦出关参与平叛活动。《新唐书》卷五〇《兵志》记载德宗时期，"神策兵虽处内，而多以裨将将兵征伐，往往有功。"⑦ 神策军屡屡出战而损失较大，"数出禁军征伐，神策之士

---

① （五代）刘昫等：《旧唐书》卷一四四《邢君牙传》，第3925页。
② （五代）刘昫等：《旧唐书》卷一四四《阳惠元传》，第3914页。
③ （五代）刘昫等：《旧唐书》卷一四四《尚可孤传》，第3911页。
④ （五代）刘昫等：《旧唐书》卷一五二《郝廷玉传》，第4068页。
⑤ （宋）欧阳修、宋祁等：《新唐书》卷一三六《侯仲庄传》，第4595页。
⑥ （五代）刘昫等：《旧唐书》卷一三三《李晟传》，第3661—3662页。
⑦ （宋）欧阳修、宋祁等：《新唐书》卷五〇《兵志》，第1332页。

多斗死者",以致兵员不足,"既发殆尽",战斗力弱化,形成无法控御畿甸之忧:

> 及李希烈反,河北盗且起,数出禁军征伐,神策之士多斗死者。建中四年下诏募兵,以志贞为使,搜补峻切。郭子仪之婿端王傅吴仲孺殖赀累巨万,以国家有急不自安,请以子率奴马从军。德宗喜甚,为官其子五品。志贞乃请节度、都团练、观察使与世尝任者家,皆出子弟马奴装铠助征,授官如仲孺子。于是豪富者缘为幸,而贫者苦之。神策兵既发殆尽,志贞阴以市人补之,名隶籍而身居市肆。及泾卒溃变,皆戢伏不出,帝遂出奔。
>
> 初,段秀实见禁兵寡弱,不足备非常,上疏曰:"天子万乘,诸侯千,大夫百,盖以大制小,十制一也,尊君卑臣强干弱支之道。今外有不廷之虏,内有梗命之臣,而禁兵不精,其数削少,后有猝故,何以待之?猛虎所以百兽畏者,爪牙也,爪牙废,则孤豚特犬悉能为敌。愿少留意。"至是方以秀实言为然。①

德宗至泾原之乱后,"方以秀实言为然",应是此前其将对方镇的控御,建立在以方镇治方镇基础之上,对保持关中军力缺少必要的认识。德宗此后"方以秀实言为然",也是受到德宗朝名相陆贽的影响。在泾原之乱前,唐军多在关外、山东平叛。陆贽对此深以为忧,在《论关中事宜状》中指出帝王居重驭轻在"立德""立威","德""威"不可偏废;在"居重驭轻","轻""重"之道不可偏废之道。但在德宗时期已经形成了"倒持之势":

> 君人有大柄,立国有大权,得之必强,失之必弱,是则历代不

---

① (宋)欧阳修、宋祁等:《新唐书》卷五〇《兵志》,第1333页。又《旧唐书》卷一二八《段秀实传》,第3587页:"初,秀实见禁兵寡少,不足以备非常,乃上疏曰:'臣闻天子曰万乘,诸侯曰千乘,大夫曰百乘,此盖以大制小,以十制一也。尊君卑臣,强干弱枝之义,在于此矣。今外有不庭之虏,内有梗命之臣,窃观禁兵不精,其数全少,卒有患难,将何待之!且猛虎所以百兽畏者,为爪牙也。若去其爪牙,则犬彘马牛悉能为敌。伏愿少留圣虑,冀神万一。'及泾原兵作乱,召神策六军,遂无一人至者。秀实守节不二,竟殁于贼,其明略义烈如此。"

易,百王所同。夫君人之柄,在明其德威;立国之权,在审其轻重。德与威不可偏废也,轻与重不可倒持也。蓄威以昭德,偏废则危;居重以驭轻,倒持则悖。恃威则德丧于身,取败之道也;失重则轻移诸己,启祸之门也。

陛下天锡勇智,志期削平,忿兹昏迷,整旅奋伐,海内震叠,莫敢宁居,此诚英主拨乱拯物,不得已而用之。然威武四加,非谓蓄矣。所可兢兢保惜,慎守而不失者,唯居重驭轻之权耳。陛下又果于成务,急于应机,竭国以奉军,顷中以资外,倒持之势,今又似焉。①

进而指出"王畿"在维系政权中的重要作用——"王畿"建置是"居重驭轻,天子之大权",是"御诸夏""镇抚戎狄"之本;"实"王畿而"虚"四方,"赋役轻近而重远",是畿甸建置之术的要旨:

臣闻国家之立也,本大而末小,是以能固。又闻理天下者,若身之使臂,臂之使指,则大小适称而不悖焉。身所以能使臂者,身大于臂故也;臂所以能使指者,臂大于指故也。王畿者,四方之本也,京邑者,又王畿之本也,其势当令京邑如身,王畿如臂,四方如指,故用则不悖,处则不危,斯乃居重驭轻,天子之大权也。非独为御诸夏而已,抑又有镇抚戎狄之术焉。是以前代之制,转天下租税,委之京师;徙郡县豪杰,处之陵邑;选四方壮勇,实之边城。其赋役则轻近而重远也,其惠化则悦近以来远也。②

太宗文皇帝列置府兵,天下八百余所,而关中殆五百,则是居重驭轻之典;玄宗之世则形成府兵衰弱,禄山"外重"之势,"强本之意则忘"。前文对此已有述及,此不赘述。但肃宗仍藉备边之兵,天下之富,"中复兴运",

---

① (唐)陆贽:《陆宣公全集·陆宣公奏议》卷一《奏草一〈论关中事宜状〉》,第56页。
② (唐)陆贽:《陆宣公全集·陆宣公奏议》卷一《奏草一〈论关中事宜状〉》,第56—57页。

边兵成为安史之乱期间的平叛之资：

> 故禄山窃倒持之柄，乘外重之资，一举滔天，两京不守。尚赖经制，颇存典刑，强本之意则忘，缘边之备犹在，加以诸牧有马，每州有粮，故肃宗得以为资，中复兴运。①

但在代宗之际，西北边兵东征，朝廷又无御边之兵，吐蕃内侵，代宗"幸陕"。陆贽认为这些皆因"失居重驭轻之权，忘深根固柢之虑"。如何固本是一个相当严峻的现实问题：

> 乾元之后，大憝初夷，继有外虞，悉师东讨，边备既弛，禁戎亦空。吐蕃乘虚，深入为寇，故先皇帝莫与为御，避之东游。是皆失居重驭轻之权，忘深根固柢之虑。内寇则崤函失险，外侵则汧渭为戎，于斯之时，朝市离析，事变可虑，须臾万端，虽有四方之师，宁救一朝之患？陛下追想及此，岂不为之寒心哉！②

代宗自陕还都之后，开始充实王畿。充实的举措有二：一是靠四军控北虏（回纥），二是征诸道防秋备塞。但二者并未能起到防边的作用：

> 先皇帝还自陕郊，惩艾往事，稍益禁卫，渐修边防。是时关中有朔方泾原陇右三帅，以扞西戎，河东有太原全军，以控北虏。此四军者，皆声势雄盛，士马精强，又征诸道戍兵，每岁乘秋备塞，尚不能保固封守，遏其奔冲，京师戒严，比比而有。③

在四镇之乱时，朔方、太原之众，神策六军皆在山东平叛，陆贽认为朝廷有外虏内侵之忧，而无御敌之资："今朔方太原之众，远在山东，神策六军

---

① （唐）陆贽：《陆宣公全集·陆宣公奏议》卷一《奏草一〈论关中事宜状〉》，第57页。
② （唐）陆贽：《陆宣公全集·陆宣公奏议》卷一《奏草一〈论关中事宜状〉》，第57页。
③ （唐）陆贽：《陆宣公全集·陆宣公奏议》卷一《奏草一〈论关中事宜状〉》，第57页。

之兵，继出关外，傥有贼臣睒觊，黠虏窥边，伺隙乘虚，微犯亭障，此愚臣所窃为忧者也。未审陛下其何以御之？"并且认为应当涵养关中，反对赋役过重，竭关中之泽而鱼：

> 自顷将帅徂征，久未尽敌，苟以借口，则请济师。陛下乃为之辍边军，缺环卫，虚内厩之马，竭武库之兵，占将家之子以益师，赋私养之畜以增骑。犹且未战，则曰乏财。陛下又为之算室庐，贷商贾，倾司府之币，设请榷之科。关辅之间，征发已甚；宫苑之内，备卫不全。万一将帅之中，又如朱滔、希烈，或负固边垒，诱致豺狼，或窃发郊畿，惊犯城阙。此亦愚臣所窃为忧者也，未审陛下复何以备之？
>
> ……
>
> 今之关中，即古者邦畿千里之地也，王业根本，于是在焉。秦尝用之以倾诸侯，汉尝因之以定四海，盖由凭山河之形胜，宅田里之上腴。弱则内保一方，当天下之半，可以养力俟时也；强则外制东夏，据域中之大，可以蓄威昭德也。豪勇之在关中者，与籍于营卫不殊；车乘之在关中者，与列于厩牧不殊；财用之在关中者，与贮于帑藏不殊。有急而须，一朝可聚，今执事者先拔其本，弃重取轻，所谓倒持太阿，授人以柄。议制置则强干弱枝之术反，语绥怀则悦近来远之道乖。①

在这种可堪忧虑的形势下，陆贽建议"所遣神策六军士马及点召节将士子弟东行应援者，悉可追还。河北既有马燧、抱真，固亦无籍李晟，亦令旋斾，完复禁军。明敕泾、陇、邠宁，但令严备封守，仍云更不征发，使知各保安居。又降德音，劳徕畿甸，具言京辇之下，百役殷繁，且又万方会同，诸道朝奏，恤勤怀远，理合优容。其京城及畿县所税间架、榷酒、抽贯、贷商、点召等，诸如此类，一切停罢。则冀已输者弭怨，见处者获宁，人心不

---

① （唐）陆贽：《陆宣公全集·陆宣公奏议》卷一《奏草一〈论关中事宜状〉》，第57页。

摇，邦本自固，祸乱无从而作，朝廷由是益尊。然后可以度时宜，施教令，弛张自我，何有不从。"①

陆贽实则建议神策军不出关中，作为维系朝廷的基本的屏障，对关中实行轻赋税、藏富于民的王畿建置思想。陆贽以太宗列置府兵，天下八百余所，而关中殆五百，则是居重驭轻之典，实则变相地向唐德宗提出，要建立一支足以控御地方藩镇的军事力量；当务之急则是避免神策军出关作战，保持畿甸军力、以畿甸威慑天下方镇之策。这在一定程度上不仅与段秀实的思想一致，而且超出了段秀实对畿甸建置的认识。它在一定程度上体现出以畿甸控御天下政策的重建。于是唐廷在贞元年间对神策军进行第二次扩编，但陆贽的减轻关中赋税的政治理想并未实现。

在建中四年的朱泚之乱中，有两股力量为唐王朝立下了功勋：一是神策军，一是宦官集团。在泾原乱兵占据京城，德宗出奔奉天、再幸兴元的艰难时期，文臣武将逃亡、投敌者甚多，侍从宦官却无人叛变，忠心耿耿，随驾扈从。德宗由此深信，只有神策军最为亲信，宦官最为可靠。于是，唐德宗决定把神策军交由宦官执掌。"贞元十二年六月，特立护军中尉两员，中护军两员，以帅禁军"②，确立了宦官统率神策军的制度，同时对神策军再次进行扩编。

这次扩编主要有三种方式。一种方式继续整编其他藩镇军队。如镇国军节度使"骆元光自华（州）引军戍良原，元光卒，军入神策。"③ 朔方节度使浑瑊"遣兵马使李朝采将兵戍定平，瑊薨，朝采请以其军隶神策军，诏许之。"④ 苻璘原为魏博镇田悦部将，后率三百骑降于河东节度使马燧。贞元三年，"从马入觐，擢拜辅国大将军，行左神策军将军，知军事。"⑤

一种方式是以"神策行营"的名义，将京畿和关内诸军强行兼并，隶于

---

① （唐）陆贽：《陆宣公全集·陆宣公奏议》卷一《奏草一〈论关中事宜状〉》，第57—59页。
② （五代）刘昫等：《旧唐书》卷一八四《宦官·窦文场霍仙鸣等传》，第4766页。
③ （宋）欧阳修、宋祁等：《新唐书》卷一六五《高郢传》，第5073页。
④ （宋）司马光等编修，（元）胡三省音注：《资治通鉴》卷二三六"唐德宗贞元三年"条，第7595页。
⑤ （清）王昶：《金石萃编》卷一三三《苻璘碑》，国家图书馆善本金石组：《隋唐五代石刻文献全编》第四册，北京图书馆出版社2003年版，第47页。

神策麾下。如贞元十四年,以邢君牙为"右神策节度、凤翔陇右观察使。"①君牙卒,继之"以右神策将军张昌为凤翔尹、右神策行营节度、凤翔陇右节度使。"② 凤翔镇为神策军兼并,成为其行营的一部分。贞元十六年,"以左神策行营、银夏节度韩全义为蔡州行营招讨使。"③ 则银夏镇亦有"神策行营"之号。故《新唐书·兵志》说:"塞上往往称神策行营,皆内统于中人矣,其军乃至十五万。"④

一种方式是招募新兵。建中四年,李希烈陷汝阳,进围襄城,德宗令神策军使白志贞"为京城召募使,……志贞请令节度、观察、团练等使并尝为是官者,令家出子弟甲马从军。"⑤ 得三千人,号"子弟军",使神策将刘德信将之救襄城。贞元初,为节省政府开支,李泌把天宝末年以来因陇右失陷而留居京师的西域朝贡酋长,安西、北庭校吏及其子孙四千余人,"尽以隶左右神策军,以酋长署牙将,岁省五十万缗。"⑥ 以招募增加的兵力不多,在这次扩编中居于次要地位。

经过上述几次扩编,神策军的兵力达十五万人。此后,神策军的编制大体稳定,但仍然整编其他部队加入神策军。如唐宪宗元和八年,"废天威军,以其兵骑分隶左右神策军。"⑦ 穆宗长庆二年,整编成德镇精锐傅良弼部和李寰部。⑧ 据此,神策军最初的主要成分,并非"不堪一击"的"市井无赖、豪强、奸滑之徒",而是有较强作战能力的边军和藩镇军。神策军的蜕化仅是后来逐渐发生的、不可避免的现象。

(三) 神策军的布防

神策军的布防格局,在代宗大历年间已基本确定。《新唐书》卷五〇《兵志》记载了代宗时期神策军的分布情况:

---

① (五代) 刘昫等:《旧唐书》卷一三《德宗本纪下》,第 387 页。
② (五代) 刘昫等:《旧唐书》卷一三《德宗本纪下》,第 387 页。
③ (五代) 刘昫等:《旧唐书》卷一三《德宗本纪下》,第 388 页。
④ (宋) 欧阳修、宋祁等:《新唐书》卷五〇《兵志》,第 1334 页。
⑤ (五代) 刘昫等:《旧唐书》卷一三五《白志贞传》,第 3719 页。
⑥ (宋) 欧阳修、宋祁等:《新唐书》卷一七〇《王锷传》,第 5169 页。
⑦ (宋) 欧阳修、宋祁等:《新唐书》卷五〇《兵志》,第 1335 页。
⑧ (宋) 欧阳修、宋祁等:《新唐书》卷一四八《牛元翼传》,第 4789—4790 页。

永泰元年，吐蕃复入寇，朝恩又以神策军屯苑中，自是浸盛，分为左、右厢，势居北军右，遂为天子禁军，非它军比。大历四年，请以京兆之好畤，凤翔之麟游、普润，皆隶神策军。明年，复以兴平、武功、扶风、天兴隶之，朝廷不能遏。①

从总体上看，这一时期神策军驻地可考者，除京城长安外，还有奉天②、武功、扶风③、好畤、麟游、普润④、兴平、天兴⑤、鄠县⑥、陕州⑦十地。《新唐书·兵志》说："其后京畿之西，多以神策军镇之，皆有屯营。军司之人，散处甸内。"⑧此后神策军的防地大体不超出京畿和关内一带。神策军的兵员也多出自京兆府、同州、华州、凤翔府，"三辅人假比于军"。塞上边军亦是神策军的来源之一。故而，肃代德时期京兆府、同州、华州、凤翔镇仍是中央朝廷直接掌控的军事力量的兵员保障地，是唐廷控御天下的国之根本。

神策军较强地控制了凤翔镇。京兆地界则有兵五镇，京兆、凤翔占据了神策军京外各镇的大多数，凤翔、京兆仍是中央控御的军力的主要地区。在募兵制时代，各镇的镇兵多由本地招募，京兆、凤翔应是神策军重要的兵源供给地。同、华两州亦有防御性质的军队，但力量不足与神策军相抗，故而通过宦官手中掌握的神策军，唐廷将京兆与同、华、岐等州府维系在一起，建立了一个特殊性极强的神策军控制的政区圈。⑨

四、肃代德时期对畿甸的监察政策

唐后期曾设立京外按察司监察地方。这在事实上分割、制约了节度、观

---

① （宋）欧阳修、宋祁等：《新唐书》卷五〇《兵志》，第 1332 页。
② （五代）刘昫等：《旧唐书》卷一四四《阳惠元传》，第 3914 页。
③ （五代）刘昫等：《旧唐书》卷一四四《尚可孤传》，第 3911 页。
④ （宋）欧阳修、宋祁等：《新唐书》卷五〇《兵志》，第 1332 页。
⑤ （宋）欧阳修、宋祁等：《新唐书》卷二七〇《宦者上·鱼朝恩传》，第 5866 页。
⑥ （宋）欧阳修、宋祁等：《新唐书》卷二〇七《程元振附骆奉仙传》，第 5862 页。
⑦ （宋）司马光等编修，（元）胡三省音注：《资治通鉴》卷二二四，第 7211 页。
⑧ （宋）欧阳修、宋祁等：《新唐书》卷五〇《兵志》，第 1334 页。
⑨ 齐勇锋先生对唐代神策军研究作出了卓越的贡献。以上内容参见齐勇锋《说神策军》，《陕西师范大学学报》（哲学社会科学版）1983 年第 2 期。

察使的地方监察权，京兆亦由此形成京外按察司与御史台双重监察的形式。《唐会要》卷八一《考上》："（代宗宝应）二年正月，考功奏：请立京外按察司，京察连御史台分察使，外察连诸道观察使，各访察官吏善恶。其功过稍大，事当奏者，使司案成便奏。每年九月三十日以前，具状报考功。其功过虽小，理堪惩劝者，按成即报考功。至校考日，参事迹以为殿最。"① 同州就由御使监察。《旧唐书》卷一二八《颜真卿传》："为宰相所忌，出为同州刺史，转蒲州刺史。为御史唐旻所构，贬饶州刺史。"② 御史台出使郎官、御史皆属京外按察司。这种制度的长期存在，客观上起到了制约地方势力做大的作用。

五、京兆地区官员的任命形成了特殊的亲属回避制

如《唐会要》卷六九《县令》："贞元二年二月，京兆尹鲍防奏状：准广德二年敕，中书门下及两省官五品已上、尚书省四品以上、诸司正员三品已上官、诸王、驸马等周亲已上亲及女婿、外甥等，自今已后，不得任京兆府判司及畿县令、两京县丞、簿、尉等者。今咸阳县令贾全，是臣亲外甥，恐须停罢。诏曰：功劳近臣，至亲子弟，既处繁剧，或招过犯，宽容则挠法，耻责则亏恩，不令守官，诚为至当。贾全等十人，昨缘畿内凋残，亲自选择，事非常制，不合避嫌。"③

总之，京兆府、同州、华州、凤翔府长官的选任，以朝官或具有中央任官履历人员为主，这一区域仍然有着极强的区域共性。神策军的主要布防地亦使其成为重要的中央军力掌控之地。邠、商、凤翔等州府又分属于不同的监察区，开元天宝时期形成的京畿道仅余京兆、同、华三州（府）。这三州（府）仍由御史监察。凤翔镇则是由御史、观察使监察的双重监察区。

---

① （宋）王溥：《唐会要》卷八一《考上》，第 1779 页。
② （五代）刘昫等：《旧唐书》卷一二八《颜真卿传》，第 3591 页。
③ （宋）王溥：《唐会要》卷六九《县令》，第 1441—1442 页。

第四节 肃代德时期畿甸政区发展的地缘性

唐代后期土地兼并日益严重，"富者有连阡之田，贫者无立锥之地"。①土地兼并的发展和均田制的破坏，使越来越多的农民失掉土地，大量的农民脱离户籍，成为地主私家的佃农。肃宗上元元年（760），国家控制的人口只有16990386，其中纳税人口只有2370799，国家控制的人口比天宝十四载（755）减少了35938733，纳税人口减少了5210432。酒税、青苗钱、间架税、除陌钱、茶税、借商、白著等苛捐杂税层出不穷。肃代德时期畿甸地域的发展形势更加严峻。

一、畿甸地域仍是赋役繁重之区

唐代后期，由于对藩镇和边疆各族战费的支出，官僚机构的膨胀以及统治集团生活奢侈等原因，政府的财政支出日增，统治者不得不加重赋税的征收。最初实行两税法时，规定定税计钱，折钱纳物；但由于铜钱的流通额不能满足社会需要，致使钱价不断上涨，物价不断下跌，即使税额不变，纳税者的实际负担也在增加。地方官更是不断增加税额。在提高两税之外，政府还巧立名目，横征暴敛，收取各种杂税，漆、竹、木、金、银、蔬菜、水果、木炭、食粮、布绢、牲畜等都要收税，几乎是无物不税。

另外，统治者还通过盐、茶、酒的专卖来榨取人民，其中对人民危害最大的是榷盐。开元十年（722），唐朝政府开始征收盐税。当时的盐价是每斗10文。乾元元年（758），实行榷盐政策，盐价猛增到每斗110文。至德宗时（780—805），又增到每斗370文。以至民间有用数斗谷子换1升盐的情况。官盐价过高，人民或被迫淡食，或买价钱较低的私盐。政府为垄断盐利，严禁贩卖私盐，致使矛盾更加激化。

畿甸地域在安史之乱后，兵戎战乱，纷至沓来。朱泚之乱后，"天下户口

---

① （五代）刘昫等：《旧唐书》卷一九上《懿宗本纪》，第681页。

三耗其二。贞元四年，诏天下两税审等第高下，三年一定户。自初定两税，货重钱轻，乃计钱而输绫绢。既而物价愈下，所纳愈多，绢匹为钱三千二百，其后一匹为钱一千六百，输一者过二，虽赋不增旧，而民愈困矣。"① 在自然经济占主导地位的封建时代，畿甸地域成为唐廷平定天下变乱的基地，同时也是天下赋役的重灾区："王畿之间，赋敛尤重。百役供亿，当甚艰辛。"② "军兴取给，皆出邦畿。"③

京畿更是赋役繁重之地。《唐会要》卷八三《租税上》载："（大历）八年正月二十五日敕：青苗地额钱，天下每亩率十五文。以京师烦剧，先加至三十文，自今已后，宜准诸州，每亩十五文。"④ 京师的青苗钱一度高出征收标准的一倍。《全唐文》卷五〇七载："三辅难理，毂下尤甚。贼泚之后，（京兆）旱蝗相乘，连师十余万，屯于蒲坂，戎装兵马，仰给京师。"⑤ 三辅地域成为重要的赋役征敛之地。

即使到了政局相对稳定的德宗朝，京畿地域仍然"辇毂之下，四方会同。供应既多，难为定准。急赋烦役，人何以堪？"⑥ 以至于当时常税不足，无法建立常平仓，平抑物价。《唐会要》卷八八《仓及常平仓》："（建中）三年九月，户部侍郎赵赞上言曰：伏以旧制，置仓储粟，名曰常平。军兴已来，此事寖废，因循未齐，垂三十年。其间或因凶荒流散，馁死相食者，不可胜纪。……时国用稍广，常赋不足，所税亦随得而尽，终不能为常平本。"⑦ 这在很大程度上说明，唐代后期江南经济虽有所发展，但在当时的交通条件及急赋就近征发的形势下，关中仍是常税的重要来源，江南财富的增长尚不能减轻关中赋税的负担。

和籴是唐政府征收粮食的重要手段。度支和籴先由关内再由关外，也表

---

① （宋）欧阳修、宋祁等：《新唐书》卷五二《食货志二》，第1353页。
② （宋）宋敏求：《唐大诏令集》卷四《代宗〈改元大历敕〉》，第25页。
③ （宋）王钦若等编，周勋初等校订：《册府元龟》（校订本）卷四九〇《邦计部·蠲复第二》，第5561页。
④ （宋）王溥：《唐会要》卷八三《租税上》，第1818页。
⑤ （清）董诰等：《全唐文》卷五〇七《权德舆〈太中大夫守国子祭酒颍川县开国男赐紫金鱼袋赠户部尚书韩公行状〉》，第5156页。
⑥ （宋）宋敏求：《唐大诏令集》卷六九《德宗〈贞元元年南郊大赦天下制〉》，第387页。
⑦ （宋）王溥：《唐会要》卷八八《仓及常平仓》，第1914—1915页。

明关内在国家财政中占有首要地位。《新唐书》卷五三《食货志三》:"大历八年,以关内丰穰,减漕十万石,度支和籴以优农。"① 但和籴也是三辅重负。《唐会要》卷九〇《和籴》:"(贞元)四年八月,诏京兆府于时价外,加估和籴。差清强官,先给价直,然后贮纳。续令所司自搬运,载至太仓。并差御史分路访察,有违敕文,令长以下,当重科贬。先是,京畿和籴,多被抑配,或物估踰于时价,或先敛而后给直,追集停拥,百姓苦之。及闻是诏,莫不欢忻乐输焉。"②

关内诸州应是和籴的重点地区。如《唐会要》卷九〇《和籴》:"贞元二年九月,度支奏:'京兆、河南、河中、同、华、陕、虢、晋、绛、鄜、坊、丹、延等州府,夏秋两税、青苗等钱物,悉折籴粟麦,所在储积,以备军食。京兆府兼给钱收籴,每斗于时估外更加钱,纳于太仓。'诏可之。"③ 从贞元二年九月度支的奏文看,畿甸地区几乎全部包括在内。但这种和籴仍是扰民之事,陕州的新店即是所见的相当典型的例子。《唐会要》卷二七《行幸》载:

> 贞元三年十二月,上(德宗)猎于新店,幸野人赵光奇家,问曰:"百姓乐乎?"对曰:"不乐。"上曰:"仍岁颇稔,何不乐乎?"对曰:"盖由陛下诏令不信于人,所以然也。前诏云于两税之外,悉无他徭;今非两税而诛求者殆过之。后诏云和籴于百姓,曾不识一钱而强取之。始云所籴粟麦,纳于道次;今则遣致于京西,破产奉役,不能支也。百姓愁苦如此,何有于乐乎?虽频降优恤之诏,而有司多不奉之,亦恐陛下深在九重,未之知也!"上感异之,因诏复除其家。④

陕州新店的和籴之物,不仅"不识一钱而强取之",而且要"遣致于京

---

① (宋)欧阳修、宋祁等:《新唐书》卷五三《食货志三》,第1368—1369页。
② (宋)王溥:《唐会要》卷九〇《和籴》,第1943页。
③ (宋)王溥:《唐会要》卷九〇《和籴》,第1943页。
④ (宋)王溥:《唐会要》卷二七《行幸》,第607—608页。

西","破产奉役,不能支也。""百姓愁苦如此,何有于乐乎?" 赋役负担也相当沉重。《新唐书·严郢传》载:"宰相杨炎请屯田丰州,发关辅民凿陵阳渠,……秦地膏腴,田上上,耕者皆畿人。"① 《唐会要·疏凿利人》载此事:"关辅之民,不免流散,是虚扰畿甸,而无益军储。"② 赋役不均,加重了赋役负担形势,京畿、三辅遭受超强的经济剥削在所难免。

《唐会要》卷八七《转运盐铁总叙》载:"兵兴以来,凶荒相属,京师斗斛万钱,官厨无兼时之食,百姓在畿甸者,拔谷授穗,以供禁军。"③ 这是肃宗年间的基本形势。在唐德宗时期,京师、三辅仍然赋税繁多。《全唐文》卷三七〇《刘晏〈遗元载书〉》载:"京师三辅百姓,唯苦税亩伤多。"④ 同、华二州本是"地迫而贫"即人多地少的贫困地区,这种赋役压榨往往造成严重的后果。《新唐书》卷一四九《卢徵传》载卢徵由同州徙华州刺史,"厚结权近,冀进用。同、华地迫而贫,所献尝觳陋,至(卢)徵厚赋敛,有所奉入,辄加常数,人不堪其求。"⑤

二、畿甸地域赋役繁重的原因

卢徵任同州刺史时,为求进用而"厚赋敛",造成同州赋税沉重。但造成同州赋税沉重的原因较多。这些问题的出现,在根本上是"兵冗官滥,为之大蠹"造成的结果。《新唐书》卷五一《食货志一》载:

> 自天宝以来,大盗屡起,方镇数叛,兵革之兴,累世不息,而用度之数,不能节矣。加以骄君昏主,奸吏邪臣,取济一时,屡更其制,而经常之法,荡然尽矣。由是财利之说兴,聚敛之臣进。盖口分、世业之田坏而为兼并,租、庸、调之法坏而为两税。至于盐铁、转运、屯田、和籴、铸钱、括苗、榷利、借商、进奉、献助,

---

① (宋)欧阳修、宋祁等:《新唐书》卷一四五《严郢传》,第4728页。
② (宋)王溥:《唐会要》卷八九《疏凿利人》,第1922页。
③ (宋)王溥:《唐会要》卷八七《转运盐铁总叙》,第1885页。
④ (清)董诰等:《全唐文》卷三七〇《刘晏〈遗元载书〉》,第3762页。
⑤ (宋)欧阳修、宋祁等:《新唐书》卷一四九《卢徵传》,第4799页。

无所不为矣。盖愈烦而愈弊，以至于亡焉。①

唐后期广设藩镇，兵多而赋必多，设使多而料禄广。畿甸形势也是如此。诸使在唐代亦相当于"官"。《新唐书》卷五五《食货志五》载："自开元后，置使甚众，每使各给杂钱。宰相杨国忠身兼数官，堂封外月给钱百万。幽州平卢节度使安禄山、陇右节度使哥舒翰兼使所给，亦不下百万。""兵兴，权臣增领诸使，月给厚俸，比开元制禄数倍。"②

唐代节度使俸料三十万，都防御使、监军十五万，观察使十万，都团练使、副使、上州刺史八万。③ 凤翔设凤翔节度使、观察使，兼陇右节度观察使、凤翔府尹，府尹俸料八万，凤翔又设监军使。若不计节度使府、观察使府僚佐俸料，唐代凤翔一镇，以上诸使俸料钱即有近70万之巨，凤翔财政负担较唐代前期的岐州多出数十万，近于唐前期岐州刺史俸料的九倍有余。但节度、观察又兼营田、转运、支度等使，凤翔节度使一年之俸，当百万有余。同、华二州刺史兼防御使，第为上州，其俸料增加至少1倍。

官民之间有着相对固定的比例与赋税关系。"夫计人而置官，度事而赋任，因时立制，损益在焉。吏足以理人，人足以奉吏，则官称其禄，禄当其秩，然后上下相乐，公私不匮。昔汉光武时及魏太和中，并减吏员，兼省乡邑，致理之道，此其一隅。"唐后期军人多，官吏多，户口少。赋税杂役繁多，在战乱年代尤其如此。《全唐文》卷四七《代宗〈裁减丞尉诏〉》：

> 今连岁治戎，天下凋瘵，京师近甸，烦苦尤重，比屋流散，念之恻然。人寡吏多，困于供费，欲其苏息，不可得也。设令廉耻守分，以奉科条，犹有禄廪之烦，役使之弊；而况贪猾纵欲，而动逾典章，作威以虐下，厚敛以润己者乎！古者县置大夫一员，足以为治，奚必贰佐分掌，而后治耶？且京畿户口，减耗大半，职员如旧，

---

① （宋）欧阳修、宋祁等：《新唐书》卷五一《食货志一》，第1341—1342页。
② （宋）欧阳修、宋祁等：《新唐书》卷五五《食货志五》，第1399—1400页。
③ （宋）欧阳修、宋祁等：《新唐书》卷五五《食货志五》，第1402—1403页。

何以堪之？岂可以重困之人，供不给之费？①

唐代诸使、判官还有料钱。《唐会要》卷九一《内外官料钱上》载大历十二年厘革诸道观察使、团练使及判官料钱："观察使（令兼使不在加给限）每月除刺史正俸料外，每使每月请给一百贯文，杂给准时价不得过五十贯文；都团练副使每月料钱八十贯文，杂给准时价不得过三十贯文；观察判官（与都团练判官同）每月料钱五十贯文；支使每月料钱四十贯文；推官每月料钱三十贯文；巡官准观察推官例，已上每员每月杂给，准时估不得过二十贯文。如州县见任官充者，月料杂给减半；刺史知军事，每人除正俸外，请给七十贯文，如带别使，不在加限。杂给准时估不得过三十贯文。"

州县官员也给料钱。"州县给料（其大都督府长史准七府尹例，左右司马准上州别驾例支给料钱），刺史八十贯文，别驾五十五贯文，长史、司马各五十贯，录事参军四十贯，判司三十贯，参军、博士各一十五贯，录事、市令等各一十三贯，县令四十贯，丞三十贯，簿、尉各二十贯。""其旧准令月俸、杂料、纸笔、执衣、白直，但纳资课等色，并在此数内。其七府准四月二十八日敕文不该者，并请依京兆府例处分。其中州、中县已下三分减一分。其额内厘务，比正官减半。其州县官除差充推官、巡官及司马掌军事外，如更别带职，亦不在加给限。"②

诸使之设无疑加重了畿甸地域的赋役负担，消耗着国家的财政。

畿甸地域赋役繁重的原因之二，是京官职田侵渔百姓。如《唐会要》卷九二《内外官职田》载："长庆元年七月敕：百司职田在京畿诸县者，访闻本地，多被所由侵隐，抑令贫户佃食蒿荒，百姓流亡，半在于此。宜委京兆府勘会均配，务使公平。"③（代宗）宝历元年四月制："京百司田散在畿内诸县，旧制配地出子，岁月已深，佃户至有流亡，官曹多领虚数。今欲据额均入，地盘万户，供输百司，尽得随税出子，逐亩平摊，比量旧制，孰为允便？

---

① （清）董诰等：《全唐文》卷四七《代宗〈裁减丞尉诏〉》，第517页。
② （宋）王溥：《唐会要》卷九一《内外官料钱上》，第1967—1968页。
③ （宋）王溥：《唐会要》卷九二《内外官职田》，第1982页。

宜委京兆府与屯田审勘计会，条流闻奏。"①

在冗兵冗官之外，两税法是造成畿甸赋役沉重的重要原因之一。德宗建中元年（780），宰相杨炎建议颁行"两税法"。两税法是以原有的地税和户税为主，统一各项税收而制定的新税法。两税法是一种比较适应当时情况及历史发展趋势的制度。它与当时土地高度集中，大多数农民失去土地，成为佃户以及商品经济不断发展的情况相适应。两税法由主要按丁口征税转向主要按土地和资产征税，这是中国封建经济的新发展在赋税制度上的反映，是封建税制的一个重要改革，是税制的一大进步。

但实行两税法后，土地兼并由于不再受任何限制而发展得越发严重。两税法规定量出制入，致使税额不断增加，而且后来两税之外又增加了许多苛捐杂税。两税法规定户税钱要折合成布帛交纳。后来由于货币不足，出现了"钱重物轻"的现象，即货币增值，物价下跌。刚实行两税法时，一匹绢值三千二三百文，到贞元十年（794）前，仅值一千五六百文。如果原来交纳一匹绢，此时就要交纳两匹，致使纳税者的实际负担增加。

最后，吐蕃连年入侵，亦导致整个关中的贫困。《新唐书》卷五三《食货志三》载："及代宗出陕州，关中空窘。""贞元初，关辅宿兵，米斗千钱，太仓供天子六宫之膳不及十日，禁中不能酿酒，以飞龙驼负永丰仓米给禁军，陆运牛死殆尽。"②"贞元初，吐蕃劫盟，召诸道兵十七万戍边。关中为吐蕃蹂躏者二十年矣，北至河曲，人户无几，诸道戍兵月给粟十七万斛，皆籴于关中。"③关中供给军需的负担相当沉重。宰相陆贽仍强调和籴关中："关中谷贱，请和籴，可至百余万斛。计诸县船车至太仓，谷价四十有余，米价七十，则一年和籴之数当转运之二年，一斗转运之资当和籴之五斗。"④这是对畿甸的超强性剥削。

唐廷在关中大规模和籴，并转运物资用来实边，"存转运以备时要"。"江淮米至河阴者罢八十万斛，河阴米至太原仓者罢五十万，太原米至东渭桥者

---

① （宋）王溥：《唐会要》卷九二《内外官职田》，第1983页。
② （宋）欧阳修、宋祁等：《新唐书》卷五三《食货志三》，第1368—1369页。
③ （宋）欧阳修、宋祁等：《新唐书》卷五三《食货志三》，第1374页。
④ （宋）欧阳修、宋祁等：《新唐书》卷五三《食货志三》，第1374页。

罢二十万。以所减米粜江淮水菑州县,斗减时五十以救乏。京城东渭桥之籴,斗增时(估)三十以利农。以江淮粜米及减运直市绢帛送上都。帝乃命度支增估籴粟三十三万斛,然不能尽用赟议。宪宗即位之初,有司以岁丰熟,请畿内和籴。当时府、县配户督限,有稽违则迫蹙鞭挞,甚于税赋,号为和籴,其实害民。"①

王夫之《读通鉴论》卷二三《代宗》深刻地论述了畿内地区赋役繁重、社会贫困的重要原因:"广德二年,户部奏户口之数二百九十余万,较天宝户九百六万九千有奇,仅存者三之一也,而犹不足。叛贼之所杀掠,蕃夷之所蹂践,乱军之所搜刷,死绝逃亡,而民日以耗,固也。然天地之生,盈而必消,消而抑长,民之自惜其生,惊窜甫定,必即谋田庐、育妇子,筋骸以习苦而疆,婚嫁以杀礼而易,亦何至凋零之逮是哉?盖国家所以安集其人民而足其赋役者,恃夫法之不乱、政之不苛,污吏无所容其奸,猾胥无所儳其伪耳。"形成这种现象的根本原则是赋役之法的紊乱:

> 丧乱猝兴而典籍乱,军徭数动而迁徙杂,役繁赋重,有司以消耗薄征输不及之责而利报逃亡,单丁疲户,徼幸告绝,而黠民乘之,以众为寡,以熟为莱,堕赋于僻远愿朴之乡,席腴产、长子孙者,公为籍外之游民,墨吏鬻版籍,猾胥市脱漏,乃使奉公畏法之愿民,代奸人以任国计,户日减,科敛不得不日增,昔以三而供太平之常赋,今以一而应军兴之求索,故其后两税行而税外之苛征又起,杜甫所为哀寡妇诛求之尽者,良有以也。②

三、解决畿甸赋役沉重之弊的失败

代宗时刘晏提出通过转运江南财富,解决畿甸赋役沉重之弊的办法。《全唐文》卷三七〇《刘晏〈遗元载书〉》载:"浮于淮泗,达于汴,入于河,西循底柱、硖石、少华,楚帆越客,直抵建章、长乐,此安社稷之奇策也。"刘

---

① (宋)欧阳修、宋祁等:《新唐书》卷五三《食货志三》,第1374页。
② (清)王夫之:《读通鉴论》卷二三《代宗》,第1852—1853页。

晏建议元载恢复水运,"则潭、衡、桂阳,必多积谷;关辅汲汲,只缘兵粮糟引。潇湘洞庭,万里几日,沧波挂席,西指长安。三秦之人,待此而饱;六军之众,侍此而强。天子无侧席之忧,都人见泛舟之役;四方旅拒者可以破胆,三河流离者于兹请命。"但开发江南水运的利病,各有四五。

利一:"晏自尹京,入为计相,共五年矣。京师三辅百姓,唯苦税亩伤多。若使江湖米来,每年三二十万,即顿减徭赋,歌舞皇泽,其利一也。"利二:"东都残毁,百无一存,若米运流通,则饥人皆附,村落邑廛,从此滋多。命之日引海陵之仓,以食巩、洛,是计之得者,其利二也。"利三:"诸将有在边者,诸戎有侵败王略者,或闻三江五湖,贡输红粒,云帆桂楫,输纳帝乡,军志曰:先声后实,可以震耀夷夏。其利三也。"利四:"自古帝王之盛,皆曰'书同文,车同轨,日月所照,莫不率俾。'今舟车既通,商贾往来,百货杂集,航海梯山,神圣辉光,渐近贞观、永徽之盛,其利四也。"

江南水运的不利条件包括:一是"函、陕凋残,东周尤甚,过宜阳、熊耳,至武牢、成皋,五百里中,编户千余而已。居无尺椽,人无烟爨,萧条悽惨,兽游鬼哭。牛必羸角,舆必说鞔,栈车辁漕,亦不易求。今于无人之境,兴此劳人之运,固难就矣,其病一也。"二是"河汴有初,不修则毁澱,故每年正月,发近县丁男,塞长茭,决沮淤。清明桃花已后,远水自然安流,阳侯、宓妃,不复太息。顷因寇难,总不淘拓,泽灭水,岸石崩,役夫需于沙,津吏旋于泞,千里洇上,冈水舟行,其病二也。"三是"东垣底柱,渑池二陵,北河运处,五六百里,戍卒久绝。县吏空拳夺攘,奸宄窟穴囊橐,夹河为薮,豺狼猞猞,舟行所经,寇亦能往,其病三也。"四是"东自淮阴,西临蒲坂,亘三千里,屯戍相望,中军皆鼎司元侯,贱卒仪同青紫。每云食半菽,又云无挟纩,鞔漕所至,船到便留,即非单车使折简书所能制矣,其病四也。"①

总之,肃代德时期的畿甸地域仍是天下赋役的重灾区,当时江南经济虽然有所发展,但这种发展并不能纾解畿甸地域赋役负担沉重的形势。这也是由当时交通条件限制、自然经济占主体地位、赋役具有就近征发,解决财政所需、财政急需的时代特点决定的。物资流通、经济发展形式、畿甸近边形

---

① (清)董诰等:《全唐文》卷三七〇《刘晏〈遗元载书〉》,第3762—3763页。

势、国家财政消耗的主要方向，是影响畿甸发展地缘特点的重要因素。不同的畿甸发展的地缘条件，对畿甸社会发展具有不同程度的影响。

第五节　唐肃代德时期畿甸御外制内的功效

《新唐书》卷二一九《北狄传·契丹》："故事，以范阳节度为押奚、契丹使，自至德后，藩镇擅地务自安，郛戍斥候益谨，不生事于边，奚、契丹亦鲜入寇，岁选酋豪数十入长安朝会，每引见，赐与有秩，其下率数百皆驻馆幽州。"① 这一时期的契丹不复成为边地军事行动的重点。唐廷面临的威胁有二：一是消弭内部的叛乱势力，二是防范西陲吐蕃的侵犯。唐廷在东向防范河北藩镇的同时，逐步构建了西向防御吐蕃的畿甸边防体制。这两种方向的防御体系建立的核心，就是河朔藩镇防御圈的建立，及畿甸神策军的建立与发展。

一、肃代德时期唐廷的内外威胁

（一）西陲吐蕃的侵犯

在唐代前期，吐蕃就已经成为唐朝的边患。安史之乱期间的宝应二年（763），吐蕃尽陷唐陇右之地，劫掠泾州、邠州，攻陷长安十五日。代宗永泰元年（765），吐蕃寇畿甸，"徙营九嵕之阴，掠醴泉居人数万，焚室庐，田皆赤地。"② 给畿甸地区带来严重的破坏。杜甫《忆昔》记载了吐蕃的猖獗："我昔近侍叨奉引，出兵整肃不可当。为留猛士守未央，致使岐雍防西羌。犬戎直来坐御林，百官跣足随天王。"吐蕃屡犯灵、泾、邠、宁、庆、鄜、凤翔等州府。

在受吐蕃威胁，代宗幸陕之后，"每岁八九月间，京师恟恟，常惧犬戎复

---

① （宋）欧阳修、宋祁等：《新唐书》卷二一九《北狄传·契丹》，第6172页。
② （宋）欧阳修、宋祁等：《新唐书》卷二一六上《吐蕃上》，第6089页。

至,将相之家,皆装储糗,为行李之备。"① 肃代德时期吐蕃的入侵,给畿甸地域造成了巨大的破坏,德宗贞元年间更为突出。《新唐书》卷五三《食货志三》:"贞元初,吐蕃劫盟,召诸道兵十七万戍边。关中为吐蕃蹂躏者二十年矣,北至河曲,人户无几,诸道戍兵月给粟十七万斛,皆籴于关中。"② 代宗朝宰相元载因之提出了迁都的建议。《元和郡县图志》卷一三《河中府》记载了大历年间元载的《建中都议》。

《建中都议》中认为以河中府为中都,符合帝王建都"用天因地","深根固本,以制天下"的选定都城的标准:"自古建大功者,未尝不用天因地,故高祖保关中,光武据河内,皆深根固本,以制天下。"河中府周边有十州为藩篱,具有较好的军事防御性:"臣等考天地之心,本圣人之意,验古往之事,切当今之务,则莫若建河中为中都,隶陕、虢、晋、绛、汾、潞、仪、石、慈、隰等十城为藩卫。"③ 这是可以以河中为中都的原因之一。

元载认为以河中建中都的原因之二,是河中有羊肠、底柱之险可凭:"长安去中都三百里,顺流而东,邑居相望。有羊肠、底柱之险,浊河、孟门之限,以轩辕为襟带,与关中为表里,刘敬所谓'扼天下之吭而抚其背',即此之谓。"④

以河中建中都的原因之三,是河中府左右邻于东都、西都,有巩固长安、扩大关中战略纵深,保卫洛阳,制御蛮夷之用:"推是而言,则建中都将欲固长安,非欲外之也;将欲安成周,非欲舍之也;将欲制蛮夷,非欲惧之也;将欲定天下,非欲弱之也。河中之地,左右王都,黄河北来,太华南倚,总水陆之形胜,郁关河之气色。"

这三点原因造就了河中府便于内控华夏,外驭戎狄,且不妨农时,不增加财政负担:"每岁白露既降,凉风已高,陛下处金城汤池,内绥华夏,登信臣骁将,外驭戎狄,出于仲秋,还于农隙,有漕浊泛舟之便,无登高履险之虞,不伤财,不害人,得养威而时狩,如此则国有保安之所,家无系虏之

---

① (唐)李吉甫:《元和郡县图志》卷一三《河东道一·河中府》,第324页。
② (宋)欧阳修、宋祁等:《新唐书》卷五三《食货志三》,第1374页。
③ (唐)李吉甫:《元和郡县图志》卷一三《河东道一·河中府》,第324页。
④ (唐)李吉甫:《元和郡县图志》卷一三《河东道一·河中府》,第324页。

忧矣。"①

但元载之议并没有结果:"疏奏不省。"元载之议没有成功,其原因是这样的:"初,代宗自幸陕之后,每岁八九月间,京师恟恟,常惧犬戎复至,将相之家,皆装储糗,为行李之备。载知人情不安,遂奏此疏,冀因制置,窃有兵权,议亦宏博,尽当时利害。然代宗探见载意,议故不行。"②

这一记载虽然重在说明元载想借迁都而窃有兵权,但也详尽指出了"当时利害"。如何应对吐蕃的威胁,成为德宗朝的首要大事。北宋欧阳修等对吐蕃内侵之事论曰:"唐兴,四夷有弗率者,皆利兵移之,蹶其牙,犁其廷而后已。惟吐蕃、回鹘号强雄,为中国患最久。赞普遂尽盗河湟,薄王畿为东境,犯京师,掠近辅,残齨华人。"③道出了唐代后期吐蕃为患关中、唐廷不得不全力应对的形势。

(二) 内部的藩镇之乱

安史之乱平定后,唐朝无力彻底消灭"安史"的余部,任命"安史"降将为节度使:李宝臣为成德节度使(治恒州,今河北省石家庄市正定区),田承嗣为魏博节度使(治魏州,今大名),李怀仙为卢龙节度使(治幽州,今北京市),史称"河朔三镇"或"河北三镇",后来发展成为最强大的割据势力。安史之乱时,边兵大量内调,边防空虚,吐蕃、南诏乘机进扰。因而安史之乱平定后,唐朝又在西北,西南加强藩镇。

唐朝曾多次对叛乱型藩镇进行斗争,其中规模最大的是德宗和宪宗时期的两次斗争。德宗建中二年(781),成德节度使李宝臣死,其子李惟岳请求继位,被德宗拒绝,于是李惟岳就和魏博节度使田悦、淄青节度使李正己、山南东道节度使梁崇义联合发动叛乱,史称"四镇之乱"。德宗调兵平叛,梁崇义、李惟岳先后败死;但后来奉命平叛的卢龙节度使朱滔、淮西节度使李希烈因对朝廷不满,也参加叛乱,致使叛乱规模越来越大。

建中四年(783),德宗调泾原兵五千人援救被李希烈叛军围困的襄城。

---

① (唐) 李吉甫:《元和郡县图志》卷一三《河东道一·河中府》,第324页。
② (唐) 李吉甫:《元和郡县图志》卷一三《河东道一·河中府》,第324页。
③ (宋) 欧阳修、宋祁等:《新唐书》卷二一六下《吐蕃下》,第6109页。

泾原兵途经长安时，因犒赏菲薄而哗变，德宗逃往奉天。泾原兵拥朱滔之兄朱泚为首领，称秦帝，以兵围攻奉天。河中节度使李怀光来援德宗，亦与朱泚联合反叛。德宗又逃往梁州。后依靠李晟、马燧等将领，收复长安，消灭了朱泚、李怀光等叛军。但河朔三镇和淄青镇并未把任何权力交还朝廷，朝廷最终妥协。

唐廷历次对河北用兵，均以失败告终，很大程度是河北藩镇联合对抗唐王朝的结果，唐德宗"志欲扫清河朔，不使藩镇承袭"[①]，最终导致"建中之乱"，以及唐穆宗长庆初"河朔再叛"便是最好的证明。但由于种种原因，唐廷也并不具备扫清河朔的实力。杜牧《樊川文集》卷五《战论》记载了唐不能平定河朔的五大原因：

一是平时大臣苟安于现状，疏于军事斗争的准备："夫天下无事之时，殿阁大臣，偷处荣逸，为家治具，战士离落，兵甲钝弊，车马羸弱，而未尝为之简帖整饬，天下杂然盗发，则疾殴疾战。此宿败之师也，何为而不北乎！是不蒐练之过者，其败一也。"

二是军队虚报名额，吃空饷，以敌养军："夫百人荷戈，仰食县官，则挟千夫之名，大将小裨，操其余赢，以虏壮为幸，以师老为娱，是执兵者常少，糜食者常多，筑垒未干，公囊已虚。此不责实科食之过，其败二也。"

三是小胜而赏之过度："夫战辄小胜，则张皇其功，奔走献状，以邀上赏，或一日再赐，一月累封，或凯旋未歌，书品已崇。爵命极矣，田宅广矣，金缯溢矣，子孙官矣，焉肯搜奇外死勤于戎乎。此赏厚之过，其败三也。"

四是对士兵缺少严厉的管制："夫多丧兵士，颠翻大都，则跳身而来，刺邦而去，回视刀锯，菜色甚安，一岁未更，旋已立于坛墠之上矣。此轻罚之过，其败四也。"

五是大将无专兵之权，军权实在监军之手："夫大将将兵柄不得专，恩臣诘责，第来挥之，至如堂然将阵，殷然将鼓，一则曰必为偃月，一则曰必为鱼丽，三军万夫，环旋翔伴，慌骇之间，虏骑乘之，遂取吾之鼓旗。此不专

[①] （宋）司马光等编修，（元）胡三省音注：《资治通鉴》卷二二七"唐德宗建中三年二月"条，第7320页。

任责成之过，其败五也。"

这五大原因造成的败事，极大地消耗了国家财政："元和时，天子急太平，严约以律下，常团兵数十万以诛蔡，天下干耗，四岁然后能取，此盖五败不去也。"当时朝廷的党争激烈，亦无暇顾及平定河北之事："登坛注意之臣，死窜且不暇，复焉能加威于反虏哉？"

杜牧《战论》指出唐军在对河北叛镇、吐蕃对全国政局的牵动，及吐蕃战事失利之事的缘由。这些缘由深刻地分析了唐后期河北与吐蕃为患的形势。《樊川文集·战论》："兵非危也，谷非殚也，而战必挫北，是曰不循其道也。"河北藩镇割据具有自身特殊的历史条件：

> 河北视天下犹珠玑也，天下视河北犹四支也。珠玑苟无，岂不活身；四支苟去，吾不知其为人。何以言之？夫河北者，俗俭风浑，淫巧不生，朴毅坚强，果于战耕。名城坚垒，巘薜相贯，高山大河，盘互交锁。加以土息健马，便于驰敌，是以出则胜，处则饶，不窥天下之产，自可封殖，亦犹大农之家，不待珠玑然后以为富也。①

河北藩镇割据对全国局势的影响之一是使唐廷失河北之兵，又失防御河北的六郡之兵："天下无河北则不可，河北既虏，则精甲锐卒利刀良弓健马无有也。卒然夷狄惊四边，摩封疆，出表里，吾何以御之？是天下一支兵去矣。河东、盟津、滑台、大梁、彭城、东平，尽宿厚兵，以塞虏冲，是六郡之师，严饰护疆，不可他使，是天下二支兵去矣。"影响之二不仅是失河北之财，而且失黄河以南、淮河以北之财："六郡之师，厥数三亿，低首仰给，横拱不为，则沿淮已北，循河之南，东尽海，西叩洛，经数千里，赤地尽取，才能应费，是天下三支财去矣。"②

吐蕃对唐廷的影响，则是直接威胁帝都，关内之军无法抗击吐蕃，故每年皆有防秋之兵入关。防秋兵之耗费，关内兵之耗费，则皆出东南八道即

---

① （唐）杜牧：《樊川文集》卷五《战论》，第92—94页。
② （唐）杜牧：《樊川文集》卷五《战论》，第91—92页。

《战论》所谓的"吴、越、荆、楚"等地:"咸阳西北,戎夷大屯,吓呼膻臊,彻于帝居,周秦单师,不能排辟,于是尽铲吴越、荆楚之饶,以哚戍兵,是天下四支财去矣。"庞大的军费消耗着唐廷的财政,"乃使吾用度不周,征徭不常,无以膏齐民,无以接四夷。"① 而这里所谓的"戍兵"则指长安西北的镇兵及他道防秋兵,关中的军事供给主要仰仗江南、汉中等地。

杜牧《罪言》中指出"山东,王者不得,不可为王;霸者不得,不可为霸;猾贼得之,是以致天下不安。"并提出其名的以河北自治为上策的政论,而所谓的中原防御河北三镇的"梁、徐、陈、汝、白马津、盟津、襄、邓、安、黄、寿春皆戍厚兵,凡此十余所,纔足自护治所,实不辍一人以他使。"朝廷实无力扫清河北高度自治之镇。是文首先指出河北藩镇势力强大:"国家天宝末,燕盗徐起,出入成皋、函、潼间,若涉无人地,郭、李辈常以兵五十万,不能遇邺。自尔一百余城,天下力尽,不得尺寸,人望之若回鹘、吐蕃,义无有敢窥者。"

河北藩镇对唐军事、民生、民族关系、政局产生了巨大的影响:一是缘河强化军事防御:"国家因之(防御河北)畔河修障戍,塞其街蹊。"二是成为叛镇之源,战乱不断,民生凋敝,吐蕃猖獗,内乱不止,天子幸陕、幸汉中:"齐、鲁、梁、蔡,被其风流,因亦为寇。以里拓表,以表撑里,混涽回转,颠倒横斜,未尝五年间不战,生人日顿委,四夷日猖炽,天子因之幸陕、幸汉中,焦焦然七十余年矣,呜呼!运遭孝武,澣衣一肉,不敢不乐,自卑冗中拔取将相,凡十三年,乃能尽得河南、山西地,洗削更革,罔不顺适,唯山东不服,亦再攻之,皆不利以返。岂天使生人未至于帖泰耶?岂其人谋未至耶?何其艰哉,何其艰哉!"

杜牧提出了处理山东事务,安辑百姓的重要性:"今日天子圣明,超出古昔,志于平理。若欲悉使生人无事,其要在于去兵,不得山东,兵不可去,是兵杀人无有已也。"以及处理山东事务的上、中、下三策。其中上策是使山东藩镇保持"自治":"上策莫如自治。""自治"的原因包括:

一是防卫河北藩镇之唐廷诸镇,皆是仅足防卫而不足进攻:"当贞元时,

---

① (唐)杜牧:《樊川文集》卷五《战论》,第92页。

山东有燕、赵、魏叛，河南有齐、蔡叛，梁、徐、陈、汝、白马津、盟津、襄、邓、安、黄、寿春皆成厚兵，凡此十余所，才足自护治所，实不辍一人以他使，遂使我力解势弛，熟视不轨者，无可奈何。阶此蜀亦叛，吴亦叛，其他未叛者，皆迎时上下，不可保信。自元和初至今一十九年间，得蜀得吴，得蔡得齐，凡收郡县二百余城，所未能得，唯山东百城耳。"

二是河北藩镇实力强大，能够维系政治的自治："土地人户，财物甲兵，校之往年，岂不绰绰乎？亦足自以为治也。法令制度，品式条章，果自治乎？贤才奸恶，搜选置舍，果自治乎？障戍镇守，干戈车马，果自治乎？井闾阡陌，仓廪财赋，果自治乎？如不果自治，是助虏为虐，环土三千里，植根七十年，复有天下阴为之助，则安可以取。故曰，上策莫如自治。"

中策是攻取魏博镇："中策莫如取魏。"这是由魏博对河北、河南的重要性决定的。"魏于山东最重，于河南亦最重。何者？魏在山东，以其能遮赵也，既不可越魏以取赵，固不可越赵以取燕，是燕、赵常取重于魏，魏常操燕、赵之性命也。故魏在山东最重。黎阳距白马津三十里，新乡距盟津一百五十里，陴垒相望，朝驾暮战，是二津虏能溃一，则驰入成皋不数日间，故魏于河南间亦最重。"并以元和年间魏博田弘正归朝，宪宗借此平灭吴元济（"诛蔡"）、李师道（"诛齐"），失去魏博而有长庆年间的河北复叛为例：

> 今者愿以近事明之。元和中，纂天下兵，诛蔡诛齐，顿之五年，无山东忧者，以能得魏也。昨日诛沧，顿之三年，无山东忧者，亦以能得魏也。长庆初诛赵，一日五诸侯兵四出溃解，以失魏也。昨日诛赵，罢如长庆时，亦以失魏也。故河南、山东之轻重，常悬在魏，明白可知也。非魏强大能致如此，地形使然也。故曰取魏为中策。

最下策为"浪战"，"不计地势，不审攻守是也。兵多粟多，驱人使战者，便于守；兵少粟少，人不驱自战者，便于战。故我常失于战，虏常困于守。山东之人，叛且三五世矣，今之后生所见，言语举止，无非叛也，以为事理正当如此，沉酣入骨髓，无以为非者。指示顺向，诋侵族窜，语曰叛去，酋酉起矣。至于有围急食尽,餤尸以战,以此为俗,岂可与决一胜一负哉。自十余年来,凡三收赵,食尽且下。尧山败,赵复振;下博败,赵复振;馆陶败,赵复振。故曰,不计地势,不审攻守,为浪战,最下策也。"①

文宗武宗时期杜牧在《守论》中亦指出大历、贞元年间唐廷对河北三镇的姑息政策:"往年两河盗起,屠囚大臣,劫戮二千石,国家不议诛洗,束兵自守,反条大历、贞元故事,而行姑息之政,是使逆辈益横,终唱患祸。"至文武宗时期的执事"大人",仍以姑息为"宿谋",以不与藩镇发生事端为"广大繁昌":"干戈朽,铁钺钝,含引混贷,煦育逆孽,而殆为故常。而执事大人,曾不历算周思,以为宿谋,方且嵬岸抑扬,自以为广大繁昌莫己若也。"

但执政者并未认识到河北三镇为天下"蘖根",祸患之源,在国家生事之秋将"骇乱吾民于掌股之"的隐患:

> 呜呼!其不知乎?其俟寒顿颠倾而后为之支计乎?且天下几里,列郡几所,而自河已北,蟠城数百,金坚蔓织,角奔为寇,伺吾人之颠顿,天时之不利,则将与其朋伍,罗络郡国,将骇乱吾民于掌股之上耳。今者及吾之壮,不图擒取,而乃偷处恬逸,第第相付,以为后世子孙背胁疽根,此复何也?
>
> ……
>
> 赵、魏、燕、齐,卓起大倡,梁、蔡、吴、蜀,蹑而和之。其余混涢轩嚣,欲相效者,往往而是。运遭孝武,宵旰不忘,前英后杰,夕思朝议,故能大者诛锄,小者惠来,不然,周秦之郊,几为犯猎哉?

朝廷之所以姑息河北藩镇,在于力避因"疾战焚煎吾民":"今之议者咸曰:'夫倔强之徒,吾以良将劲兵以为衔策,高位美爵充饱其肠,安而不挠,外而不拘,亦犹豢扰虎狼而不拂其心,则忿气不萌。此大历、贞元所以守邦

---

① (唐)杜牧:《樊川文集》卷五《罪言》,第86—89页。

也，亦何必疾战焚煎吾民，然后以为快也？'"这种政治观点忽略了吐蕃对唐廷的威胁，唐廷无力东顾的现实。文宗武宗时期唐廷边患形势虽已发生较大的变化，但当时特殊的政治、军事、经济环境，又使唐廷并不具备平定河北藩镇的优势。

杜牧则反对"大历、贞元守邦之术"，提出以教、刑罚、征伐"裁其欲而塞其争"之道："大抵生人油然多欲，欲而不得则怒，怒则争乱随之。是以教笞于家，刑罚于国，征伐于天下，此所以裁其欲而塞其争也。大历、贞元之间，尽反此道，提区区之有而塞无涯之争，是以首尾指支，几不能相运掉也。今者不知非此，而反用以为经，愚见为盗者非止于河北而已。""呜呼！大历、贞元守邦之术，永戒之哉。"①

总之，唐代河北三镇割据的长期存在，是内外条件相互作用的结果。黄巢起义之后，藩镇势力发展，唐政权名存实亡，"郡将自擅，常赋殆绝，藩侯废置，不自朝廷"②，"王室日卑，号令不出国门。"③ 在唐末藩镇格局的历史性变动中，河北三镇合纵连横关系改变，其割据性逐渐弱化。《新唐书》卷五〇《兵志》：

> 始时为朝廷患者，号"河朔三镇"。及其末，朱全忠以梁兵、李克用以晋兵更犯京师，而李茂贞、韩建近据岐、华，妄一喜怒，兵已至于国门，天子为杀大臣、罪己悔过，然后去。及昭宗用崔胤召梁兵以诛宦官，劫天子奔岐，梁兵围之逾年。当此之时，天下之兵无复勤王者。向之所谓三镇者，徒能始祸而已。其他大镇，南则吴、浙、荆、湖、闽、广，西则岐、蜀，北则燕、晋，而梁盗据其中，自国门以外，皆分裂于方镇矣。④

总之，在广明之乱前，唐代形成河北三镇、中原防御型藩镇及畿甸神

---

① （唐）杜牧：《樊川文集》卷五《守论》，第93—95页。
② （五代）刘昫等：《旧唐书》卷一九下《僖宗本纪》，第720页。
③ （宋）司马光等编修，（元）胡三省音注：《资治通鉴》卷二五九"唐昭宗景福二年七月"条，第8446页。
④ （宋）欧阳修、宋祁等：《新唐书》卷五〇《兵志》，第1330页。

策军三大军事力量的均势,这种均势成为维系唐后期中央政权稳定的基础。但畿甸神策军依靠畿甸、江淮财税支撑,畿甸的贫困、与江淮的距离,成为制约神策军发展的重要因素。广明之乱断绝了江淮诸道的财政支撑,神策军无法维系下去,畿甸也就失去了控御天下的基础,成为一个象征性的政治核心区。

二、畿甸内外控御机制的功效

肃代德时期唐廷逐步建立起对畿甸的控制,及以畿甸控御外部势力的层层控御手段。这些手段大体始建于代宗时期,大致完成于德宗时期,故唐德宗在重建唐朝统治、稳固唐朝统治的过程中具有重要的作用。

(一) 凤翔府与兴、凤、陇等州建构的功效

肃代德时期唐廷对凤翔镇、秦陇或兴凤陇等州的协调统一与制衡机制,在朱泚之乱中对制约叛乱发挥了重要的作用。朱泚之乱发生后,凤翔兵马使李楚琳杀(凤翔节度使)张镒,以府城叛归于朱泚。幽州兵亦欲以陇州叛附朱泚,韦皋犒宴"云光之卒于郡舍,伏甲于两廊。酒既行,伏发,尽诛之"。此前,陇州刺史郝通奔于楚琳。郝通应为忠于朝廷的韦皋所迫,叛附朱泚未果而投奔李楚琳的,陇州叛卒也有从乱而被韦皋所杀者。所以,凤翔尹虽兼三道节度使,但当时直接管控的不过凤翔一镇的军队。

但兼领节度使体制的建立,又强化了凤翔与兴、凤、陇等州的军事协同指挥。凤翔尹兼领体制的建立,对防御党项等少数民族确实发挥了较大的作用。如:唐肃宗乾元三年"六月乙丑,凤翔节度使崔光远及羌、浑、党项战于泾、陇,败之。乙酉,又败之于普润。"[①] 上元二年二月,"奴剌、党项寇宝鸡凤翔府属县,烧大散关,南侵凤州,杀刺史,大掠而西,凤翔节度使李鼎追击破之。"[②]

---

① (宋)欧阳修、宋祁等:《新唐书》卷六《肃宗本纪》,第163页。据《旧唐书》卷一九八《西戎·党项羌》第5292页:"其在泾、陇州界者,上元元年率其众十余万诣凤翔节度使崔光远请降。"记载的应该就是当年六月凤翔节帅崔光远击败党项等事。

② (宋)司马光等编修,(元)胡三省音注:《资治通鉴》卷二二二"唐高宗上元二年二月"条,第7105页。

凤翔镇军队在平定各地方叛乱中也发挥着重要的作用。唐德宗建中二年六月"四镇之乱"爆发后,唐廷征召关中精锐赶赴河北战场,其中一支是神策先锋都知兵马使李晟所领的神策军,另一支则是曲环所率领的凤翔幽陇兵。有关曲环军队的人数史书不见记载,但主要是配合李勉的永平军牵制淄青的李纳。这次平叛中曲环的功绩也较大,"时李纳拥兵侵逼徐州,令环与刘玄佐同救援,累破李纳叛党,环以功最,加御史大夫。"①

建中四年,淮南李希烈发动叛乱,朝廷再次调关中军队救援,"以左龙武大将军哥舒曜为东都、汝州节度使,将凤翔、邠宁、泾原、奉天、好畤行营兵万余人讨希烈。"② 唐末王仙芝、黄巢起义扰乱了唐王朝的统治秩序,唐僖宗乾符三年,王仙芝军队进逼汝州,威胁东都,唐廷以邠宁节度使李侃、凤翔节度使令狐绹选步兵一千、骑兵五百驻守陕州和潼关。四年,王仙芝转战随州,山南东道告急,唐廷又遣左武卫大将军李昌言率领凤翔骑兵五百救援随州。③ 总之,凤翔镇尽管兵力有限,但在唐政府进行的数次战役中都发挥着重要作用。

(二) 神策军的制内御外功效

唐初禁军"三万人"④。天宝七载,左右羽林飞骑以"一万五千人为定额"⑤。神策军的兵力则多达十八万人。唐廷依靠手中的神策军,强化对畿甸的控制能力。唐廷以神策军出镇京西北地区,神策军的驻地与诸节度犬牙交错,甚至处于同一地区,是消弭京西北兵变的重要力量。如"盐夏节度判官崔文先权知盐州,为政苛刻。冬十月,庚戌,部将李庭俊作乱,杀而脔食之,左神策兵马使李兴乾戍盐州,杀庭俊以闻。"⑥

---

① (五代)刘昫等:《旧唐书》卷一二二《曲环传》,第3502页。
② (宋)司马光等编修,(元)胡三省音注:《资治通鉴》卷二二八"唐德宗建中四年正月"条,第7341页。
③ (宋)司马光等编修,(元)胡三省音注:《资治通鉴》卷二五三"唐僖宗乾符四年"条,第8192页。
④ (宋)欧阳修、宋祁等:《新唐书》卷五〇《兵志》,第1324页。
⑤ (宋)王溥:《唐会要》卷七二《京城诸军》,第1531页。
⑥ (宋)司马光等编修,(元)胡三省音注:《资治通鉴》卷二三六"唐德宗贞元十九年"条,第7603页。

贞元年间神策军全面控制了京畿和关内地区后，结束了这一地区自从安史之乱以来的动荡形势。神策军还担负着讨伐藩镇叛乱的任务。如大历八年李承昭率神策、射生军讨伐魏博田承嗣；建中元年神策将张巨济将神策军二千人会朱泚、李怀光讨平泾州刘文喜之乱；四年，李晟、阳惠元等率神策军东击魏博田悦；同年，哥舒曜、刘德信等统神策及凤翔、邠宁等军征讨淮西李希烈。神策军的存在，是制约藩镇势力发展的重要力量。

不仅如此，神策军也是抵御吐蕃的重要力量，重大战事中皆有神策军参与。《新唐书》卷二一六下《吐蕃传下》载，德宗贞元二年，神策将李升昙等屯咸阳御吐蕃。贞元三年，神策将苏太平屯陇州，神策将石季章壁武功。八年，吐蕃寇灵州。神策军与河东、振武兵合军击之。诏右神策军行营节度使邢君牙及藩镇兵，以左神策将军胡坚、右神策将军张昌为盐州行营节度使，筑城防守。① 但其在对外战争的作用并不及对内那样突出。

---

① （宋）欧阳修、宋祁等：《新唐书》卷二一六下《吐蕃下》，第 6094、6097、6098 页。

第五章 唐顺宗至懿宗朝关中畿甸建构的发展

唐宣宗大中五年（851），陇州成为设有防御使的地方—"道"，凤翔又恢复为以本府为治境的藩镇。这是唐顺宗至懿宗时期畿甸政区建构的重要变化。此后，畿甸政区的建置基本稳定，社会发展形势、御外制内机制变化不大。这虽然大体维系了中央与地方相对稳定的关系，但畿甸地区的贫困、对东南财富的依赖、神策军的衰落，又在很大程度上决定了中央制驭地方能力的脆弱，黄巢起义就是打破这种脆弱的中央与地方关系的关键因素。

第一节 唐顺宗至懿宗时期畿甸的发展形势

唐顺宗到宣宗大中四年间的关中畿甸，基本上延续着肃代德时期的建构特点；在大中五年之后，又建立了京兆府——以本府为境的凤翔镇——同州、华州这样的由州府级道构成的直隶式政区群。由于政区的等第有别，畿甸各政区最终形成了长官礼遇的差异化。畿甸的军事布防在这一阶段也形成了新的特点。

一、畿甸政区长官拥有较高的礼遇

这一时期畿甸州府长官的礼遇仍具有差异性，其在辍朝之制上有着深刻的体现。《唐会要》卷二五《辍朝》载："文宗太和元年七月，太常寺参定上言曰：'伏以近日文武三品以上官薨卒，皆为辍朝。其间有未经亲重之官，今任是列散者，为之变礼，诚恐非宜。自今以后，文武三品以上，非曾任将相及曾在密近，宜加恩礼者，余请不在辍朝例。其余并请依元敕。'"① 据此，文宗太和年间，非曾任将相的文武三品以上官，及特加恩礼的官员不在辍朝之例，京兆府尹以及同、华州刺史皆不在辍朝之列，凤翔节度使则拥有辍朝的殊遇。

但同、华二州与凤翔节度使的除奏一样，除受的礼遇较普通藩镇支州为高。《唐会要》卷二五《杂录》载："元和元年三月，御史中丞武元衡奏：'中书、门下、御史台五品以上官，尚书省四品以上官，诸司正三品以上官，及从三品职事官，东都留守，转运、盐铁、节度、观察使，团练、防御、招讨、经略等使，河南尹，同、华州刺史，诸卫将军三品以上官除授，皆入阁谢，其余官许于宣政南班拜讫便退。'从之。"② 这同样表明，节度、观察、团练、防御、经略等使，同、华二州刺史朝参礼仪是"入阁谢"，其他官则"许于宣政南班拜讫便退"，同州、华州刺史等第虽低于凤翔节度使，但在某些礼仪待遇上与凤翔节度使却是等同的。这是同、华二州与藩镇同属唐代道级行政单位的结果。

二、畿甸政区节度体系州的类型称谓的明晰化

节度使所治之州在元和年间或称为"带节度观察使州府"。《唐会要》卷八三《租税上》载："元和四年十二月，度支奏：'……应带节度观察使州府，合送上都两税钱，既须差纲发遣，其留使钱，又配管内诸州供送，事颇重叠。'"③《册府元龟》卷五二《帝王部·崇释氏第二》载："（元和十年）五月诏：京城寺观讲，宜准兴元元年九月一日敕处分。诸畿县讲，宜勒停。其观察使、节度州，每三长斋月，任一寺一观置讲，余州悉停。恶其聚众且

---

① （宋）王溥：《唐会要》卷二五《辍朝》，第550页。
② （宋）王溥：《唐会要》卷二五《杂录》，第553页。
③ （宋）王溥：《唐会要》卷八三《租税上》，第1821页。

虞变也。"①

这些州在武宗会昌年间已经有径称节度州、观察州之例了。《唐会要》卷六九《州府及县加减官》载:"会昌四年六月十九日,准敕,以税额减少,悉减佐官。今伏请依前,……观察使节度州,量各添置,共三百八十三员。"②观察使镇全称约为"都防御观察使"或"都团练观察使",这样的藩镇治州称为观察使州,是这类藩镇治州州称的重要特点。

除防御州之外,这一时期还见"团练州""防御州"之称。《旧唐书》卷一六《穆宗本纪》载:"敕团练防御州置判官一员,其副使推巡并停。"③ 据此,唐代后期已经存在节度州、观察州、团练州、防御州之别。这四类州应是节度、观察、团练、防御诸使所治之州。从唐代官员的俸料钱看,节度使,三十万。都防御使、监军,十五万。观察使,十万。都团练使、副使,上州刺史,八万。节度州、观察州等第皆应高于同、华二州,同、华二州刺史兼防御使,二州本质上是同于上州的防御州。同、华二州属于畿甸治州中等第较低之州。

但这一时期的节度州、观察州、防御州、团练州并未成为固定的州级,唐廷仍多以节镇"治所"及"某州"相称。如会昌元年唐武宗开始禁佛,诏令言"天下节度、观察使治所及同、华、商、汝州各留一寺,分为三等。"④藩镇州体系州与道级州处于并存的历史阶段。在这一时期,除京兆府仍为府外,凤翔为节度州,同、华二州属于道级行政单位,畿甸州府类型进一步固定化。

三、畿甸神策军布防地的固定化

明代王祎《大事记续编》卷六二元和元年(806)五月条下引《续通典》载元和年间神策军的分布:"左神策军六万二千四百四十二人,马八千四十四

---

① (宋)王钦若等编,周勋初等校订:《册府元龟》(校订本)卷五二《帝王部·崇释氏第二》,第549页。
② (宋)王溥:《唐会要》卷六九《州府及县加减官》,第1454页。
③ (五代)刘昫等:《旧唐书》卷一六《穆宗本纪》,第499页。
④ (宋)司马光等编修,(元)胡三省音注:《资治通鉴》卷二四八"唐武宗会昌五年"条,第8015—8016页。

匹。在城三万四千三百九十二人，外镇及采造二万九千六百三人。京西北普润镇（在凤翔）、崇信城（在凤翔府西北二百二十五里，复改崇信军）、定平镇、□□□、归化城、定远城、永安城、合阳县（在同州）等八镇二万六千一百一十七人，马一万二千一百六十六匹。"

"右神策五镇，奉天镇、麟游镇、良原镇、庆州镇、怀远城也。右神策军四万六千五百二十四人，马五千九百五十一匹。在城二万七千四十五人，外镇及采造一万九千四百七十九人。京西北奉天（京兆府）、麟游（在凤翔）、良原（泾州）、庆州镇、怀远城一万七千四百二十七人，马四千七百八匹。"①

据此，元和时期神策军的具体分布地域为：左神策军之定平县属邠州，定平镇在邠州境内。归化城应在泾原，亦称归化堡。《新唐书》卷一七〇《刘昌传》载："贞元三年入朝，诏以宣武兵八千北出五原。士卒有逗留沮事者，斩三百人乃行，举军慴伏。寻授京西行营节度使。岁余，改四镇、北庭行营兼泾原节度。七年，城平凉，开地二百里，扼弹筝峡。又西筑保定，扞青石岭，凡七城二堡，旬日就。以功检校尚书右仆射，累封南川郡王。十四年，归化堡军乱，逐大将张国诚，诏昌经略。昌入堡，诛数百人，复使国诚统之。（刘）昌在边凡十五年，身率士垦田，三年而军有羡食，兵械锐新，边障妥宁。"②

"归化城"曾称"归化垒"。《新唐书》卷一九一《王潜传》载："迁左散骑常侍，拜泾原节度使。宪宗与对，大悦，曰：'吾知而善职，我自用之。'潜至镇，缮壁垒，积粟，构高屋储兵，利而严。遂引师自原州逾硖石，取房将一人，斥烽候，筑归化、潘原二垒。"③

定远城在朔方，后隶灵武。《旧唐书》卷九七《郭元振传》载："先天元年，为朔方军大总管，始筑定远城，以为行军计集之所，至今赖之。"④

永安镇约略属于京兆地域的永安县之类，京兆华原县曾经永安县，或属

---

① （明）王祎：《大事记续编》卷六二，唐顺宗永贞元年五月条下引《续通典》，文渊阁《四库全书》史部（第333册），台湾商务印书馆1986年版。
② （宋）欧阳修、宋祁等：《新唐书》卷一七〇《刘昌传》，第5174页。
③ （宋）欧阳修、宋祁等：《新唐书》卷一九一《王潜传》，第5508页。
④ （五代）刘昫等：《旧唐书》卷九七《郭元振传》，第3048页。

于凤翔府麟游县，麟游县有永安宫，①但从右神策军在麟游县之事，永安镇应在京兆界。

右神策军奉天镇在京兆，京兆有奉天县。麟游镇在凤翔。良原镇在泾州。庆州镇在庆州。怀远城在灵州。

在这一文献记载中，左神策军八镇共26117人，平均每镇约3200余人，凤翔至少有两镇，共约6500余人，不低于外镇兵力的四分之一。同州一镇。凤翔、同州共三镇，约9600人。右神策军京西北五镇共17427人，平均每镇约3500人，其中凤翔、同州即有3镇之众，占外镇兵力的八分之三。右神策五镇，凤翔占一镇，兵力占五分之一。代宗时期京兆即有好畤、兴平、武功、扶风、天兴五镇。

《资治通鉴》卷二四一引"宪宗元和十五年"胡注："左右神策军分屯近畿，凡八镇，长武、兴平、好畤、普润、合阳、良原、定平、奉天也。宋白所记与此稍异。"②《唐大诏令集》卷二《穆宗即位敕》载："京西、京北及振武、天德八道节度及都防御使下神策一十二镇将士等共一十八万六千七百余人，都赐物一百八万一千八百余匹。"③这里有十三镇、八镇、十二镇三说。据《旧唐书·穆宗纪》："吐蕃寇泾州，命中尉梁守谦将神策军四千人及八镇兵赴援。"④《新唐书·百官四上》载："左右神策军，……掌卫兵及内外八镇兵。"⑤八镇似为德宗以后神策军比较稳定之驻地。

最后，宪宗元和元年，割泾州的良原、灵台、崇信三镇属凤翔⑥，凤翔的军事实力有所增强。大中三年，凤翔节度使李玭奏收复秦州。⑦大中四年，以秦州隶凤翔，凤翔节度使辖境扩大到秦州，成为辖有凤翔、陇、秦三州的藩镇。但大中五年，凤翔罢领陇州。同年，秦州与成州成立秦成两州经略使，凤翔罢领秦州。大中六年，以陇州防御使薛逵为秦州刺史、天雄军使，兼秦、

---

① （唐）李吉甫：《元和郡县图志》卷二《关内道二·京兆府凤翔府》，第42页。
② （宋）司马光等编修，（元）胡三省音注：《资治通鉴》卷二四一"唐宪宗元和十五年"条，第7784页。
③ （宋）宋敏求：《唐大诏令集》卷二《穆宗即位敕》，第12页。
④ （五代）刘昫等：《旧唐书》卷一六《穆宗本纪》，第482页。
⑤ （宋）欧阳修、宋祁等：《新唐书》卷四九上《百官四上》，第1291页。
⑥ （宋）欧阳修、宋祁等：《新唐书》卷六四《方镇表一》，第1779页。
⑦ （五代）刘昫等：《旧唐书》卷一八下《宣宗本纪下》，第622、630页。

成两州经略使。① 懿宗咸通五年，秦州又隶天雄军节度使。② 因而，从总体上看，除去凤翔接收了良原、灵台、崇信三镇，增强自身的军事能力外，凤翔镇的构成形式并无太大的变化。

元和年间畿甸政区形势

京兆府　　雍州

肃代德时期的畿甸包括"三辅"。《新唐书·严郢传》载："宰相杨炎请屯田丰州，发关辅民凿陵阳渠，郢奏：'……秦地膏腴，田上上，耕者皆畿人。'"③《唐会要·疏凿利人》载此事："关辅之民，不免流散，是虚扰畿甸，而无益军储。"④ 这里的"关辅"与"三辅"意同，大略指京兆、同州、华州、凤翔府等地，是广义上的三辅地域。

但京畿仍有畿内之称，且畿内成为京兆的专称。如《唐会要》卷六九《县令》载："贞元二年二月，京兆尹鲍防奏状：'准广德二年敕，中书门下及两省官五品已上、尚书省四品以上、诸司正员三品已上官、诸王、驸马等周亲已上亲及女婿、外甥等，自今已后，不得任京兆府判司及畿县令、两京县丞、簿、尉等者。今咸阳县令贾全，是臣亲外甥，恐须停罢。'诏曰：'功劳近臣，至亲子弟，既处繁剧，或招过犯，宽容则挠法，耻责则亏恩，不令守官，诚为至当。贾全等十人，昨缘畿内凋残，亲自选择，事非常制，不合避嫌。'"⑤ 京兆尹管理的地区即为畿内。

畿内称谓的这种变化，表明唐前期以京畿及近畿为畿内的畿内体制已经解体。如果唐前期的"畿内"表明帝京及近京州郡具有地域的一体性，那么肃代德时期京畿、近畿的地域一体化形式已经发生较大的变化。顺宗到懿宗时期的京兆府仍专称畿内。如《唐会要》卷四九《杂录》载："会昌五年七月，中书门下奏：'以天下废寺铜像及钟磬等委诸道铸。'事具泉货门。其月，又奏：'天下士庶之家所有铜像，并限敕到一月内送官，如违此限，并准盐铁

---

① （宋）欧阳修、宋祁等：《新唐书》卷六四《方镇表一》，第1784页。
② （宋）欧阳修、宋祁等：《新唐书》卷六四《方镇表一》，第1786页。
③ （宋）欧阳修、宋祁等：《新唐书》卷一四五《严郢传》，第4728页。
④ （宋）王溥：《唐会要》卷八九《疏凿利人》，第1922页。
⑤ （宋）王溥：《唐会要》卷六九《县令》，第1441—1442页。

使旧禁铜条件处分。其土木等像并不禁，所由不得因此扰人。其京城及畿内诸县衣冠百姓家，有铜像并望送纳京兆府.'"① 这里的畿内即指京兆府界。

《旧唐书》卷一六四《王播传》载王播元和年间为京兆尹。"时禁军诸镇布列畿内，军人出入，属鞬佩剑，往往盗发，难以擒奸。而播奏请畿内将卒，出入不得持戎具，诸王驸马权豪之家，不得于畿内按试鹰犬畋猎之具，诏从之。"②《新唐书》卷一六七《王播传》载："为京兆尹。时禁屯列畿内者，出入属鞬佩剑，奸人冒之以剽劫。"③ 王播为京兆尹，所管为京兆地区，其要求整治"畿内"军人扰乱治安的情况，畿内军人应当即指京兆府境内。

《新唐书》卷一五四《李晟传》载："时敖廥单蹙，乃使张彧假京兆少尹，多署吏，调畿内赋，不淹旬，刍米告具。"④《新唐书》卷一一八《裴潾传》载："凡驿，有官专尸之，畿内以京兆尹，道有观察使、刺史相监临。"⑤ 这里的"畿内"就是一个与"道"（藩镇）相似的管理驿事的行政区域。《唐会要》卷七二《京城诸军》载："元和二年正月，京兆尹李鄘奏：'三原、高陵、泾阳、兴平等四县兵，管烽二十八所，每年差烽子计九百七十五人。远近无虞，畿内烽燧请停。'"⑥

鄜坊节度使与京兆、同州相邻，京兆与同州皆称"畿甸"。《旧唐书》卷一七七《崔慎由传》载："穆宗即位，召拜尚书左丞。长庆二年，检校礼部尚书、鄜州刺史、鄜坊丹延节度等使。鄜畤内接畿甸，神策军镇相望，逾禁狂潮，累政不能制，而（崔）从抚遏举奏，军士惕然。"⑦

开元户 362909。元和户 241202。

府境：东西 310 里。南北 470 里。

管县 12，或 11：万年，长安，昭应，三原，醴泉，奉天，奉先，富平，云阳，咸阳，渭南，蓝田。

---

① （宋）王溥：《唐会要》卷四九《杂录》，第 1008 页。
② （五代）刘昫等：《旧唐书》卷一六四《王播传》，第 4276 页。
③ （宋）欧阳修、宋祁等：《新唐书》卷一六七《王播传》，第 5115 页。
④ （宋）欧阳修、宋祁等：《新唐书》卷一五四《李晟传》，第 4866 页。
⑤ （宋）欧阳修、宋祁等：《新唐书》卷一一八《裴潾传》，第 4287 页。
⑥ （宋）王溥：《唐会要》卷七二《京城诸军》，第 1534—1535 页。
⑦ （五代）刘昫等：《旧唐书》卷一七七《崔慎由传》，第 4579 页。

万年县，赤。天宝七年，改为咸宁，乾元元年复为万年县。

长安县，赤。

昭应县。缺。

三原县，次赤。

醴泉县，次赤。

肃奉天县，次赤。宗建陵，在县东北18里武将山。

奉先县，次赤。

玄宗泰陵，在县东北20里。

惠庄太子陵，在桥陵东南3里。

惠宣太子陵，在桥陵东6里。

惠文太子陵，在桥陵东3里。并在柏城内。

富平县，次赤。

代宗元陵，在县西北40里檀山。

顺宗丰陵，在县东北33里瓮金山。

云阳县，次赤。

德宗崇陵，在县东20里。

咸阳县，畿。

渭南县，畿。

蓝田县，畿。①

兴平县，畿。

至德二年金城县改名兴平县。

高陵县，畿。

栎阳县，畿。

泾阳县，畿。

美原县，畿。

华原县，畿。

同官县，畿。

---

① （唐）李吉甫：《元和郡县图志》卷一《关内道一·京兆府上》，第1—16页。

鄠县，畿。

盩厔县，畿。

武功县，畿。①

华州，华阴四辅。

《旧唐书》卷一七〇《裴度传》载："（元和）九年十月，改御史中丞。宣徽院五坊小使，每岁秋按鹰犬于畿甸，……百姓畏之如寇盗。……至元和初，虽数治其弊，故态未绝。小使尝至下邽县，县令裴寰性严刻，嫉其凶暴，公馆之外，一无曲奉。"②《旧唐书》卷三八《地理志一》载："华州有下邽县。"③ 华州就是畿甸的地域范围。

开元户 30787。乡 70。元和户 1437。乡 22。

管县三：郑，华阴，下邽。

郑县，望。郭下。

华阴县，望。

永丰仓，天宝中，每岁水陆运米 250 万石入关；大历后，每岁水陆运米 40 万石入关。

下邽县，望。④

同州，冯翊四辅。

鄜坊节度使与京兆、同州相邻，京兆与同州皆称"畿甸"。《旧唐书》卷一七七《崔慎由传》载："穆宗即位，召拜尚书左丞。长庆二年，检校礼部尚书、鄜州刺史、鄜坊丹延节度等使。鄜時内接畿甸，神策军镇相望，逾禁犯法，累政不能制，而（崔）从抚遏举奏，军士慴然。"⑤

同州号称"左辅"。《答颜真卿谢冯翊太守批》亦称同州为"左辅"⑥，《除裴向同州刺史制》言同州为"左辅"⑦。《张正甫可同州刺史制》载：

---

① （唐）李吉甫：《元和郡县图志》卷二《关内道二·京兆府下》，第 25—33 页。
② （五代）刘昫等：《旧唐书》卷一七〇《裴度传》，第 4414 页。
③ （五代）刘昫等：《旧唐书》卷三八《地理志一》，第 1399 页。
④ （唐）李吉甫：《元和郡县图志》卷二《关内道二·华州》，第 33—36 页。
⑤ （五代）刘昫等：《旧唐书》卷一七七《崔慎由传》，第 4579 页。
⑥ （清）董诰等：《全唐文》卷四四《肃宗〈答颜真卿谢冯翊太守批〉》，第 489 页。
⑦ （唐）白居易著，顾学颉点校：《白氏长庆集》卷五五《除裴向同州刺史制》，中华书局 1979 年版，第 1158 页。

"敕：冯翊吾左辅也，分理浩穰，率先风化，故其选任次内史一等，而冠四方岳牧之首焉，宜求吏课高、位望重者分部共理，以夹辅京师。"① 《授韦有翼御史中丞制》载："周历华贯，擢为诤臣，攻予甚专，言事颇切。愿试左辅，移理陕郊。"② 《复戒业寺记》言同州为"皇都左辅"。③

亦曰"近辅"。同州在代宗大历初年即称"近辅"："大历初，叛臣周智光伏诛，诏选循良为近辅，以（敬）括为同州刺史。"④ 《全唐文》卷七二一《谢楚〈为同州颜中丞谢上表〉》、卷七四八《杜牧〈李讷除浙东观察使兼御史大夫制〉》也皆称同州为"近辅"。⑤

开元户56509。乡121。元和户4861。乡140。

管县七：冯翊，朝邑，韩城，白水，夏阳，澄城，郃阳。

冯翊县，望。郭下。

朝邑县，望。

韩城县，上。

白水县，望。

夏阳县，紧。

澄城县，望。

郃阳县，望。⑥

凤翔府，岐州。扶风四辅。

凤翔应属畿甸，故其民号称"畿民"。《新唐书》卷一四六《李吉甫传》载："刘澭旧军屯普润，数暴掠近县，吉甫奏还泾原，畿民赖之。"⑦ 凤翔府普润属于畿甸在这里表现得特别明显。《旧唐书》卷一七七《崔慎由传》载："穆宗即位，召拜尚书左丞。长庆二年，检校礼部尚书、鄜州刺史、鄜坊丹延

---

① （唐）白居易著，顾学颉点校：《白氏长庆集》卷四九《张正甫可同州刺史制》，第1039页。
② （宋）李昉等：《文苑英华》卷三九三《杜牧〈授韦有翼御史中丞制〉》，中华书局1966年版，第2001页。
③ （宋）李昉等：《文苑英华》卷八一七《沈亚之〈复戒业寺记〉》，第4316页。
④ （五代）刘昫等：《旧唐书》卷一一五《敬括传》，第3376页。
⑤ （清）董诰等：《全唐文》卷七二一《谢楚〈为同州颜中丞谢上表〉》，第7422页；卷七四八《杜牧〈李讷除浙东观察使兼御史大夫制〉》，第7748页。
⑥ （唐）李吉甫：《元和郡县图志》卷二《关内道二·同州》，第36—40页。
⑦ （宋）欧阳修、宋祁等：《新唐书》卷一四六《李吉甫传》，第4742页。

节度等使。鄜畤内接畿甸，神策军镇相望，逾禁犯法，累政不能制，而（崔）从抚遏举奏，军士惕然。"①

亦曰"右辅"。白居易《白氏长庆集》卷五九《论孙璹、张奉国状》载："伏以凤翔右辅之地，最为重镇，孙璹忽除此官，甚不惬人心。孙璹虽久从军，不闻有大功效，自居禁卫，亦无可称。待到凤翔，观其可否。"②《全唐文》卷七九《李忱（宣宗皇帝）〈贬崔珙太子少师分司东都制〉》载"前凤翔陇州节度观察处置等使光禄大夫检校尚书左仆射兼凤翔尹御史大夫上柱国安平郡开国公食邑二千户崔珙"所镇即为"右辅"。

亦曰"近辅"。凤翔府亦称"近辅"之地，德宗以刘滩为"秦州刺史充陇西经略军使，割扶风之普润县以处之，倚为长城，镇我近辅。"③

岐州又称"京西"。《韩昌黎文集》卷三《与凤翔邢尚书书》载："京西节度使邢（君牙）尚书。"④

开元户 44533。乡 92。元和户 7580。乡 88。今为凤翔节度使理所。

管州二：凤翔府，陇州。县 14。都管户 8364。

管县九：天兴，岐山，扶风，普润，岐阳，麟游，宝鸡，虢，鄜。

天兴县，次赤。郭下。

至德二年分置凤翔县，永泰元年废，仍改雍县为天兴县。

岐山县，次畿。

扶风县，次畿。

普润县，次畿。

岐阳县，次畿。

麟游县，次畿。

宝鸡县，次畿。

本秦陈仓县。至德二年改为宝鸡，以昔有陈宝鸣鸡之瑞，故名之。

虢县，次畿。

---

① （五代）刘昫等：《旧唐书》卷一七七《崔慎由传》，第 4579 页。
② （唐）白居易著，顾学颉点校：《白氏长庆集》卷五九《论孙璹、张奉国状》，第 1243 页。
③ （清）董诰等：《全唐文》卷六三〇《吕温〈中山刘公神道碑铭〉》，第 6360 页。
④ （唐）韩愈撰，马其昶校注，马茂元整理：《韩昌黎文集》卷三《与凤翔邢尚书书》，上海古籍出版社 1986 年版，第 201 页。原文注："或作《与京西邢尚书书》。"

鄜县，次畿。①

陇州，汧阳。上。

开元户 6085。元和户 784。

管县五：汧源，汧阳，吴山，华亭，南由。

汧源县，上。②

汧阳县，有临汧城，大和元年筑。③

汧阳县，上。

吴山县，中。

华亭县，下。④

华亭有义宁军，大历八年置。贞元十三年筑永信城于平戎川。⑤

西有安戎关，在陇山，本大震关，大中六年，防御使薛逵徙筑，更名。⑥

从总体上看，京兆府、同州、华州、凤翔府，在唐代后期仍是"畿甸"之称的专有区。在这一区域中，京兆具有极大的地域资源优势，宫殿、水利、帝陵多分布在京兆府境，同州、凤翔次之，而华州最少。仅就国家财政收入而言，畿甸政区的财政收入差距较大。地域资源具有倾向于京兆府的特点。京兆不仅具有强大的军事、财政实力，而且具有较一般政区更大的疆理。畿甸政区间资源配置的失衡，是通过扩大京兆的地域，将周边政区的资源分割而致的。

第二节 唐顺宗至懿宗时期畿甸的地缘政策

唐顺宗至懿宗时期的关中畿甸，是由朝廷直属道构成的政区群。凤翔、同、华等州府虽设有节度、防御使，拥有不同规模的军事力量，但这一时期

---

① （唐）李吉甫：《元和郡县图志》卷二《关内道二·凤翔府》，第40—44页。
② （唐）李吉甫：《元和郡县图志》卷二《关内道二·凤翔府》，第44—45页。
③ （宋）欧阳修、宋祁等：《新唐书》卷三七《地理志一》，第968页。
④ （唐）李吉甫：《元和郡县图志》卷二《关内道二·凤翔府》，第45—46页。
⑤ （宋）欧阳修、宋祁等：《新唐书》卷三七《地理志一》，第968页。
⑥ （唐）李吉甫：《元和郡县图志》卷二《关内道二·陇州》，第45页。

凤翔、同、华等镇州的军事力量并未强于外镇，神策军的存在则在很大程度上弥补了凤翔、同、华等镇州军力的不足。除延续肃代德时期的畿甸政策之外，随着政治形势的稳定与发展，特别是藩镇等第与州郡等第的确定，这一时期畿甸政区群的一些新特点较为明晰地表现出来。

一、唐顺宗到懿宗时期畿甸政区监察的多样性

顺宗到懿宗时期的畿甸仍承袭着肃代德时期畿甸的监察形式，但监察单位则与唐代前期存在较大的不同。

《唐会要》卷七九《诸使下·诸使杂录下》载："（会昌）四年二月，御史台奏：'准会昌三年十一月十三日敕，诸道进奏官，或有一人兼知四五道奏进，兼并货殖，颇是幸门，因缘交通，为弊日甚。向后兼知，不得过两道以上者，各委本道速差替闻奏。仍委台司纠察，如有违犯，必议重惩。又兼知三四道者，台司检勘，各牒本道，准敕差替讫。切虑改名补职，不离一家，元是本身，虚立名姓。伏请从今已后，如知两道奏进外，一家之内，父子兄弟，更不得知诸道奏进。如有违犯，台司准前察访。'敕旨依奏。"① 据此，这一时期的畿甸各道进奏官的监察多由御史台即"台司"管理，唐代开元天宝时期由御史中丞监察畿甸的形式发生了较大的变化。

除进奏官设置由御史台监察之外，畿甸政区判官员额由御史台及出使郎官、御史监察。《唐会要》卷七九《诸使下·诸使杂录下》载："（会昌五年）九月，中书门下奏：条流诸道判官员额……凤翔旧有八员，望各留六员。……同州旧有四员……华州旧有两员……并望不减。……陇州防御副使，旧各有一员，望不减。""右奉圣旨，令商量减诸道判官，约以六员为额者。臣等商量，须据旧额多少，难于一例停减。今据本镇额量减，数亦非少。仍望令正职外，不得更置摄职。仍令御史台及出使郎官、御史，专加察访。敕旨依奏。"②

御使台出使郎官应当即是御史台分察使，其中的京外按察使与观察使共同考察藩镇官员："（元和）十四年十二月，……（考功）奏：'据宝应二年

---

① （宋）王溥：《唐会要》卷七九《诸使下·诸使杂录下》，第1714页。
② （宋）王溥：《唐会要》卷七九《诸使下·诸使杂录下》，第1714—1716页。

敕，御史台分察使及诸道观察使，访察官吏善恶功过，稍大事当奏闻者，每年九月三十日具状报考功，至校日参验事迹，以为殿最。伏以近日功过，都不见牒报。今后诸司不申报者，州府本判官便与下考，在京诸司追节级纠处，本判官校课日量事大小黜陟。'敕旨从之。"① 御史台监察深入到凤翔、同州、华州等州府。这在一定程度上也是对观察使或防御州刺史的制约。凤翔府、同州、华州三州府的监察，呈现出与普通政区一致性的特点，畿甸政区在国家政治生活中的地位进一步降低。

唐后期御史对藩镇州县的监察，已经涉及藩镇的州县的税务。《唐会要》卷六二《御史台下·出使》载："（元和）七年闰七月敕：前后累降制敕，应诸道违法征科，及刑政冤滥，皆委出使郎官、御史，访察闻奏。虽有此文，未尝举职。外地生人之劳，朝廷莫得尽知。今后应出使郎官、御史，所历州县，其长吏政俗，闾阎疾苦，水旱灾伤，并一一条录奏闻。郎官宜委左右丞勾当，并限朝见后五日内闻奏，并申中书门下。如所奏不实，必议惩责。"②

《唐会要》卷八四《租税下》载："会昌元年正月制：内外诸州府百姓，所种田苗，率税斛斗，素有定额。如闻近年长吏不守法制，分外征求，致使力农之夫，转加困弊。……自今已后，州县每县所征科斛斗，一切依额为定，不得随年检责。……仍委本道观察使每年秋成之时，具管内垦辟田地顷亩，及合征上供留州若使斛斗数，分析闻奏。如所奏数外有剩纳人户斛斗，刺史已下，并节级重加惩贬，观察使奏听进止。仍令出使郎官、御史及度支、盐铁知院官，访察闻奏。"③

在畿甸政区中，凤翔作为一镇，节度使权力较大，凤翔也是被监察的重点，节度使去任事宜由中书门下监察、考核。《唐会要》卷七八《诸使中·诸使杂录上》载："（长庆）四年二月敕：'诸道节度使去任日，宜准元和十五年七月十五日敕处分。其交割状，限新人到任后一个月内，分析闻奏。并报中书门下据替限，委中书门下据报状磨勘闻奏，以凭殿最。'"④ 凤翔处于中书门下

---

① （宋）王溥：《唐会要》卷八一《考上》，第1783—1784页。
② （宋）王溥：《唐会要》卷六二《御史台下·出使》，第1277—1278页。
③ （宋）王溥：《唐会要》卷八四《租税下》，第1828页。
④ （宋）王溥：《唐会要》卷七八《诸使中·诸使杂录上》，第1706页。

参与的监察、考课的范围,其被监管的力度较京兆府、同州、华州为大。

二、唐顺宗到懿宗时期畿甸的选官

唐代畿甸选官向来具有特殊性。《旧唐书》卷一八五上《良吏传上》载:"洎天后、玄宗之代,贞元、长庆之间,或以卿士大夫莅方州,或以御史、郎官宰畿甸,行古道也,所病不能。"① 白居易《张正甫可同州刺史制》载:"敕:冯翊吾左辅也,分理浩穰,率先风化,故其选任次内史一等,而冠四方岳牧之首焉,宜求吏课高、位望重者分部共理,以夹辅京师。"②

但畿甸官员任期短成为一种常态。《旧唐书》卷一八下《宣宗纪》载:"大中元年制:守宰亲人,职当抚字,三载考绩,著在格言。贞元年中,屡下明诏,县令五考,方得改移。近者因循,都不遵守,诸州或得三考,畿府罕及二年。以此字人,若为成政?道途郡吏有迎送之劳,乡里庶民无苏息之望。自今须满三十六个月,永为例程。"③ 顺宗到懿宗朝的畿甸选官仍与此前畿甸选官具有极大的相似性。

(一)京兆尹的选任

1. 顺宗、宪宗朝京兆尹的选任

这一时期京兆尹的选任以六部长官为主,节度使出任京兆尹现象增多。京兆尹离任后仍多出任三省官员。

1)由御史出任及其迁转

李鄘　御史中丞(正五品上)——京兆尹(从三品)——尚书右丞(从二品)

王播　御史中丞(正五品上)——京兆尹(从三品)——刑部侍郎(正四品下)充诸道盐铁转运使

2)由金吾卫大将军出任及其迁转

郑云逵　金吾卫大将军(正三品)——京兆尹(从三品)——卒于任

---

① (五代)刘昫等:《旧唐书》卷一八五上《良吏传上》,第4782页。
② (唐)白居易著,顾学颉点校:《白氏长庆集》卷四九《张正甫可同州刺史制》,第1039页。
③ (五代)刘昫等:《旧唐书》卷一八下《宣宗纪》,第616—617页。

3）由六部长官出任及其迁转

韦武　兵部侍郎（正四品下）——京兆尹（从三品）——卒于任

李墉　尚书右丞（从二品）——京兆尹（从三品）——凤翔尹（从三品）、凤翔陇右节度使

杨于陵　户部侍郎（正四品下）——改京兆尹（从三品）——复为户部侍郎（正四品下）

郑元　户部侍郎（正四品下）判度支——刑部尚书（正三品）兼京兆尹（从三品）——刑部尚书（正三品）兼御史大夫，判度支

许孟容　尚书右丞（从二品）——京兆尹（从三品）——兵部侍郎（正四品下）

杨凭　湖南、江西观察使——（门下省）左散骑常侍（从三品）——刑部侍郎（正四品下）——京兆尹（从三品）——因前观察赃罪被贬

4）由秘书省官员出任及其迁转

董叔经　秘书监（从三品）——京兆尹（从三品）

5）由节度使出任及其迁转

郗士美　黔州刺史、持节黔中经略招讨观察盐铁等使（从三品）——再迁京兆尹（从三品）——鄂州观察使

元义方　福建观察使（从三品）——京兆尹（从三品）——鄜州刺史（从三品）、鄜坊丹延观察使

窦易直　陕虢都防御观察使（从三品）——京兆尹（从三品）——金州刺史（从三品）（被贬）

裴次元　福建观察使——河南尹（从三品）——京兆尹（从三品）

6）由门下省官员出任及其迁转

柳公绰　给事中（正五品上）——京兆尹（从三品）——以母忧免——刑部侍郎（正四品下），领盐铁转运使

李逊　左散骑常侍（从三品）——京兆尹（从三品）——国子祭酒（从三品）

7）由司农寺官员出任及其迁转

李铦　司农卿（从三品）——京兆尹（从三品）——鄜坊观察使

李翛　司农卿（从三品）——京兆尹（从三品）——润州刺史（从三品）、浙西观察使

8）由中书省官员出任及其迁转

李程　兵部侍郎（正四品下）——中书舍人（正五品上）——京兆尹（从三品）——权知礼部贡举（正四品下）

9）由京兆官出任及其迁转

崔元略　京兆少尹（从四品下）——尹（从三品）

裴武　京兆尹（从三品）——司农卿（从三品）

2. 穆宗朝京兆尹的选任

京兆尹的选任以六部长官居多，但大多不久任，离任后多出任六部长官居多。

1）由六部长官出任及其迁转

卢士玫　吏部郎中（从五品上）——京兆少尹（从四品下）——京兆尹（从三品）——瀛州刺史（从三品），充瀛莫等州都团练观察使

柳公绰　兵部侍郎（正四品下）——京兆尹（从三品）——吏部侍郎（正四品下）

韩愈　吏部侍郎（正四品下）——京兆尹（从三品）——兵部侍郎（正四品下）

2）由东都官出任及其迁转

崔元略　留司东台——少尹（从四品下）——京兆尹（从三品）——左散骑常侍（从三品）

胡证　工部尚书（正三品）——检校户部尚书（正三品）——京兆尹（从三品）——（门下）左散骑常侍（从三品）

3）由刺史出任及其迁转

张平叔　商州刺史（从三品）——京兆少尹（从四品下）知府事——户部侍郎（正四品下）

4）由大理寺官员出任及其迁转

崔元略　大理卿（从四品上）——京兆尹（从三品）——户部侍郎（正四品下）

3. 敬宗、文宗朝京兆尹的选任

京兆尹的选任以六部长官为主，离任后以出任门下省和节度使为主。同样具有不久任的特点。

1）由六部长官出任及其迁转

郑覃　权知工部侍郎（正四品下）——京兆尹（从三品）——（门下省）左散骑常侍（从三品）

刘栖楚　刑部侍郎（正四品下）——京兆尹（从三品）——桂管观察使

庾承宣　吏部侍郎（正四品下）——京兆尹（从三品）——无考

王播　吏部侍郎（正四品下）——京兆尹（从三品）——尚书左丞（从二品）

贾至　兵部侍郎（正四品下）——京兆尹（从三品）——检校礼部尚书（正三品）、润州刺史（从三品）、浙西观察使

杨虞卿　工部侍郎（正四品下）——京兆尹（从三品）——贬虔州司马（正四品上）同正

归融　户部侍郎（正四品下）——京兆尹（从三品）——秘书监（从三品）

高元裕　尚书右丞（从二品）——京兆尹（从三品）——（门下省）左散骑常侍（从三品）

2）由门下省官员出任及其迁转

孔戢　右散骑常侍（从三品）——京兆尹（从三品）——卒于任

李石　给事中（正五品上）——京兆尹（从三品）——户部侍郎（正四品下）判度支

张仲方　左散骑常侍（从三品）——权知京兆尹——出为华州刺史（从三品）

3）由大理寺官员出任及其迁转

李谅　大理卿（从四品上）——京兆尹（从三品）——桂管观察使

4）由太常寺官员出任及其迁转

庞严　太常少卿（从四品上）——权知京兆尹（从三品）——卒于任

5）由司农寺官员出任及其迁转

杜悰　司农卿（从三品）——京兆尹（从三品）——检校礼部尚书（正

三品），充凤翔陇右节度使

薛元赏　司农卿（从三品）——权知京兆尹（从三品）——武宁节度使、徐泗宿濠观察等使

6）由太府寺官员出任及其迁转

韦长　太府卿（从三品）——京兆尹（从三品）

7）由金吾卫官员出任及其迁转

崔琪　右金吾大将军（正三品）——京兆尹（从三品）——户部侍郎（正四品下）

8）由节度使出任及其迁转

敬昕　江西观察使——京兆尹（从三品）——贬郴州司马（正六品下）

另有部分材料仅涉及京兆尹及其迁转：

崔护　京兆尹（从三品）——广南观察使

罗立言　京兆少尹（从四品下）权知府事——族诛

郑复　京兆尹（从三品）——剑南东川节度使

4. 武宗朝京兆尹的选任

尚书省、门下省、司农寺是京兆尹的主要来源，京兆尹任职结束后亦以出任尚书六部之户部、刑部、工部长官为主。

1）由六部长官出任及其迁转

崔郇　尚书右丞（从二品）——京兆尹（从三品）——（门下）右散骑常侍（从三品）

卢商　刑部侍郎（正四品下）——京兆尹（从三品）——户部侍郎（正四品下）判度支

2）由门下省官员出任及其迁转

卢弘宣　给事中（正五品上）——京兆尹（从三品）——刑部侍郎（正四品下）——剑南东川节度使

柳仲郢　谏议大夫（正五品）——京兆尹（从三品）——右散骑常侍（从三品）权知吏部尚书

3）由司农寺官员出任及其迁转

薛元赏　司农卿（从三品）——京兆尹（从三品）——检校吏部尚书

（正三品）——工部尚书（正三品），领诸道盐铁转运使

薛元龟　司农卿（从三品）——京兆尹（从三品）——工部尚书（正三品），领诸道盐铁转运使

4）由节度使出任及其迁转

韦正观　寿州（从三品）团练使——京兆尹（从三品）——同州刺史（从三品）

5. 宣宗朝京兆尹的选任

门下省、尚书省是京兆尹的主要来源，任后多出任节度使。

1）由宗正寺官员出任及其迁转

李拭　宗正卿（从三品）——京兆尹（从三品）——河东节度使

2）由门下省官员出任及其迁转

韦博　左（谏议）大夫（正五品）——京兆尹（从三品）——（与御史中丞嚣竞不平）卫尉卿（从三品）

孙景商　给事中（五品上）——京兆尹（从三品）——迁刑部侍郎（正四品下）

3）由节度使出任及其迁转

毕诚　邠宁节——京兆尹（从三品）——昭义节

张毅夫　江西观察使、洪州刺史（从三品）、御史中丞——京兆尹（从三品）——鄂州刺史（从三品）、鄂岳蕲黄申等州都团练观察使

4）由六部长官出任及其迁转

韦澳　翰林学士、工部侍郎（正四品下）——京兆尹（从三品）——河阳节度使

5）由河南尹出任及其迁转

孔温裕　河南尹（从三品）——京兆尹（从三品）

6）由刺史出任及其迁转

李从晦　常州刺史（从三品）——京兆尹（从三品）——工部侍郎（正四品下）

7）由尹出任及其迁转

郑涓　京兆尹（从三品）——平卢节度使

崔罕　京兆尹（从三品）——贬湖南观察使

崔郢　京兆尹（从三品）——濮王傅，分司东都（以决杀府吏也）

6. 懿宗朝京兆尹的选任

尚书省、门下省是京兆尹的主要来源，任后多出任节度使。

1）由尹出任及其迁转

李蠙　京兆尹（从三品）——户部侍郎（正四品下）——昭义节

温璋　京兆尹（从三品）——贬振州司马（从五品上）

2）由六部长官出任及其迁转

尚书右丞（从二品）——京兆尹（从三品）——太常卿（正三品）——宣武节度使

3）由门下省官员出任及其迁转

薛能　给事中（正五品上）——京兆尹（从三品）——感化节度使

7. 僖宗（广明之乱前）京兆尹的选任

门下省长官成为京兆尹的主要来源，任后多出任节度使。不久任。

1）由尹出任及其迁转

窦瀚　京兆尹（从三品）——户部尚书（正三品）——太原尹、北都留守——河东节度使

崔廩　京兆尹（从三品）——贬贺州司户（从八品下）

窦潏　京兆尹（从三品）——河中节

李汤　京兆尹（从三品），死于黄巢之乱

2）由门下省官员出任及其迁转

杨损　给事中（正五品上）——京兆尹（从三品）——给事中（正五品上）——陕虢观察使

冯缄　给事中（正五品上）——京兆尹（从三品）——河南尹（从三品）

张袆　吏部侍郎（正四品下）——京兆尹（从三品）——华州刺史（从三品）——检校户部尚书兼郓州刺史（从三品）、御史大夫充天平军节度使

杨知至　谏议大夫（五品）——京兆尹（从三品）——工部侍郎（正四品下）

3）由节度使出任及其迁转

崔涓　荆南节度使——京兆尹（从三品）

(二) 华州刺史的选任

1. 顺宗朝华州刺史的选任

由六部长官出任及其迁转

高郢 刑部尚书（正三品）——华州刺史（从三品）——太常卿（正三品）

2. 宪宗朝华州刺史的选任

京官出任华州刺史者占绝大多数，京官又以三省官员为主，离任后再为刺史占多数。

1）由门下省官员出任及其迁转

刘宗经 给事中（正五品上）——华州刺史（从三品）

阎济美 右散骑常侍（从三品）——华州刺史（从三品）——秘书监（从三品）

2）由大理寺官员出任及其迁转

潘孟阳 大理卿（从三品）——华州刺史（从三品）——梓州刺史（从三品）、剑南东川节度使

3）由太子府官员出任及其迁转

李藩 太子詹事（正三品）——华州刺史（从三品）

4）由六部长官出任及其迁转

赵昌 工部尚书（正三品）——检校兵部尚书（正三品）——华州刺史（从三品）

孔戣 尚书右丞（从二品）——华州刺史（从三品）——大理卿（从三品）

李绛 礼部尚书（正三品）——华州刺史（从三品）——兵部尚书（正三品）

5）由华州刺史出任及其迁转

裴武 华州（从三品）——荆州（从三品）

6）由节度使出任及其迁转

郑权 襄州刺史（从三品）、山南东道节——华州刺史（从三品）——

德州刺史（从三品）、横海军节度使

马摠　许州刺史（从三品）、忠武军节度——华州刺史（从三品）——检校刑部尚书、郓州刺史（从三品）、天平军节度使

7）由中书省官员出任及其迁转

令狐楚　中书舍人（正五品上）——华州刺史（从三品）——河阳怀节度使

卫中行　中书舍人（正五品上）——华州刺史（从三品）——陕州长史（从三品）、陕虢观察使

8）由宗正卿出任及其迁转

李曾羽　宗正卿（从三品）——华州刺史（从三品）

3. 穆宗朝华州刺史的选任

1）由秘书省官员出任及其迁转

许季同　秘书监（从三品）——华州刺史（从三品）——工部侍郎（从三品）

崔群　秘书监（从三品），分司东都——华州刺史（从三品）——宣州刺史（从三品）、歙池等州都团练观察等使

2）由前东都留守出任及其迁转

李绛　前东都留守——华州刺史（从三品）

4. 敬宗、文宗朝华州刺史的选任

三省官员出任华州刺史者占多数，其中又以六部官员为主，离任后以为三省官为主。

1）由太常寺官员出任及其迁转

冯宿　太常少卿（正四品上）——华州刺史（从三品）——尚书左丞（从二品）

2）由刺史出任及其迁转

钱徽　江州刺史（正四品上）——华州刺史（从三品）——尚书左丞（从二品）

3）由节度使出任及其迁转

崔弘礼　河阳节度使——华州刺史（从三品）——天平军节度使

4）由六部官员出任及其迁转

钱徽　尚书左丞（从二品）——华州刺史（从三品）

卢元辅　兵部侍郎（从三品）——华州刺史（从三品）——兵部侍郎（从三品）

崔植　户部尚书（正三品）——华州刺史（从三品）

李固言　尚书右丞（从二品）——华州刺史（从三品）——吏部侍郎（从三品）

李汉　户部侍郎（从三品）——华州刺史（从三品）、镇国军潼关防御使

裴潾　刑部侍郎（从三品）——华州刺史（从三品）——刑部侍郎（从三品）

李景让　礼部侍郎（从三品）——华州刺史（从三品）——户部侍郎（从三品）

陈夷行　吏部侍郎（从三品）——华州刺史（从三品）——中书侍郎（从三品）、同平章事

崔蠡　户部侍郎（从三品）——华州刺史（从三品）

周墀　工部侍郎（从三品）——华州刺史（从三品）——江西观察使

5）由尹出任及其迁转

严休复　华州刺史（从三品）——右散骑常侍（从三品）

6）由中书省官员出任及其迁转

李虞仲　中书舍人（正五品上）——华州刺史（从三品）——左散骑常侍（从三品），兼秘书监（从三品）

崔龟从　中书舍人（正五品上）——华州刺史（从三品）——户部侍郎（从三品）

李景让　中书舍人（正五品上）——华州刺史（从三品）——礼部侍郎（从三品）

7）由门下省官员出任及其迁转

崔戎　给事中（正五品上）——华州刺史（从三品）——兖海观察使

胡承瑕　给事中（正五品上）——华州刺史（从三品）——给事中（正

五品上）

卢钧　给事中（正五品上）——华州刺史（从三品）——广州刺史（从三品）、岭南节度使

裴衮　给事中（正五品上）——华州刺史（从三品）——户部侍郎（从三品）

8）由权知京兆尹出任及其迁转

张仲方　权知京兆尹（从三品）——华州刺史（从三品）——秘书监（从三品）

5. 武宗朝华州刺史的选任

由门下省官员出任及其迁转

郑朗　给事中（正五品上）——华州刺史（从三品）——御史中丞（正五品上）——户部侍郎（从三品）

萧俶　左散骑常侍（从三品）——华州刺史（从三品）——（贬）太子宾客（正三品）分司

6. 宣宗朝华州刺史的选任

1）由华州刺史出任及其迁转

周敬　复华州刺史（从三品）——检校左散骑常侍（从三品），兼洪州刺史（从三品），江南西道团练观察使

李讷　三为华州刺史（从三品）——兵部尚书（正三品）

李讷　华州刺史（从三品）——越州刺史（从三品），浙江东道团练观察等使

2）由门下省官员出任及其迁转

高少逸　给事中（正五品上）——华州刺史（从三品）——左散骑常侍（从三品）

3）由地方刺史出任及其迁转

裴夷直　苏州刺史（从三品）——华州刺史（从三品）——散骑常侍（从三品）

7. 懿宗朝华州刺史的选任

由节度使、六部官员为华州刺史者多，任后入朝为官是主要方向。

1）由节度使出任及其迁转

崔慎由　东川节度使——华州刺史（从三品）——河中节度使

裴坦　江西观察使——华州刺史（从三品）——中书侍郎（从三品）

2）由分司东都长官出任及其迁转

蒋伸　太子少保（正二品）分司东都——华州刺史（从三品）——太子太傅（从一品）

3）由六部长官出任及其迁转

赵骘　礼部侍郎（从三品）——华州刺史（从三品）——卒

李景温　工部侍郎（从三品）——华州刺史（从三品）——尚书右丞（从二品）

8. 僖宗朝华州刺史的选任

由京兆尹出任及其迁转

张禓　京兆尹（从三品）——华州刺史（从三品）——郓州刺史（从三品），天平军节度观察等使

(三) 同州刺史的选任

1. 宪宗朝同州刺史的选任

朝官出任同州刺史的比例较高，离任后也多到地方任刺史、节度使等。

1）由门下省官员出任及其迁转

吕元膺　给事中（正五品上）——同州刺史（从三品）——皇太子侍读

裴堪　（门下省）谏议大夫（正五品上）——同州（从三品）防御史——江西观察使

2）由尚书省官员出任及其迁转

张正甫　尚书右丞（从二品）——同州刺史（从三品）——左散骑常侍（从三品）

3）由太常寺官员出任及其迁转

郑絪　太常卿（正三品）——同州刺史（从三品）、长春宫使——东都留守

4）由少府监出任及其迁转

崔颋　少府监（从三品）——同州刺史（从三品）、本州防御、长春宫

等使

5）由国子监官员出任及其迁转

冯伉　国子祭酒（从三品）——同州刺史（从三品）——左散骑常侍（从三品）

6）由京兆少尹出任及其迁转

裴向　京兆少尹（从三品）——同州刺史（从三品），充本州防御史——大理寺卿

2. 穆宗朝同州刺史的选任

由尚书省六部官员出任及其迁转

元稹　工部侍郎（从三品）平章事——同州刺史（从三品）、防御使——御史大夫、浙东观察使

3. 敬宗朝同州刺史的选任

1）由太子少保出任及其迁转

萧俛　太子少保（正二品）——同州刺史（从三品）——少保（正二品）分司东都

2）由六部长官出任及其迁转

裴武　工部尚书（正三品）——同州刺史（从三品）

4. 敬宗到文宗朝同州刺史的选任

1）由六部长官出任及其迁转

徐晦　工部侍郎（从三品）——同州刺史（从三品）兼御史中丞——兵部侍郎（从三品）

2）由门下省官员出任及其迁转

高重　（中书省）给事中（正五品上）——同州刺史（从三品）——谭州刺史（从三品），湖南观察使

3）由中书省官员出任及其迁转

孙简　中书舍人（正五品上）——同州刺史（从三品）——陕虢观察使

4）由尚书省六部官员出任及其迁转

高钱　吏部侍郎（从三品）——同州刺史（从三品）

杨汝士　工部侍郎（从三品）——同州刺史（从三品）

卢载　尚书左丞（从二品）——同州（从三品）防御使

5）由地方刺史出任及其迁转

刘禹锡　汝州刺史（从三品）——同州刺史（从三品）、本州防御使、长春宫使——太子宾客（正三品）分司

6）离任后出任

吴士矩　同州刺史（从三品）——江西观察使

5. 宣宗朝同州刺史的选任

1）由中书省官员出任及其迁转

皇甫珪　中书舍人（正五品上）——同州刺史（从三品）

2）由门下省官员出任及其迁转

魏謩　给事中（正五品上）——同州刺史（从三品）——入相

3）由六部长官出任及其迁转

韦有翼　朝请大夫（从五品上）、守刑部侍郎（从三品）——同州刺史（从三品）

4）由国子祭酒出任及其迁转

杨汉公　国子祭酒（正三品）——同州刺史（从三品）——宣武军节度使

此外，还存在由地方官出任的情况。如：

1）由京兆尹出任及其迁转

韦正贯　京兆尹（从三品）——同州刺史（从三品）——岭南节度使

2）由团练使出任及其迁转

郑祗德　楚州团练使——同州刺史（从三品）——洪州刺史（从三品）

6. 懿宗朝同州刺史的选任

1）由中书省官员出任及其迁转

王凝　中书舍人（正五品上）——同州刺史（从三品）

2）由六部长官出任及其迁转

裴璩　水部侍郎（从三品）——同州刺史（从三品）

薛能　刑部郎中（从五品上）——同州刺史（从三品）

3）由太常寺官员出任及其迁转

王龟　太常少卿（正四品上）——同州刺史（从三品）——越州刺史

（从三品），浙东团练观察使

7. 僖宗朝同州刺史的选任

卸任后出任

崔璞　同州刺史（从三品）——右散骑常侍（从三品）

（四）凤翔尹的选任

1. 宪宗朝凤翔尹的选任

1）由神策军将领出任

孙璹　禁军（神策军）将领——凤翔尹（从三品）

2）由京兆尹出任及其迁转

李墉　京兆尹（从三品）——凤翔尹（从三品），凤翔陇右节度使——河东节度使

3）由金吾卫将军出任及其迁转

李惟简　左金吾卫将军（从三品）——检校户部尚书（正三品）、凤翔尹（从三品）、陇右节度使——卒

4）由节度使出任及其迁转

李愬　山南东道节度使——凤翔尹（从三品），凤翔陇右节度——徐州刺史（从三品），武宁军节度使

5）由尚书长官出任及其迁转

郑余庆　尚书左仆射（从二品）——凤翔尹（从三品），凤翔节度使——太子太师（从一品），兼判国子祭酒（正三品）

李愿　刑部尚书（正三品）——凤翔尹（从三品），凤翔陇右节度使——汴州刺史，宣武军节度使

2. 穆宗朝凤翔尹的选任

1）由节度使出任及其迁转

李颙　邠宁节度使——凤翔尹（从三品），充凤翔陇右节度使——忠武军节度使

王承元　鄜坊丹延节度使——凤翔节度使（从三品）——平卢军节度使

2）由六部长官出任及其迁转

崔俊　工部尚书（正三品）——凤翔尹（从三品），充凤翔陇节度使——

河南尹

3. 文宗朝凤翔尹的选任

1) 由尚书长官出任及其迁转

窦易直　尚书左仆射（从二品）、判太常卿事（正三品）——凤翔尹（从三品）、陇右节度使——卒

郑注　翰林侍讲学士、工部尚书（正三品）——检校右仆射，充凤翔陇右节度使（从三品）——被诛

2) 由京兆尹出任及其迁转

杜悰　京兆尹（从三品）——检校礼部尚书（正三品），凤翔尹（从三品），充凤翔陇右节度使——忠武军节度，陈许蔡观察等使

3) 由节度使出任及其迁转

李听　武宁军节度——太子太保（从一品）——凤翔尹（从三品）——忠武军节度

4) 由神策军将领出任及其迁转

陈君奕　左神策大将军——凤翔节度使（从三品）

4. 武宗朝凤翔尹的选任

由节度使出任及其迁转

石雄　邠宁节度使——凤翔尹（从三品）——太子少傅

5. 宣宗朝凤翔尹的选任

1) 由太子府官员出任及其迁转

崔琪　太子宾客（正三品）——凤翔节度使（从三品），辞疾请罢——太子少师（正二品），分司东都，卒

2) 由节度使出任及其迁转

郑光　河中节度使——凤翔尹（从三品）——右羽林统军（正三品或同三品）兼太子太保（从一品）

裴识　谭州刺史、御史中丞，充河南都团练观察使——检校户部尚书、凤翔尹（从三品）、凤翔陇右节度使——许州刺史，忠武军节度使，陈许观察等使

3) 由太原尹出任及其迁转

李拭　太原尹（从三品）、河东节度使——凤翔节度使（从三品）

崔珙　太子少师（从一品），分司东都，就拜留守——凤翔节度使（从三品）——卒于官

4）由六部长官出任及其迁转

卢懿　吏部侍郎（从三品）——检校工部尚书（正三品），兼凤翔尹（从三品）、凤翔陇右节度使

蒋系　中散大夫、权知刑部尚书（正三品）——检校户部尚书，凤翔尹（从三品）、凤翔陇右观察等使——兵部尚书（正三品）

5）由地方刺史出任及其迁转

卢简求　检校工部尚书、定州刺史（从三品）、御史大夫、义武军节度、北平军等使——检校刑部尚书、凤翔尹（从三品）、凤翔陇西节度观察等使——太原尹（从三品）、北都留守、充河东节度观察等使

6. 懿宗朝凤翔尹的选任

1）由节度使出任及其迁转

裴休　河东节度使——凤翔尹（从三品）、凤翔陇右节度使——户部尚书（正三品）

2）由中书令出任及其迁转

白敏中　中书令（正三品）——凤翔节度使（从三品）——卒

3）由六部长官出任及其迁转

杜悰　司空（正一品），检校司徒——凤翔节度使（从三品）——荆南节度使

4）离任后出任

刘异　凤翔节度使（从三品）——许州刺史

5）由分司东都出任及其迁转

令狐绹　太子太保（从一品），分司东都——凤翔节度使（从三品），就加平章事——卒

7. 僖宗朝凤翔尹的选任

由太子宾客出任及其迁转

郑畋　太子宾客（正三品）——检校左仆射、凤翔尹（从三品），充凤翔节度使

某些凤翔尹虽然位高权重、在任时间较长，但不久任是多数畿甸官员的共同特点。畿甸州府长官不久任的形势，在一定程度上造成了州务的荒废。《全唐文》卷七三六《沈亚之〈华州新葺设厅记〉》载："今天下邦郡之望，莫与太华等。然而公堂宴台无别位，顾几砚与饫乐之具，日更废置于其间。宁地势之要，为守者无久留于任，而经虑莫及此乎？陇西公为守未满岁，郡中既治。因窥其庶屋可攻（一作改）者，乃先问其吏曰：'政之为困，何始也？'吏曰：'累更其守耳。'"① 这仅是在州府设施方面产生的问题，在其他政事方面恐怕也多无建树。离任之后，除京兆尹多入朝为官外，同州、华州、凤翔府官员不再进入中央，而是到地方为刺史、节度使等。

三、实行特殊的科举政策

唐代后期仍对畿甸教育实行环护政策。《唐摭言》卷一《会昌五年举格节文》载："其国子监明经，旧格每年送三百五十人，今请送三百人；进士，依旧格送三十人；其隶名明经，亦请送二百人；其宗正寺进士，送二十人。其东监、同、华、河中所送进士，不得过三十人，明经不得过五十人。其凤翔、山南西道、东道……陕虢等道，所送进士不得过一十五人，明经不得过二十人。其河东、陈许……等道，所送进士不得过一十人，明经不得过十五人。金、汝……邕容等道，所送进士不得过七人，明经不得过十人。其诸支郡所送人数，请申观察使为解都送，不得诸州各自申解。"②

两监有唐朝高等级学府，教育地位特殊，京兆府成为贡举人数最多的政区，具有其他行政单位无可比拟的科举优势。同、华二州举送的进士、明经与东监、河中相当，仅次于两监，较宗正寺为多。按唐代县的规定，京都所治县为赤县，陪都为次赤。如前文所言，开元四年，华州郑县、华阴、下邽，同州冯翊、朝邑、蒲城、澄城、白水，岐州雍县、扶风、陈仓等升为次赤县。据此，唐后期同州、华州、凤翔府及河中府就具有了"半都"的性质。畿甸府尹、刺史多朝廷大员出身。这些应是影响畿甸州府举送名额多少的重要

---

① （清）董诰等：《全唐文》卷七三六《沈亚之〈华州新葺设厅记〉》，第 7603—7604 页。
② （五代）王定保：《唐摭言》卷一《会昌五年举格节文》，第 2 页。

因素。

唐后期诸道举送的进士、明经员额，大体是以政治核心区为首，次之为毗邻政治核心区各道，并混以防御吐蕃或东南财富型方镇，再次以防御河北藩镇，其他则属于直隶于朝廷的道级州或南方小镇。换言之，会昌年间选举名额的分配，是以各道功用的紧要，先政治核心区，次西北、东南，再河北方镇及其外围，再其他诸道为次序的。

但某些道级州的名额等同甚至高于大镇，显示出其具有高于一般藩镇的政治地位。由于军事政治地位的特殊性，凤翔镇名额分配少于同、华二州，但也属于科举名额较多的地区。鄜坊、泾邠同样属于科举名额较多的地区。政治核心区在选举上的优势，不仅体现在科举名额数量上，而且体现在利于及第方面，《争解元叩贡院门求试后到附》载："同、华解最推利市，与京兆无异，若首送，无不捷者。元和中，令狐文公镇三锋，时及秋赋，榜云特加置五场。盖诗、歌、文、赋、帖经，为五场。常年以清要书题求荐者，率不减十数人，其年莫有至者。"①

第三节 顺宗到懿宗朝畿甸社会地缘性的传承

顺宗到懿宗时期，"兵冗官滥"的现象并没有解决，赋役繁重仍是畿甸的重要特点，区域社会发展与唐代前期具有极强的相似性。但社会的贫困现象较唐代前期应当更为严重。除去两税法这一前文已述的赋役沉重、民生贫困的根本原因之外②，畿甸地缘特性的形成还有与前一时期相似的其他原因。

---

① （五代）王定保：《唐摭言》卷一《争解元》，第17页。
② （宋）王溥：《唐会要》卷八八《仓及常平仓》，第1918页："（大中六年）十一月敕：应畿内诸县百姓军户，合送纳诸仓及诸使两税，送纳斛斗，旧例，每斗函头耗物遽除，皆有数限。访闻近日诸仓所由，分外邀额利，索耗物，致使京畿诸县，转更凋弊，农桑无利，职此之由。自今以后，祗令依官额，余并禁断。"（清）王夫之：《读通鉴论》卷二四《唐德宗》，第1887页："自天宝丧乱以后，兵兴不已，地割民凋，乃取仅存之田土户口，于租、庸、调之外，横加赋敛，因事取办而无恒，乃至升斗锱铢皆洒派于民，而暴吏乘之以科敛，实皆国计军需，在租、庸、调立法之初，已详计而无不可给者也。举天下之田亩户口，以应军国之用，而积余者尚不可以数计。量其入以为出，固不待因出求入也。因出以求入，吏之奸，民之困，遂浸淫而无所止。"

一、兵多户少造成兵役负担沉重

唐代后期广建藩镇,军队规模超过前期,朝廷供养之兵增加,但国家税源地减少。《新唐书》卷五二《食货志二》描述了役重及养兵之费的情况:"元和中,供岁赋者,浙西、浙东、宣歙、淮南、江西、鄂岳、福建、湖南八道,户百四十四万,比天宝才四之一。兵食于官者八十三万,加天宝三之一,通以二户养一兵。京西北、河北以屯兵广,无上供。至长庆,户三百三十五万,而兵九十九万,率三户以奉一兵。"①

元和年间,唐朝境内的 83 万兵与八道 144 万户之比约为 1∶2,所谓的"通以二户养一兵"是指"兵食于官者",即国家财政供给之兵与江南纳税之户的比例关系。这种算法其实是不合理的,至少河北割三镇所养之兵,不能计于东南八道财政供给之内,李吉甫所言存夸大之嫌。但在两税法及其他杂税之下,兵与户的比例关系可能仅在一定程度上反映了兵赋之重。方镇之兵的日常供给还是以两税中本镇的留州、留使钱为主。但这些新设的方镇,较唐代前期而言,无疑增加了地方财政开支,增加了农民的兵役负担。

这种赋税负担是不均衡的。若以唐后期见在户口而论,凤翔有兵三万②,而凤翔陇州户且不足万,恐怕已经不止二户、三户养一兵的概率,而是户不及兵多了。如果户口是朝廷征发赋役的依据,那么凤翔自给不足,确实无交纳国赋、申报户口的必要。《全唐诗》卷六〇八《皮日休〈农父谣〉》反映了畿甸兵多造成的江淮赋重的情况:

> 农父冤辛苦,向我述其情。
> 难将一人农,可备十人征。
> 如何江淮粟,挽漕输咸京。
> 黄河水如电,一半沈与倾。

---

① (宋)欧阳修、宋祁等:《新唐书》卷五二《食货志二》,第 1362 页。
② 黄利平考证凤翔镇的兵力情况,认为自李抱玉镇凤翔以来,凤翔的兵力应该不少于三万人,但同时认为这三万兵士并非都由节度使本人节制,应该是全镇兵力总数情况。黄利平:《中晚唐京西北八镇考》,《中国历史地理论丛》2004 年第 2 辑,第 74 页。

> 均输利其事，职司安敢评。
> 三川岂不农，三辅岂不耕？
> 奚不车其粟，用以供天兵？
> 美哉农父言，何计达王程。①

不是三辅之赋没有用来供军，而是三辅也无法自供"天兵"、朝廷更加依赖江淮之赋。同、华二州是设有防御使的军事重地，其兵虽少于诸镇之兵，但有数千之众应当是可能的，二州之户并未过万。若按户计，同、华二州的兵额分配，畿甸地区的兵役负担较江淮更重。

二、赋役不均造成畿甸赋税沉重

神策军主要分布在畿甸地域，江南藩镇的兵力相对较少。关中为防御吐蕃驻有大量的防秋兵，防秋兵的军费由朝廷供给。这些都造成了畿甸及整个关中地区赋役负担的沉重，亦造成赋役负担地区分布的不均衡，畿甸仍是全国赋役的重灾区。如《唐会要》卷四〇《君上慎恤》载太和三年三月敕，言京畿地域，"百役牵应"②。唐宪宗元和时期，"邦畿之内，百役所丛。虽勤恤之令亟行，而供亿之制尤广。"③ 直到唐懿宗咸通时期，这种状况依然如故："京畿之内，供亿事繁。色役差科，曾无虚日。黎人困苦，深可闵伤。"④

畿甸豪强规避赋税、寄名军籍（"影占"），造成畿甸赋役不均，加重了普通民户的赋役负担。如《唐会要》卷七二《京城诸军》载："大中五年十月，京兆尹韦惊奏：'京畿户于诸军影占、苟免府县差役，或有追计，军府纷然。请准会昌五年十二月敕，诸军使不得强夺百姓入军。'从之。"⑤ 沈亚之《栎阳兵法尉厅记》描述了至少是元和年间京兆府栎阳县豪民寄名禁军，规避赋役，纳税之人不过三分之一的情况：

---

① （清）彭定求等：《全唐诗》卷六〇八《皮日休〈农父谣〉》，第7019—7020页。
② （宋）王溥：《唐会要》卷四〇《君上慎恤》，第843页。
③ （宋）王钦若等编，周勋初等校订：《册府元龟》（校订本）卷四九一《蠲复第三》，第5568页。
④ （宋）宋敏求：《唐大诏令集》卷八六《咸通七年大赦》，第489页。
⑤ （宋）王溥：《唐会要》卷七二《京城诸军》，第1537页。

栎阳，其瘠沃相半。豪户寒农之居，三分以计，而豪有二焉。其父子昆弟，皆卒名南北东西军，圉卫杂幸之恃，或籍书从事星台乐局织馆雕坊禽儿膳者之附，而又媵女为之盘络，是多类者。非独不得为县民之众驭之而已，亦且冯（凭）缘蔓横，以业吞渔。……其受役惟单产孱民。①

豪户隶名禁军，地方官无权管辖，豪户侵渔禁军之事，在栎阳县表现得就相当突出。畿甸豪民隶名禁军，规避两税及他税，栎阳即有三分之二的税收损失。在两税制度之下，三分之一的普通民众的赋役负担之重不难想见。《全唐文》卷七三四《沈亚之〈第三道〉》同样记载了赋役不均的形势：

百姓之贡输赋，患不在重，而在于劳逸不均也。今自谋叛以来，农劳而兵逸。其租税所出之名不一，猾吏挠之，后期而输者，则鞭体出血。……故豪农得以蠹奸贾倍之，而美地农产，尽归豪奸。益其地，资其利，而赋岁以薄。失其产者，吏督其不奉，而赋岁以重。是以割姻爱，弃坟井，亡之他郡而不顾。亡者之赋又均焉。故农夫蚕妇，蓬徒尘走于天下，而道死者多矣。由是商益豪而农益败，钱益贵而粟益轻也。②

沈亚之认为赋税之患不在重而在劳逸不均。任何年代的赋役沉重都不是利国利民的事情。沈亚之"患不在重而在不均"仅是其应试时的"场面"之语。唐代前期的赋役在南北地域差异之外，同一地域内不同民户间同样存在差异。豪民与贫民赋税不均，猾吏纵富督贫，"美地农产，尽归豪奸"。赋重而使贫民成为脱离版籍、不纳赋税的"逃户"，"逃户"应承担的赋税又被"均逃""摊逃"转嫁为在籍民户的负担。

---

① （清）董诰等：《全唐文》卷七三六《沈亚之〈栎阳兵法尉厅记〉》，第 7599—7600 页。
② （清）董诰等：《全唐文》卷七三四《沈亚之〈第三道〉》，第 7576 页。

三、和籴扰民是畿甸的重负

和籴起于唐代前期,主要发生在关辅地域:"贞观、开元后,边土西举高昌、龟兹、焉耆、小勃律,北抵薛延陀故地,缘边数十州戍重兵,营田及地租不足以供军,于是初有和籴。牛仙客为相,有彭果者献策广关辅之籴,京师粮禀益羡,自是玄宗不复幸东都。"① 京兆与三辅是农业经济发达之地,故畿甸是所谓的关辅和籴的重灾区。

唐德宗贞元时期的关中仍是和籴的主要区域:"贞元初,吐蕃劫盟,召诸道兵十七万戍边。关中为吐蕃蹂躏者二十年矣,北至河曲,人户无几,诸道戍兵月给粟十七万斛,皆籴于关中。"② 据统计,唐顺宗到懿宗朝的和籴,仍主要分布在畿甸地区:

> 宪宗即位之初,有司以岁丰熟,请畿内和籴。当时府、县配户督限,有稽违则迫蹙鞭挞,甚于税赋,号为和籴,其实害民。③
>
> 元和十四年,(高釴)上疏请不以内官为京西北和籴使。④
>
> 元和十四年二月,郑覃迁谏议大夫。宪宗用内官五人为京西北和籴使,覃上疏论罢。⑤
>
> 元和中,振武军饥,宰相李绛请开营田,可省度支漕运及绝和籴欺隐。宪宗称善,乃以韩重华为振武、京西营田、和籴、水运使,起代北,垦田三百顷,出赃罪吏九百余人,给以耒耜、耕牛,假种粮,使偿所负粟。⑥
>
> 长庆元年二月敕:"春农方兴,种植是切,其京北、京西和籴使宜勒停"。先是,度支以边储无备,请置和籴使,经年无效,徒扰边

---

① (宋)欧阳修、宋祁等:《新唐书》卷五三《食货志三》,第 1373 页。
② (宋)欧阳修、宋祁等:《新唐书》卷五三《食货志三》,第 1374 页。
③ (宋)欧阳修、宋祁等:《新唐书》卷五三《食货志三》,第 1374 页。
④ (五代)刘昫等:《旧唐书》卷一六八《高釴传》,第 4386 页。
⑤ (五代)刘昫等:《旧唐书》卷一七三《郑覃传》,第 4489 页。
⑥ (宋)欧阳修、宋祁等:《新唐书》卷五三《食货志三》,第 1373 页。

民，故罢之。①

长庆元年三月戊申，罢京西、京北和籴使，扰人故也。②

长庆初，韦处厚、路随以公望居显要，素知韦辞有文学理行，及称荐之。擢为户部员外，转刑部郎中，充京西北和籴使。③

长庆三年十二月，度支奏："主客员外郎、判度支案白行简，前以当司判案郎官、刑部郎中韦词，近差使京西勾当和籴。"④

长庆四年八月甲寅，诏于关内、关东折籴和籴粟一百五十万石。⑤

文宗大和四年八月，敕："今年秋稼似熟，宜于关内七州府及凤翔府和籴一百万石。"⑥

宣宗大中六年五月敕："自收关陇，便讨党项，边境生民，皆失活业，连属艰食，遂不宁居。兼军储未得殷丰，切在多方赡助。今年京畿及西北边稍似时熟，即京畿人家，竞搬运斛斗入城，收为蓄积，致使边塞粟麦，依前踊贵。兼省司和籴，亦颇艰难，其弊至深，须有厘革。其京西、北今年夏秋斛斗，一切禁断，不得令入京畿两界。"⑦

从总体上看，畿甸是保障关内缘边藩镇粮食供给的主要和籴地区，畿甸农业生产总量仍然是相当大的，江南财富尚未达到完全决定国家财政命脉的程度。但和籴屡扰畿甸之民，实为害民之事。

四、京官职田侵渔百姓

京官职田侵渔百姓的现象在唐代前期就存在着，唐后期穆宗长庆年间百

---

① （宋）王溥：《唐会要》卷九〇《和籴》，第1943—1944页。
② （五代）刘昫等：《旧唐书》卷一六《穆宗本纪》，第487页。
③ （五代）刘昫等：《旧唐书》卷一六〇《韦辞传》，第4215页。
④ （宋）王溥：《唐会要》卷五九《尚书省诸司下·度支员外郎》，第1198页。
⑤ （五代）刘昫等：《旧唐书》卷一七上《敬宗本纪》，第511页。
⑥ （五代）刘昫等：《旧唐书》卷四九《食货志下》，第2127页。（宋）王溥：《唐会要》卷八八《仓及常平仓》，第1917页："太和四年八月敕：今年秋稼似熟，宜于关内七州府及凤翔府和籴一百万石。"
⑦ （宋）王溥：《唐会要》卷九〇《和籴》，第1944页。

司职田害民的现象愈演愈烈。《唐会要》卷九二《内外官职田》载："长庆元年七月敕：'百司职田在京畿诸县者，访闻本地，多被所由侵隐，抑令贫户佃食蒿荒，百姓流亡，半在于此。宜委京兆府勘会均配，务使公平。'"①《册府元龟》卷四九一《邦计部·蠲复第三》载穆宗长庆元年所欠元和十四年京官职田税："京畿二十有二县，欠元和十四年京百司职田二十二万九千一石、束、贯等，京畿百姓，闻甚艰贫，顷差搬运军粮，今又修营陵寝，虽应缘驱役，皆给价钱，而屡有牵召，颇妨农亩，岂可更征悬欠，重使忧愁？其所欠并宜蠲免。其合受纳所欠职田，或见在官班，各请厚俸。或近终考秩，稍有余资，宜体朕怀，以宽人力。"②

职田差税苛重，农民必然抵触耕种，唐后期不得不将职田田租分摊在两税地亩上，使之成为两税的附加税，由两税户交纳。但此法并未久行。职田税征收采用的更通常的办法，是州县逐年将职田强行摊派给百姓租佃，甚至强令城镇居民虚额出税，给畿甸百姓造成极大的苦难，"疲人患苦，无过于斯"③。职田佃农相继逃亡，而官府又变本加厉，捕系亲邻，征赔地租，把负担摊配在其他农户身上，造成更多的农民破产与逃亡。

五、冗员造成赋税沉重

各地多设藩镇、观察、团练、防御诸使，这些使职皆有属员："节度使、副大使知节度事、行军司马、副使、判官、支使、掌书记、推官、巡官、衙推各一人，同节度副使十人，馆驿巡官四人，府院法直官、要籍、逐要亲事各一人，随军四人。节度使封郡王，则有奏记一人；兼观察使，又有判官、支使、推官、巡官、衙推各一人；又兼安抚使，则有副使、判官各一人；兼支度、营田、招讨、经略使，则有副使、判官各一人；支度使复有遣运判官、巡官各一人。"

"观察使、副使、支使、判官、掌书记、推官、巡官、衙推、随军、要

---

① （宋）王溥：《唐会要》卷九二《内外官职田》，第1982页。
② （宋）王钦若等编，周勋初等校订：《册府元龟》（校订本）卷四九一《邦计部·蠲复第三》，第5568—5569页。
③ （唐）元稹：《元氏长庆集》卷六〇《同州奏均田》，第199—200页。

籍、进奏官,各一人。"

"团练使、副使、判官、推官、巡官、衙推,各一人。"

"防御使、副使、判官、推官、巡官,各一人。"①

节度使属员少则 31 人,多则 51 人食俸。观察使属员则 11 人,团练使属员 6 人,防御使属员 5 人。《新唐书》卷五五《食货志五》"唐世百官俸钱,会昌后不复增减",百官俸钱如下:

节度使,三十万。

都防御使、副使,监军,十五万。

观察使,十万。

诸府尹,大都督府长史,都团练使、副使,上州刺史,八万。

别敕判官,观察、团练判官掌书记,上州长史、司马,五万。

节度推官、支使,防御判官,上州录事参军事,畿县、上县令,四万。

神策军大将军,左右卫、金吾卫将军,三万六千。

神策军将军,归德中郎将,观察防御团练推官巡官,鹑赤县丞,两赤县主簿、尉,上州功曹参军以下,上县丞,三万。②

据此,在唐后期的畿甸诸道中,凤翔府正常俸钱支出至少多出 42 万,是原上州刺史 5 万的 8 倍有余。同、华二州皆设防御使,防御使由治州刺史兼,地位低于都防御使,其俸钱以治州刺史计,二州亦至少多出 15 万俸钱。各类使职的设置,在很大程度上加重了地方财政负担,"所在军府,多称穷空,因缘增添,费用滋广,不遵往例,唯徇人情。物力既困于公家,诛敛终归于百姓。"③

六、其他杂役负担同样造成畿甸贫困

如畿甸是驿事重区。唐代畿甸是天下驿使之"结",驿事之繁是其他地区

---

① (宋)欧阳修、宋祁等:《新唐书》卷四九下《百官志四下》,第 1309—1310 页。
② (宋)欧阳修、宋祁等:《新唐书》卷五五《食货志五》,第 1402—1404 页。
③ (宋)王溥:《唐会要》卷七九《诸使下·诸使杂录下》,第 1718 页:"(大中)六年十二月,中书门下奏:应诸道节度使、观察、团练使、防御、经略等使,所请俸料、职田、禄粟、时服、杂给,并请色人事力用度等,先奉圣旨,令条流奏来者。伏以藩镇之任,寄切分忧,一方惨舒,系在长吏。近者所在军府,多称穷空,因缘增添,费用滋广,不遵往例,唯徇人情。物力既困于公家,诛敛终归于百姓。稍能厘革,裨益实多。置使之初,必有定额,岁月深远,或多改更。望令诸道帅臣及长吏,各询访事例,检寻簿书,其间苟踰旧规,及有新置,并宜除去,务在至公。于军、府、州、镇经营利纲等项,相承既久,并绝则难,相害于人,亦宜禁止。奉敕:宜依。"

难以比拟的。《全唐文》卷五八〇《柳宗元〈馆驿使壁记〉》记载了京兆府驿事繁多，负担沉重的形势。《馆驿使壁记》言天子召令出于京兆，天下输赋、修职萃于京兆，故馆驿之事尤重：

> 凡万国之会，四夷之来，天下之道途毕出于邦畿之内。奉贡输赋，修职于王都者，入于近关，则皆重足错毂，以听有司之命。征令赐予，布政于下国者，出于甸服，而后按行成列，以就诸侯之馆。故馆驿之制，于千里之内尤重。①

京兆共有 48 驿："自万年至于渭南，其驿六，其蔽曰华州，其关曰潼关。自华而北，界于栎阳，其驿六，其蔽曰同州，其关曰蒲津。自灞而南，至于蓝田，其驿六，其蔽曰商州，其关曰武关。自长安至于鄠屋，其驿十有一，其蔽曰洋州，其关曰华阳。自武功而西，至于好畤，其驿三，其蔽曰凤翔府，其关曰陇关。自渭而北，至于华原，其驿九，其蔽曰坊州。自咸阳而西，至于奉天，其驿六，其蔽曰邠州。"②

驿务繁多，人员复杂，华夷来往，春秋祭祀之使，供给修缮之务，管理事务繁剧："由四海之内，总而合之，以至于关；由关之内，束而会之，以至于王都。华人夷人，往复而授馆者，旁午而至，传吏奉符而阅其数，县吏执牍而书其物。告至告去之役，不绝于道；寓望迎劳之礼，无旷于日。而春秋朝陵之邑，皆有传馆。其饮饫饩馈，咸出于丰给；缮完筑复，必归于整顿。列其田租，布其货利，权其入而用其积，于是有出纳奇赢之数，勾会考校之政。"③ 同州、华州、凤翔府驿事可能不如京兆繁剧，但作为入京的交通要道，馆驿负担应当同样不小。

役重导致京兆诸驿财政负担沉重。如京兆的栎阳县就因位处交通要道，驿路之上，交驰事冗，驿费亦是栎阳的沉重的财政负担。游宦之士亦是馆驿之扰。一遇战事，驿路负担更为沉重。与少数民族的和亲之事，同样是栎阳

---

① （唐）柳宗元：《柳河东集》卷二六《馆驿使壁记》，上海人民出版社1974年版，第440页。
② （唐）柳宗元：《柳河东集》卷二六《馆驿使壁记》，第440页。
③ （唐）柳宗元：《柳河东集》卷二六《馆驿使壁记》，第440—441页。

馆驿的重负。唐代沈亚之《栎阳县丞小厅壁记》一则指出其交通要冲,使臣、游宦之士众多,栎阳"颇瘠于扰费":

> 便署所以接宾也。栎阳、岐诸陵,走左辅、蒲、太原、燕、赵、魏山,东至于匈奴杂虏之道,而诸侯使者及戎王聘贡之臣,交驰出是无虚日。而邑颇瘠于扰费。然而游宦客子,出入往来者,则公宾为寡也。夕馆而昼馔,自宰丞簿尉,或不能支于给馈。而宾去,尝悒悒不快。

一遇战乱,驿使更繁,栎阳被扰更重,军情紧急,邮马多死,扰民之事尤甚:

> 长庆初,燕、赵、魏侯者失理,卒乱,辱杀之,更自立新帅。大臣皆进意请讨,圜其境之诸侯,咸会兵袭战,飞蹄走辔之奏,传呼相追。而又降嫁匈奴中,故使者日至。若是宜谓私宾不能加也。然又遣使陈、蔡、许、滑、大梁、彭城,皆发卒戍河北,督责米帛于两江之间,使百郡所挽无西入。
>
> 由是天子之使,出入潼关者,日数十辈。大者乘马至百,小者不下十余。邮马尽死于道,凡往来乘马畜者,无问其谁,皆夺之。故游宦客子,俱辚道栎阳中,计其众寡,复与公宾之数相高矣。①

在这种形势下,畿甸地区的贫困成为一种定势。这种贫困造成畿甸州府财政的拮据,同、华二州长期"地迫而贫",凤翔镇也是一个"州县久破"的藩镇。在两税留州留使钱数量有限、兵多官冗的形势下,凤翔官员的俸料亦相当微薄,甚至出现"欠折"的现象,朝廷不得不屡次给予补充。《唐会要》卷九一《内外官料钱上》载:

---

① (清)董诰等:《全唐文》卷七三六《沈亚之〈栎阳县丞小厅壁记〉》,第 7599—7600 页。

元和六年闰十二月敕:"河东、河中、凤翔、易定四道,州县久破,俸给至微,吏曹注官,将同比远。在于治体,切要均融,宜以户部钱五万五千贯文,充加四道州县官课。"①

太和四年七月,敕吏部奏:"应比远道州县官课料,请令依元额料计支给,不得更有欠折。"敕旨:"依奏。"

会昌元年,中书门下奏:"河东、陇州、鄘坊、邠州等道比远官,加给课料。河东等道,或兴王旧邦,或陪京近地,州县之职,人合乐为,只缘俸课寡薄,官同比远。伏准元和六年闰十二月十二日及元和七年十二月二十日敕,河东、凤翔、鄘坊、邠州、易定等道,令户部加给课料钱,共六万二千五百贯文。"②

役多民贫导致社会治安状况恶化。《唐会要》卷四〇《君上慎恤》载:"(太和)三年三月敕:'京畿之内,万类聚居,触刑章者,多于天下,加以百役牵应,由斯致咎,若一一不恕,则杀戮滋多。应京畿内见禁囚犯,死者降一等;从流当徒者,以远近节级递减一等处分。'"③灾荒年代甚至发展为盗。《唐故范阳卢氏荥阳郑夫人墓志》载:"(大中十二年五月十二日)关辅亢沴,民穷为盗,不可止。"④

京畿官员、使职在同州境内亦有资产,地方官同样难以管理这些资产。如建中元年(780)萧复为同州刺史时,"州人阻饥,有京畿观察使储廪在境内,复辄以赈贷,为有司所劾削阶。朋友唁之,复怡然曰:'苟利于人,敢惮薄罚。'"⑤朝廷要官出入畿甸,亦有为害难治之例。《唐国史补》卷下《御史扰同州》载:"王某云:往年任官同州,见御史出按回,止州驿,经宿不发,忽索杂案,又取印历,鏁驿甚急,一州大扰。有老吏窃哂,乃因庖人以通宪

---

① (宋)王溥:《唐会要》卷九一《内外官料钱上》,第1973页。
② (宋)王溥:《唐会要》卷九二《内外官料钱下》,第1977—1979页。
③ (宋)王溥:《唐会要》卷四〇《君上慎恤》,第843页。
④ 卢绍:《唐故范阳卢氏荥阳郑夫人墓志》,赵君平、赵文成编:《河洛墓刻拾零》,国家图书馆出版社2007年版,第593页。
⑤ (五代)刘昫等:《旧唐书》卷一二五《萧复传》,第3551页。

胥，许百缣为赠。明日未明，已启驿门，尽还案牍。御史乘马而去。"① 这种事情在同州也许并不少见，故"老吏窃哂"，"许百缣为赠"免祸。

凤翔府则官商结合，扰乱正常贸易。如元稹《有唐赠太子少保崔公（倰）墓志铭》载："岐吴诸山，多橡栎柱栋之材，薪炭粟刍之数，京师藉赖焉。负气势者名为相市，实出于官，公则求者无所与。"② 这些官吏鱼肉百姓当不在少数。

唐懿宗以后政府的财政危机严重，常向农民预征两三年的赋税，农民的负担更加沉重。有些地主把他们的赋税以各种方式转嫁到农民头上，甚至兼并了农民土地，仍要农民交纳赋税。破产逃户的赋税也被官府强加到未逃户身上，未逃户也走上破产逃亡之路。懿宗时的宰相路岩生活豪奢，擅权纳贿，仅其亲信边咸的家产便可供两年军饷。唐末，翰林学士刘允章曾向皇帝上书，指出当时"国有九破""苍生八苦""人有五去"③，作为赋役重灾区的畿甸地区也当如此。

此外，禁军同样强占民田，造成农民的贫困。如李惟简为户部尚书金吾大将军时，"有长上万国俊者，以军势夺兴平人地，吏惮莫敢治。及公为金吾，兴平人曰：'久闻李将军为人公平，庶能直吾屈。'即赍县牒来见。公发视，立杖国俊，废之，以地还兴平人。闻者莫不称叹。"④

元稹在做同州刺史时，对同州赋役繁重深有体会。同州赋役形势可作为这一时期畿甸赋役的典型。元稹在《同州奏均田》中认为同州赋役繁重的原因主要有六：

---

① （唐）李肇：《唐国史补》卷下《御史扰同州》，上海古籍出版社1979年版，第52页。
② （唐）元稹：《元氏长庆集》卷五四《碑铭〈有唐赠太子少保崔公（倰）墓志铭〉》，上海古籍出版社1994年版，第268页。
③ （清）董诰等：《全唐文》卷八〇四《刘允章〈直谏书〉》，第8449—8450页；刘允章所言国有九破是指："终年聚兵，一破也。蛮夷炽兴，二破也。权豪奢僭，三破也。大将不朝，四破也。广造佛寺，五破也。赂贿公行，六破也。长吏残暴，七破也。赋役不等，八破也。食禄人多，输税人少，九破也。"苍生八苦是指："官吏苛刻，一苦也。私债征夺，二苦也。赋税繁多，三苦也。所由乞敛，四苦也。替逃人差科，五苦也。冤不得理，屈不得伸，六苦也。冻无衣，饥无食，七苦也。病不得医，死不得葬，八苦也。"人有五去是指："势力侵夺，一去也。奸吏隐欺，二去也。破丁作兵，三去也。降人为客，四去也。避役出家，五去也。""人有五去而无一归，有八苦而无一乐，国有九破而无一成，官有八入而无一出，凡有三十余条，上古以来，未之有也。""天下百姓，哀号于道路，逃窜于山泽。夫妻不相活，父子不相救"。
④ （清）董诰等：《全唐文》卷五六五《韩愈〈凤翔陇州节度使李公墓志铭〉》，第5720页。

其一，户口长年不做检责，豪富兼并，纵富督贫。如同州之地，三十六年未做检责，"其间人户逃移，田地荒废。又近河诸县，每年河路吞侵，沙苑侧近，日有沙砾填掩，百姓税额已定，皆是虚额征率。其间亦有豪富兼并，广占阡陌，十分田地，才税二三。致使穷独逋亡，赋税不办，州县转破，实在于斯。"①

其二，京官、州县官职田，公廨田及州属官田、驿田，强配百姓耕种，差税近于四倍加征："臣当州百姓田地，每亩只税粟九升五合，草四分，地头榷酒钱共出二十一文已下。其诸色职田，每亩约税粟三斗，草三束，脚钱一百二十文。若是京官上司职田，又须百姓变米雇车般送，比量正税，近于四倍加征。既缘差税至重，州县遂逐年抑配百姓租佃，或有隔越乡村被配一亩、二亩之者，或有身居市井，亦令虚额出税之者。其公廨田、官田、驿田等，所税轻重，约与职田相似，亦是抑配百姓租佃，疲人患苦，无过于斯。伏准长庆元年七月敕文，'京兆府职田，令于万户上均配'，与臣当州事宜相类。臣今因重配原额税地，便请尽将此色田地，一切给与百姓，任为永业，一依正税粟、草及地头榷酒钱数纳税。其余所欠职田、斛斗、钱、草等，只于夏税地上每亩加一合，秋税地上每亩各加六合，草一分。其余脚钱，只收地头榷酒钱上分厘充数便足，百姓元不加配。其上司职田合变米送城者，比缘百姓自出车牛，及零碎舂碾，动逾春夏，送纳不得到城。臣今便于当州近城县纳粟，官为变碾，取本色脚钱，州司和雇情愿车牛搬载，差纲送纳。计万户所加至少，使四倍之税永除，上司职禄及时，公私俱受其利。"

其三，百姓税上加配军田赋税。"当州供左神策合阳镇军田粟二千石。右，自置军镇日，伏准敕令，取百姓蒿荒田地一百顷，给充军田，并缘田地零碎，军司佃用不得，遂令县司每亩出粟二斗，其粟并是一县百姓税上加配。偏当重敛，事实不均。臣今已于七县应税地上，量事配率，自此亦冀均平。"

其四，富县为贫县代纳赋税，加重了富县的财政负担。"当州朝邑等三县代纳夏阳、韩城两县率钱。右，准元和十三年敕，缘夏阳、韩城两县残破，量减逃户率税，每年摊配朝邑、澄城、合阳三县，代纳钱六百七十九贯九百

---

① （唐）元稹：《元氏长庆集》卷六〇《同州奏均田》，第199—200页。

二十一文,斛斗三千一百五十二硕一斗三升三合,草九千九束,零并不计。臣今因令百姓自通田地,落下两县蒿荒之外,并据见定顷亩一例征率。自然两县已减元额税地,请更不令三县代纳差科。

其五,新增杂税。"当州税麻。右,当州从前税麻地七十五顷六十七亩四垄,每年计麻一万一千八百七十四两,充州司诸色公用。臣昨因均配地税,寻检三数十年两税文案,只见逐年配率麻地,并不言两税数内为复数外。既无条敕可凭,臣今一切放免不税。"

其六,奸吏欺没。"当州所征斛斗、草及地头等钱畸零分数。右,从前所征斛斗升合之外,又有抄勺圭撮,钱、草即有分厘毫铢。案牍交加,不可勘算。人户输纳,元无畸零,蹙数所成,尽是奸吏欺没。臣今所征斛斗并请成合,草并请成分,钱并请成文。在百姓纳数,元无所加;于官司簿书,永绝奸诈。其蹙数粟、麦、草等,便充填所欠职田等数。其钱当州每亩元税二十文三分六厘,人户元纳二十一文整数,臣今只收纳二十一文,内分厘零数,将充职田脚钱,二千六百余贯便足,更不分外摊征。回奸吏隐欺之赃,除百姓重敛之困,如此处置,庶有利宜。以前件谨具利宜如前。逐县两税元额顷亩,并摊配职田分数,及蹙成文、分、合等钱、草、斛斗数,谨具分析在前件,状如前。伏以当州田地,咸卤瘠薄,兼带山原。通计十亩,不敌京畿一二。加以检责年深,贫富偏并,税额已定,征率转难。臣昨所奏累年逋悬,其弊实由于此。臣今并已均融抽税,又免配佃职田,闾里之间,稍合苏息。伏缘请配职田地充百姓永业,事须奉敕处分,然冀永有遵凭,伏望圣慈允臣所奏。谨录奏闻,伏听敕旨。"[1]

肃代德时期久经战乱,京兆地区人口损失较大,墓志资料数量少,人均年寿无法统计。到顺宗到懿宗朝,随着形势的变化,京兆地域的人均年寿约为51.10岁。而此时的河北三镇约为58.29岁,其他地域约为56.62岁。[2] 由京兆地域赋役负担沉重造成的社会贫困对年寿的影响,仍较其他地区为重。

---

[1] (唐)元稹:《元氏长庆集》卷六〇《同州奏均田》,第199—200页。
[2] 顾乃武:《战国至唐之河北风俗研究》,第72页。

第四节　顺宗到懿宗朝畿甸的御外制内作用

顺宗到懿宗时期，唐政权面临的军事威胁依旧来自吐蕃与河朔藩镇两方面。但吐蕃对唐政权的威胁已经相对缓和，河朔藩镇的隐患则是长期存在的。

一、顺宗至懿宗朝对边患与内忧的认识

（一）对边患的认识

《全唐文》卷七三四《沈亚之〈京兆府试进士策问〉》将唐与诸侯国时期的秦相比较，认为诸侯秦与唐对西戎之战异势，诸侯秦之边疆形势恶于唐，但秦未尝借关中以外的势力来御敌："昔者秦襄公举秦鄘之人，逐犬戎于西河之外，因其险而塞焉，后代无敢逾。始秦方列为小国，而东有诸侯窥地之兵，西有强戎不忘之怨，未闻当时秦尝籍卒于外而屈于敌也。此一侯者之志尚尔，况臣天下之大哉！"

并认为唐兵强于诸侯秦而战事劣于诸侯秦："今西边制戎，起陇黄花辅两关。自黄花拒塞倚汉中，南逾山，绵阻极巴蜀。自开萦陇西，北会弹筝，杠于河，堑于朔方，夹河而东，倚丰而角有天障。居其西以控戎者凡七师，逦迤数千里之间，壁冲扼要之戎百有余城。若此足以流威而谨塞乎？且戎之力不能加古昔之患，而边防与地之兵，方秦之多倍百矣，犹以不足于用。"

这种御外形势的出现，更多的是用兵不当，东南之兵"馈挽之不胜于费"的结果："即东取于淮南、吴、越，东南取长沙，至于衡山临江，更岁以易卒。彼其土之人，逾寒不纩，而投之积冰之地，役其所不习，用其所不能。非独馈挽之不胜于费也，及闻堕指裂肤之事，父母妻子，聚而兴哀。今欲疏罢征之请，则边臣有失助之告；如存乎旧规，则赘疣而无用。得失之端幸称其当。"[①]

---

① （清）董诰等：《全唐文》卷七三四《沈亚之〈京兆府试进士策问〉》，第 7573—7574 页。

这是沈亚之提出的对西北边防的见解。秦为诸侯之时，秦之国力不可与统一天下之秦相比；秦为诸侯时的西戎，其势力亦不可与吐蕃、回纥相比。诸侯秦灭西戎，当是秦力强于西戎之力，至少在天时、地利、人和方面，秦占优势。文人应试言论，考场发挥，自当无法苛求于缜密。但沈亚之之论，也反映出秦唐西北边防，攻守之势的不同。

唐人杜佑《通典》卷一七四《州郡四·古雍州下·风俗》同样记载了如何制御吐蕃的问题，认为："昔秦以区区关中，灭六强国。今万方财力，上奉京师，外有犬戎凭陵，城陷数百，内有兵革未宁，年将三纪，岂制置异术而古今殊时者乎？"杜佑指出秦人务农，是秦国富强之本："按周制，步百为亩，亩百给一夫（即一顷也）。商鞅佐秦，以一夫力余，地利不尽，于是改制二百四十步为亩，百亩给一夫矣。又以秦地旷而人寡，晋地狭而人稠，诱三晋人发秦地利，优其田宅，复及子孙。而使秦人应敌于外，非农与战，不得入官。大率百人则五十人为农，五十人习战，兵强国富，职此之由。"①

唐后期西北边陲军事失败的根本原因，杜佑认为一在于务农之人不过十分之一，习战之人不过十分之一，"其余皆务他业"，故人力凋敝；其二则是关中水利废败，国无富强之资："（秦）后仕宦之途猥多，道释之教渐起，浮华浸盛，末业日滋。今大率百人方十人为农，无十人习战，其余皆务他业。以今准古，损益可知。又秦开郑渠，溉田四万顷。汉开白渠，复溉田四千五百余顷。关中沃衍，实在于斯。圣唐永徽中，两渠所溉，唯万许顷。洎大历初，又减至六千二百余顷，比于汉代，减三万八九千顷。每亩所减石余，即仅校四五百万石矣。地利损耗既如此，人力散分又如彼，欲求强富，其可得乎！"②畿甸地域人口众多，使人复本业而纠浮食之弊，是扭转西陲颓势的根本举措：

> 昔汉文之时，长安之北七百里外，即匈奴之地，控弦数十万骑，侵掠未尝暂宁。计其举国人众，不过汉一大郡。晁错请备障塞，北

---

① （唐）杜佑撰，王文锦等点校：《通典》卷一七四《州郡四·古雍州下·风俗》，第4563页。
② （唐）杜佑撰，王文锦等点校：《通典》卷一七四《州郡四·古雍州下·风俗》，第4563页。

边由是获安。今自潼关之西，陇山之东，廊坊之南，终南之北，才十余州地，已数十万家。吐蕃虽强，陷覆河陇，窃料全国，尚未敌焉。况绵力薄才，食鲜艺拙，比之华人，殊不侔矣。徒以令峻而众心齐一，马多而竞逐莫及。诚能复两渠之饶，究浮食之弊，恤农夫，诱其归，趣抚战士，励其勋伐，酌晁错之策，择险要之地，缮完城垒，用我所长，渐开屯田，更蓄财力，将冀收复河陇，岂唯自守而已哉！加以幅圆万里之所资，宣布皇王之大政，则何向不济、何为不成者乎！①

由于吐蕃之大，甚至出现了为维系关中的供给，转运天下赋税而致劳扰天下，不如因洛阳居天下之中，转输便利而迁都洛阳之议："关中寓内西偏，天不劳于转输。洛阳宫室正在土中，周汉以还，多为帝宅、皇舆巡幸之处。则是国都何必重难迁移，密迩勍寇，择才留镇，以息人勤，自然无虞，孰不庆幸。"但杜佑认为：

古今既异，形势亦殊。当周之兴也，虽定鼎郏鄏，而王在镐京。幽王之乱，平王东徙，始则晋、郑夹辅，终乃齐、晋主盟，咸率诸侯，共尊王室，犹有请隧之僭，中肩之师。东汉再兴，巨寇皆殄。魏晋以降，理少乱多。今咸秦陵庙在焉，胜兵计数十万，海内财力，云奔风趋，傥议迁都，得非蠹国，斯乃示弱天下，何以统临四方。

洛阳地堉，凋弊尤甚，万乘所止，千官毕臻，樵牧难资，稟秸难赡，又无百二之固，虑启奸凶之心，岂得舍安而就危，弃大而从小也！汉高初平项羽，将宅洛师，娄敬请居关中，张良赞成其计，田肯称贺，方策备存。武德中，突厥牙帐在于河曲，数十万骑将过原州，时以伤夷未平，财力且乏，百辟卿士震恐，皆请迁都山南。

---

① （唐）杜佑撰，王文锦等点校：《通典》卷一七四《州郡四·古雍州下·风俗》，第4563—4564页。"自潼关之西，陇山之东，廊坊之南，终南之北，才十余州地，已数十万家。"按《元和郡县图志》，这一区域并无"十余州"，亦无"数十万家"。其辞或有夸张，或是另有所本。

太宗献计，固争方止，永安宗社，实赖圣谟。①

当时亦有迁都蒲州、江陵之议，杜佑同样认为不可：

> 议者又曰："洛阳四战之地，既将不可，蒲坂虞舜旧国，表里山河，江陵亦尝设都，控压吴蜀。远道避翟，宁不堪居？"答曰："蒲坂土瘠人贫，困竭甚于洛邑；江陵本非要害，梁主数岁国亡。夫临制万国，尤惜大势。秦川是天下之上腴，关中为海内之雄地。巨唐受命，本在于兹。若居之则势大而威远，舍之则势小而威近，恐人心因斯而摇矣，非止于危乱者哉，诚系兴衰，何可轻议。"②

从总体上来说，这些都是对制御吐蕃之策的探讨。落实到实践层面则仍是强畿甸之军，故《新唐书·兵志》说："其后京畿之西，多以神策军镇之，皆有屯营。军司之人，散处甸内。"元和元年神策军的总体规模约 11 万人，其中"在城"（即在京）神策军 6 万多人，外镇及采造接近 5 万人。据相关学者统计，贞元年间神策军有 15 万人，元和三年至元和八年有 11 万人，元和后最多曾达 20 万人。③ 这是唐廷借以防御边患的重要军事力量。

(二) 对内忧的认识

这一时期唐廷对河北藩镇大体采取了姑息之政，杜牧《战论》体现的就是这种政策。《战论》认为失河北则失坚甲利兵，失天下之财，而太平之时君臣苟安，党争不断，是无以制御吐蕃的根本原因。《战论》首先指出河北藩镇割据的基本条件，一是河北风俗，适于为战；二是河北地形，适于割据；三是河北产马，便于驰敌；四是河北特产丰富，足以自立：

> 河北视天下，犹珠玑也，天下视河北，犹四支也。珠玑苟无，

---

① （唐）杜佑撰，王文锦等点校：《通典》卷一七四《州郡四·古雍州下·风俗》，第 4564 页。
② （唐）杜佑撰，王文锦等点校：《通典》卷一七四《州郡四·古雍州下·风俗》，第 4565 页。
③ 何先成：《神策军的收入问题初探》，《唐史论丛》第 22 辑，三秦出版社 2016 年版，第 98 页。

岂不活身，四支苟去，吾不知其为人。何以言之？夫河北者，俗俭风浑，淫巧不生，朴毅坚强，果于战耕。名城坚垒，巘薜相贯，高山大河，盘互交锁。加以土息健马，便于驰敌，是以出则胜，处则饶，不窥天下之产，自可封殖，亦犹大农之家，不待珠玑然后以为富也。①

唐廷失河北，则天下有四失。一是失河北精兵："天下无河北则不可，河北既虏，则精甲锐卒利刀良弓健马无有也。卒然夷狄惊四边，摩封疆，出表里，吾何以御之？是天下一支兵去矣。"二是失环河北之兵："河东、盟津、滑台、大梁、彭城、东平，尽宿厚兵，以塞虏冲，是六郡之师，严饬护疆，不可他使，是天下二支兵去矣。"三是失中原之财："六郡之师，厥数三亿，低首仰给，横拱不为，则沿淮已北，循河之南，东尽海，西叩洛，经数千里，赤地尽取，才能应费，是天下三支财去矣。"四是失江南之财："咸阳西北，戎夷大屯，吓呼膻腥，彻于帝居，周秦单师，不能排辟，于是尽铲吴、越、荆楚之饶，以啖戍兵，是天下四支财去矣。"②

河北藩镇割据的最终结果，是使国家出现财政困难，征徭无常的形势："使吾用度不周，征徭不常，无以膏齐民，无以接四夷。礼乐刑政，不暇修治，品式条章，不能备具。是天下四支尽解，头腹兀然而已。焉有人解四支，其自以能久为安乎？"并提出了战事之五败：

一是败于天下无事之时，君臣苟安无防患之志："夫天下无事之时，殿阁大臣，偷处荣逸，为家治具，战士离落，兵甲钝弊，车马刓弱，而未尝为之简帖整饬，天下杂然盗发，则疾殴疾战。此宿败之师也，何为而不北乎！是不蒐练之过者，其败一也。"

二是寄名军籍者多，兵员不足而将吏邀利："夫百人荷戈，仰食县官，则挟千夫之名，大将小裨，操其余赢，以虏壮为幸，以师老为娱，是执兵者常少，縻食者常多，筑垒未干，公囊已虚。此不责实科食之过，其败二也。"

---

① （唐）杜牧：《樊川文集》卷五《战论》，第91页。
② （唐）杜牧：《樊川文集》卷五《战论》，第91—92页。

三是滥赏无度，无肯死于王事者："夫战辄小胜，则张皇其功，奔走献状，以邀上赏，或一日再赐，一月累封，或凯旋未歌，书品已崇。爵命极矣，田宅广矣，金缯溢矣，子孙官矣，焉肯搜奇外死勤于戎乎。此赏厚之过，其败三也。"

四是轻罚无威："夫多丧兵士，颠翻大都，则跳身而来，刺邦而去，回视刀锯，菜色甚安，一岁未更，旋已立于坛墠之上矣。此轻罚之过，其败四也。"

五是将不掌兵，是监军之祸："夫大将将兵柄不得专，恩臣诘责，第来挥之，至如堂然将阵，殷然将鼓，一则曰必为偃月，一则曰必为鱼丽，三军万夫，环旋翔佯，惧骇之间，虏骑乘之，遂取吾之鼓旗。此不专任责成之过，其败五也。"①

宪宗元和时期历经四年方能平定吴元济，穆宗长庆年间河朔顺而复叛，皆是五败的结果："元和时，天子急太平，严约以律下，常团兵数十万以诛蔡，天下干耗，四岁然后能取，此盖五败不去也。长庆初，盗据子孙，悉来走命，是内地无事，天子宽禁厚恩，与人休息，未几而燕、赵甚乱，引师起将，五败益甚。"②

唐后期长期存在的党争，也是导致高层无力解决藩镇的原因之一："登坛注意之臣，死窜且不暇，复焉能加威于反虏哉。"杜牧《罪言》则提出了解决河北藩镇之策，指出针对河北藩镇的"三策"："上策莫如自治。中策莫如取魏。""不计地势，不审攻守，为浪战，最下策也。"③ 就宪宗以后唐廷与河北三镇的关系而言，唐廷实际上实行的就是河北自治之策。

二、畿甸御外制内机制的功效

在顺宗到懿宗时期，随着吐蕃势力的衰落，西北边疆形势缓和，凤翔镇重又恢复到以一府为镇的态势。这一时期的凤翔镇在制内御外中的作用降低。但神策军的重要性开始突显出来。元和元年，高崇文、李元奕以神策军近万

---

① （唐）杜牧：《樊川文集》卷五《战论》，第92—93页。
② （唐）杜牧：《樊川文集》卷五《战论》，第92—93页。
③ （唐）杜牧：《樊川文集》卷五《战论》，第92—93页。

人分两路出征，平定西川刘闢；四年，左军中尉吐突承璀统左右神策及河中、河阳等道兵会攻成德王承宗。甚至与南诏发生摩擦也以神策军出战，如懿宗咸通五年四月，"南蛮寇邕管，以秦州经略使高骈率禁军五千，会诸道之师御之。"① 所以《新唐书》卷五〇《兵志四》说："是时神策兵虽处内，而多以裨将将兵征伐，往往有功。"② 可见，讨平藩镇的叛乱，是神策军的主要任务之一。

但神策军并非我们想象的那样实力强大，元和宰相李绛即指出，京西、京北神策军至少存在"兵非实数，守将贪滥，背公徇私，虚人既多，实兵须少，力既不敌，坐受伤残"，"鲜衣美食，坐费衣粮"。故"元和七年，蕃寇径至州城西门，驱掠人畜而去，朝廷忧之。"③ 而且神策军与节镇军属于两个不同的军事系统，战时指挥、防御存在诸多不利。《李相国论事集》卷六《论京西京北两神策镇遏军事》载：

> 今京西、京北，并有神策军镇兵。……今寇贼为患，来如飘风，去如骤雨，而京西节度使本兵既少，须与镇军合势，犄角驱逐。镇军须倍道急趋，同力翦扑，而牵属左右神策，须申状取处分。夫兵不内御，须应机合变，失之毫厘，差以千里。蕃寇方驱掠杀戮之际，百姓涂于草莽，方云入京，取远中尉处分，何异暍渴而穿井待水，馁馑而耕粟俟食，岂可及事机乎？

> 纵其将领谙识事体，星言应接，缘是禁卫将士，无惧节使之心，进退前却，号令不及，既行刑不得，则与无兵同。今须便据所在境兵马及衣粮器械，割属当道节度，使法令画一，丰约齐同，赴急如发机，前战不旋踵，则兵威必振，贼气自消，陛下无惊急之忧，生灵亡驱掠之患。若安处无事之地，坐仰厚赐之恩，寇至以申状为名，不曾御敌，节将以理管成例，待以平交，徒有镇遏之声，都无讨逐

---

① （五代）刘昫等：《旧唐书》卷一九上《懿宗本纪上》，第656页。
② （宋）欧阳修、宋祁等：《新唐书》卷五〇《兵志四》，第1332页。
③ （唐）李绛撰，（宋）蒋偕编辑：《李相国论事集》卷六《论京西京北两神策镇遏军事》，中华书局1985年版。

之力。圣恩便此处分，实为久远之制。①

　　李绛虽然对唐宪宗提出了神策军存在的上述问题，及神策军由节度使统一指挥的建议，唐宪宗曰："朕比不知旧事如此，何以得其然？事即便宜处置。"但"其京西、京北（神策）镇军，皆元属西京，为弊日久，不乐割属节度使，竟为阻事，遂因循不行。"② 李绛又曾在《论边事》中言："今西、北两都，皆无备拟，兵但虚数，坐盗衣粮，将无实效，岁邀官爵，衣甲器械之数，破官钱空有其名，部伍训练之方，务酒乐都亡其制。""时天德军中城，旧属振武，有（神策）镇兵四百人，其时却割属天德军，交割惟有十人，并军将在此，其器械惟有弓一张，余可知也。数月后，李绛罢相，遂因循旧弊。"③ 兵员不足，将领腐败，虚耗国家财政，指挥不力，战斗力不强，这是神策军存在的重要缺陷。

　　在宪宗时期，神策军已经朽钝如此，借神策军控御天下当属缘木求鱼之事。王夫之《读通鉴论》卷二五《宪宗》言："唐置神策军于京西京北，虽以备御吐蕃，然曾倚此军削平叛寇，则资以建国威、捍非常，实天子之爪牙也。德、宪以来，权归中涓与西北节镇，虏至莫能奔命，李绛所为，欲据所在之地，割隶本镇，使听号召以击虏之猝至，不致待请中尉，迟延莫救也。宪宗闻绛之言，欣然欲从，而终于不果，识者固知其必不果也。"④

　　李绛的提议之所以无果，在于皇帝不可失去对禁军的控制，失神策军而无以制御藩镇军事力量之虑："唐于是时，吐蕃之祸缓矣，所甚患者，内地诸节度分拥强兵，画地自怙，而天子无一爪牙之士；于此而欲夺之中涓之手，授之节镇，中涓激天子以孤危，辞直而天子信之，又将何以折之邪？是军也，昔尝以授之白志贞矣，朱泚之乱，瓦解而散，外臣之无功而不足倚，有明验也，故付之于宦官，亦无可委任，而姑使其听命宫廷耳。如复分割隶于节镇，则徒为藩镇益兵，而天子仍无一卒之可使。有若朱泚者，猝起于肘腋，勿论

---

① （唐）李绛撰，（宋）蒋偕编辑：《李相国论事集》卷六《论京西京北两神策镇遏军事》。
② （唐）李绛撰，（宋）蒋偕编辑：《李相国论事集》卷六《论京西京北两神策镇遏军事》。
③ （唐）李绛撰，（宋）蒋偕编辑：《李相国论事集》卷六《论边事》。
④ （清）王夫之：《读通鉴论》卷二五《宪宗》，第 2039 页。

其能相抗制也，即欲出奔，而跟跄道路，将一车匹马而行乎？绛不虑此，欲削中涓之兵柄，而强人主以孤立，操必不可行之策，徒令增疑，何其疏也！"①

王夫之事实上批评李绛以藩镇掌握神策兵的错误，同时提出神策军由兵部管理的想法："绛诚虑之深，策之审，则当抗言中涓揽兵之非宜，取神策一军隶之兵部，简选而练习之，猝有边警，驰遣文武大臣将之以策应，外有寇则疾应外，内有乱则疾应内，与节镇相为呼应，而功罪均之。如此，则天子有军，应援有责，而中涓之权亦夺矣。奈之何舍内廷之忧而顾外镇之患乎？如曰待边将之奏报而后遣救，无以防房寇之驰突。则侦探不密，奏报不夙，边镇之罪也，非神策之需，迟而不及事也。唐室之患，不在吐蕃而在藩镇，已昭然矣，如之何其弗思？"②

在王夫之看来，在当时的情况下，由兵部管理神策军，似乎在很大程度上就能挽救唐朝的灭亡。但南衙之官同样多是利禄之徒，前后延续四十来年的牛李党争，亦无法表明朝臣就比宦官"好"多少。玄宗时期宦官势力未如后期这般发展，但李林甫、杨国忠之类的大奸，比宦官也强不到哪儿去。汉末士人杀宦官三千余人，士人之恶更甚于宦官。故而王夫之将神策军归兵部掌管的观点，即使实行也不见得能起到强化中央集权的作用。随着神策军的衰落，唐王朝不可避免地走向了灭亡。

---

① （清）王夫之：《读通鉴论》卷二五《宪宗》，第2040—2041页。
② （清）王夫之：《读通鉴论》卷二五《宪宗》，第2041页。

结　　语

畿甸是封建政权的"国家根本"之地。封建政权通过建构畿甸政区，力图达到控驭天下的目的。畿甸政区的建构本质上是中央与地方矛盾发展的结果，同时也和中原与周边部族矛盾密切相关。建构中央与地方的权力关系，控御地方势力的发展，防范、抵御外部势力的威胁，是历代封建统治者不得不面对的政治问题，"强干弱枝"则是封建统治者解决这个问题的基本手段。唐代不同阶段的统治者虽然根据不同的政局形势，实行了不同的畿甸政区建构政策，但畿甸政区建构的根本目的、基本手段则是一致的。唐代畿甸政区建构，是中国封建时代畿甸建构的历史转折点，是中国封建畿甸建构的历史缩影。

一、唐代畿甸政区地缘建构的传承与转型

（一）畿甸由汉代三位一体的京畿制发展为唐代直隶于朝廷的畿甸政区群

在中国封建帝王制内御外的畿甸建构理念的影响下，唐代关中畿甸政区传承了西汉关中三辅政区建构的几个原则：一是畿甸政区疆理与地方最大政区（群）疆理大致相当的原则；二是畿甸区划维系区域自然资源整体性的建置原则；三是畿甸关隘险阻能够保持畿甸天然防御要素完整性的原则；四是畿甸赋役能够自给，且与周边经济区域构成体系化保障的原则。正是在这种理念的影响下，唐代关中畿甸地域虽然包括多个地方一级行政单位，但是大

体保留着不同于普通地方一级政区或监察区的、直隶于朝廷、由数个一级政区构成的政区群的架构形式。

（二）畿甸资源由西汉相对均衡的配置发展到唐代重京畿轻近畿的形势

西汉三辅郡的资源配置是相对均衡的，但在唐代畿甸政区群中，京畿是畿甸的核心区，国家资源配置形成倾向于京畿的特点。唐代畿甸政区资源配置差异较大，并由此产生了畿甸发展的区域不平衡性。唐代的京畿其实就是一个集政治、经济、军事、文化等功能于一体的行政区。维系京畿这一多功能政区的地位与发展，是导致畿甸资源配置失衡的根本原因。这是以畿甸控御天下、以京畿控御畿甸政治的产物，也是畿甸政区功能分化、层层架构畿甸的必然结果。这种大京畿政区、小近畿政区的建构，客观上割裂了畿甸区域资源的一体性。

（三）畿甸由西汉环护政策下的富庶演变为唐代赋役负担相对沉重

自唐代开始，畿甸形成了中央与地方权力架构的如下机制：畿甸属于政治文化的核心区，江南地域属于朝廷经济的保障区，政治文化核心区与经济保障区相分相支，建立了唐廷控御天下的二元控御体制，打破了西汉时期政治文化核心区与经济保障核心区二位一体的畿甸控御形势。政区的地位是由政区在国家政治生活的重要性决定的。唐代畿甸政区政治地位较西汉为低，是唐代畿甸的重要性低于西汉三辅的结果。在二元控御体制下，由于政治中心与经济供给地存在着地理空间上的距离，政治中心所在的畿甸地域成为供给朝廷物资的首要之地，畿甸所出的赋税总量可能不及江南，畿甸却是赋役重点的支出地区。这是形成畿甸地区民生相对贫困的根本原因。

二、元明清时期畿甸政区的地缘建构形式

唐政权的二元控御体制是当时政治、经济发展的必然结果。这种二元控御体制自隋代统一天下之后，就呈现出北方政治与南方经济相结合的趋势。随着宋代中国经济重心南移的完成，这种国家控御形式基本定型。辽、北宋、西夏时期，西北陷于西夏之手，关中与周边地域的经济系瓦解。北宋东京地

处四战之地，并不是最适合立都之所，但其沐隋唐运河的遗泽而有江南财富可资利用，其地虽失政治优势但凭财富雄厚，仍能与辽、西夏抗衡。至宋金对峙时期，金占有北方旧有的政治中心地域，南宋则仍保有江南财富中心，宋金对峙更似是北方政治与江南财富在特殊机制下的持衡。

元朝定都大都，彻底改变了汉唐都关中的形势。但元代大运河的开凿，客观上承袭了隋代大运河沟通南北的遗蕴，建立起北方政治、南方经济相结合的二元控御体系。元、明之"畿"是由京师及周边政区构成的、"直隶"于中央的政区群，并非严格意义上的、设有统一治所及最高行政长官的一级政区。在这一点上，元、明的"直隶"地区是在省级政区之外，中央直辖二级政区的模式。换言之，"直隶"中的州府等二级政区具有等同于省级一级政区的政治地位。这点与唐后期京兆府、同州、华州的地位等同于藩镇、皆属当时的"道"级行政单位的情况相似。但这些政区都冠在"直隶"之下，有明确的共同的区域所属，唐代的畿甸政区群的"畿甸"称号比较模糊，是需要钩沉方能发现的区域一体性名号。唐、元、明畿甸政区具有较强的传承性，唐代是中国封建畿甸政区建构史上的转折点。

清代"直隶"的形势和元、明"直隶"不同，更与元、明以前的畿甸政区建构不同。清代的"直隶"政区其实有二：一是京师顺天府，二是直隶地方。京师顺天府与其他各府地位不同，相当于中央机关中的部寺，与太仆寺、光禄寺、鸿胪寺等并列，时称"京府""京师顺天府"①，其地位与直隶省相当，但所属州县又同时为直隶省兼管。② 清代京师及近京政区实行的是双构式、交叉性组合政区。但直隶总督拥有高于一般总督的政治地位，这与历代畿甸政区长官具有的高等第待遇也是相似的。

在唐、元、明、清四朝的畿甸政区建构中，唐与元、明畿辅政区建构可大略归于畿甸是由一级政区构成的直隶于朝廷的群式政区架构，清代则是一个由顺天府、直隶地方两个一级政区构成的直隶于中央的双构交叉式政区。唐代关中与元明清时期直隶地域大体属于特定的、统一的区域经济单位，四

---

① 傅林祥、林涓、任玉雪、王卫东著，周振鹤主编：《中国行政区划通史》（清代卷），复旦大学出版社2013年版，第15页。
② 傅林祥、林涓、任玉雪、王卫东著，周振鹤主编：《中国行政区划通史》（清代卷），第19页。

朝大体维系了这一经济区域在自然经济地理上的完整性，区域社会发展呈现出同步化与差异未至过于悬殊的特点。

中国封建时代畿甸建构的转折虽成于唐代，但实则肇端于隋朝大运河对南北经济、政治的深远影响。唐后期中央政权的维系，在一定程度上有赖于大运河的开凿。唐人赞扬隋炀帝修运河的功绩："尽道隋亡为此河，至今千里赖通波。若无水殿龙舟事，共禹论功不较多。"① 直到明代，明人也对运河之功仍深为赞赏，于慎行"炀帝此举，为其国促数年之祚，而为后世开万世之利，可谓不仁而有功者矣。""隋虽无道，然开此三渠，以通天下漕，百世之后，赖以通济。"② 从联系南北政治经济，将南北政治经济结合在一起，从而改变中国封建畿甸地缘建构的角度而言，隋炀帝在中国历史上的功绩是相当大的。

三、元明清时期畿甸政区环护政策的弱化

特殊的政治需要产生特殊的政区政策。西汉实行京畿三分的三辅制，三辅皆为京畿的一部分。西汉朝廷以关中为根本，立足于自给之基控御天下，故承平时期西汉对三辅实行特殊的环护政策。唐代由于大运河畅通了南方物资的北输，关中除作为唐廷的赋役之源、帝都屏障之外，其重要性较汉代有所降低，政治地位下降在所难免。元代以后中国经济重心的南方化及京杭大运河的开凿，客观上便利了南北交通，江南成为帝都重要的财富供应地，这也在一定程度上造成了元明清时期畿辅地位的下降。

不论元明清哪个朝代，对直隶地域的环护政策，如科举、政区等第的规定，尚不如唐代关中畿甸政策力度为大。唐代对畿甸地区的环护，客观上是对京畿赋役负担沉重的特定形式的"补偿"，这是一种必要的最低限度的补偿，其对维护畿甸的正常发展不无意义。元明清直隶地区仍为赋役负担的沉重之地，汉代京畿享有的合理的政策及唐代特定的补偿政策不复存在，京畿区域的地位加重了元明清直隶社会的负担。

---

① （清）彭定求等：《全唐诗》卷六一五《皮日休〈汴河怀古〉》，中华书局1980年版，第7099页。
② （明）于慎行撰，吕景琳点校：《谷山笔麈》卷一二《形势》，中华书局1984年版，第131页。

四、赋役负担沉重是唐以后各朝畿甸民生的共同特点

唐代畿甸属于赋役负担沉重之地。元代近京的直隶地区，仍是赋役的重灾区。如至顺元年（1330）九月，令直隶省的河间、保定等路，冠、恩、高唐等州出马8万匹。① 元成宗时，太后建五台山佛寺，直修建到元武宗，十年间，均以保定等十路供应所需物资，给广大人民造成沉重负担。② 保定府是京畿要地，军国事务往来频繁，各种役使供亿浩繁，如清苑县居南北之冲，"岁为亲王大官治供帐于县西，限以十月成，至明年复撤而新之，吏得并缘侵渔，其费不赀。"③

明代按地理位置（"冲"）、民生贫困（"疲"）、事务繁简（"烦""简"）划分州县等级，但完整的州县等级在明代史料中很难见到。④ 明人章潢所编《图书编》载涿州"冲，疲"，保定府清苑县"烦"，定兴县"民疲，冲，烦"，庆都县"烦"⑤。清代州县等级约略如明制，也有冲、难、繁、简与直隶之别，如涿州等第为"繁"，保定府"繁，疲"，清苑"繁，疲"，定兴"繁"，新城"繁"，雄县"繁"。易州，"繁"。定州，"繁，疲。"⑥

这在很大程度上说明，在唐以降的封建政权的国家控御机制下，江南作为重要的经济重心，其经济总量及对国家财政的保障作用是巨大的。但就赋税征收的税率而言，经济总量相对较小、赋税供给较少的畿甸地域，与经济总量大的地区的税率并无不同。它客观上反映出封建时代的畿甸地区，遭受的赋税压榨较经济相对发达地区更为严重。不仅如此，作为国家政治中心地域，畿甸各种役力的征发之重，更是超过包括江南地区在内的其他地区，畿甸地区其他地区承受着更多役力负担。这是唐代以降影响畿甸民生的重要因素。

---

① （明）宋濂等：《元史》卷三四《文宗本纪三》，中华书局1976年版，第765页。
② （明）宋濂等：《元史》卷一八《成宗本纪一》，第392—393页。
③ （明）宋濂等：《元史》卷一九二《良吏传二·耶律伯坚》，第4363—4364页。
④ 柏桦：《明代州县政治体制研究》，中国社会科学出版社2003年版，第62页。
⑤ （明）章潢：《图书编》卷三五《沿革》，景印文渊阁《四库全书》子部（第968册），台湾商务印书馆1986年版。
⑥ （清）赵尔巽：《清史稿》卷五四《地理志一》，中华书局1997年版，第1899—1901、1920、1922页。

总之，封建大一统时期畿甸政区的建构，大体存在秦、东汉、西晋、隋等单构式京畿，这种制度下的京畿就是一个大的畿甸政区；西汉三辅构成的复合式京畿，京畿由三个并列的政区组合构成；唐代关中是由一级或准一级政区构成的畿甸政区群，畿甸实行不同于普通政区的政策，并传承着西汉"环护"政策的某些内涵；元、明的畿甸仍实行群式政区建构模式，且政区群的地域共性较唐代更为突出；清代畿甸则是由两部分构成的复合式政区。

不论哪类畿甸政区建构形式，畿甸皆因特殊的地缘位置，其建置一是保障朝廷对畿甸的强力掌控；二是保持畿甸核心政区疆理不小于地方一级政区；三是使畿甸大体维系区域经济一体性的格局；四是保持畿甸皆为直隶州府的政治地位；五是唐代以后呈现出重朝廷所需而忽略地方利益的形势，环护政策呈现出日渐弱化，区域资源配置重京畿、轻近畿，京畿、近畿政区财政差异较大的特点；六是运河交通的发展改变了畿甸建构的基本格局；七是区域重要城市在一级政区间的均衡分布，在一定程度上缓解了地域资源分配的差异性。

参考文献

一、古代典籍

[1]（汉）班固撰，（唐）颜师古注：《汉书》，北京：中华书局1962年。

[2]（汉）司马迁：《史记》，北京：中华书局1963年。

[3]（汉）刘珍等撰，吴树平校注：《东观汉纪》，郑州：中州古籍出版社1987年。

[4]（汉）刘向：《新序》，《四部丛刊初编》子部（0326册），上海：上海书店1989年。

[5]（汉）郑玄注，（唐）贾公彦疏：《周礼注疏》，李学勤主编：《十三经注疏》，北京：北京大学出版社1999年。

[6]（汉）许慎撰，（清）段玉裁注：《说文解字注》，上海：上海古籍出版社1988年。

[7]（晋）陈寿撰，（南朝宋）裴松之注，陈乃乾校点：《三国志》，北京：中华书局1959年。

[8]（晋）袁宏：《两汉纪·后汉纪》，北京：中华书局2002年。

[9]（南朝宋）范晔撰，（唐）李贤等注：《后汉书》，北京：中华书局1965年。

[10]（南朝梁）萧子显：《南齐书》，北京：中华书局1972年。

[11]（六朝）佚名撰，陈直校证：《三辅黄图校证》，西安：陕西人民出

版社 1980 年。

［12］（北魏）魏收：《魏书》，北京：中华书局 1974 年。

［13］（唐）房玄龄等：《晋书》，北京：中华书局 1974 年。

［14］（唐）魏徵等：《隋书》，北京：中华书局 1973 年。

［15］（唐）陆贽：《陆宣公全集》，上海：世界书局 1936 年。

［16］陈子昂撰，徐鹏校点：《陈子昂集校注》，北京：中华书局 1960 年。

［17］（唐）杜甫注，（清）杨伦笺注：《杜诗镜铨》，上海：上海古籍出版社 1962 年。

［18］（五代）刘昫等：《旧唐书》，北京：中华书局 1975 年。

［19］（唐）李肇：《国史补》，上海：上海古籍出版社 1975 年。

［20］（唐）杜牧：《樊川文集》，上海：上海古籍出版社 1978 年。

［21］《刘禹锡集》整理组点校，卞孝萱校订：《刘禹锡集》，北京：中华书局 1980 年。

［22］（唐）姚汝能撰，曾贻芬校点：《安禄山事迹》，上海：上海古籍出版社 1983 年。

［23］（唐）韩愈撰，马其昶校注，马茂元整理：《韩昌黎文集》，上海：上海古籍出版社 1986 年。

［24］（唐）杜佑撰，王文锦、王永兴、刘俊文、徐庭云、谢芳点校：《通典》，北京：中华书局 1988 年。

［25］（唐）李林甫等撰，陈仲夫点校：《唐六典》，上海：上海古籍出版社 1992 年。

［26］（唐）李吉甫：《元和郡县图志》，北京：中华书局 1983 年。

［27］（唐）李绛撰，（宋）蒋偕编辑：《李相国论事集》，《丛书集成初编》（第 853 册），北京：中华书局 1985 年。

［28］（唐）元稹：《元氏长庆集》，上海：上海古籍出版社 1994 年。

［29］（唐）白居易撰，顾学颉点校：《白居易集》，北京：中华书局 1999 年。

［30］（五代）王定保：《唐摭言》，北京：中华书局 1959 年。

［31］（宋）司马光编著，（元）胡三省音注：《资治通鉴》，北京：中华

书局1956年。

[32]（宋）宋敏求：《唐大诏令集》，北京：商务印书馆1959年。

[33]（宋）欧阳修、宋祁等：《新唐书》，北京：中华书局1975年。

[34]（宋）王谠撰，周勋初校证：《唐语林校证》，北京：中华书局1987年。

[35]（宋）王钦若等编，周勋初等校订：《册府元龟》（校订本），南京：凤凰出版社2006年。

[36]（元）马端临：《文献通考》，北京：中华书局1986年。

[37]（明）宋濂等：《元史》，北京：中华书局1976年。

[38]（明）章潢：《图书编》，景印文渊阁《四库全书》子部（第968册），台北：台湾商务印书馆1986年。

[39]（明）王祎：《大事记续编》，文渊阁《四库全书》史部（第333册），台北：台湾商务印书馆1986年。

[40]（明）焦竑编：《献征录》，上海：上海书店1987年。

[41]（明）李廷宝撰修：（嘉靖）《清苑县志》，据明嘉靖刻本影印，见《天一阁藏明代方志选刊续编一》，上海：上海书店1990年。

[42]（明）邱濬著，林冠群、周济夫校点：《大学衍义补》，北京：京华出版社1999年。

[43]（清）王夫之：《读通鉴论》，北京：中华书局1975年。

[44]（清）吴廷燮：《唐方镇年表》，北京：中华书局1980年。

[45]（清）董诰等：《全唐诗》，北京：中华书局1980年。

[46]（清）董诰等：《全唐文》，北京：中华书局1983年。

[47]（清）钱大昕：《廿二史考异》，上海：上海古籍出版社2004年。

[48]（清）王昶：《金石萃编》，国家图书馆善本金石组：《隋唐五代石刻文献全编》，北京：北京图书馆出版社2003年。

[49]赵尔巽：《清史稿》，北京：中华书局1976年。

二、专著

[1]谭其骧主编：《中国历史地图集》第五册《隋唐五代十国时期》，北

京：地图出版社 1982 年。

［2］张泽咸：《唐代赋役史草》，北京：中华书局 1986 年。

［3］张荣芳：《唐代京兆尹研究》，台湾：台湾学生书局 1987 年。

［4］史念海：《河山集》（四集），《关中的历史军事地理》，西安：陕西师范大学出版社 1991 年。

［5］郁贤皓：《唐刺史考全编》，合肥：安徽大学出版社 2000 年。

［6］柏桦：《明代州县政治体制研究》，北京：中国社会科学出版社 2003 年。

［7］艾冲：《唐代都督府研究》，西安：西安地图出版社 2005 年。

［8］陈志坚：《唐代州郡制度研究》，上海：上海古籍出版社 2005 年。

［9］吕思勉：《隋唐五代史》，上海：上海古籍出版社 2005 年。

［10］郭声波：《唐代京畿道行政区划沿革史》，《史念海教授纪念文集》，西安：三秦出版社 2006 年。

［11］严耕望：《唐代交通图考》，上海：上海古籍出版社 2007 年。

［12］周振鹤主编，李昌宪著：《中国行政区划通史·宋西夏卷》，上海：复旦大学出版社 2007 年。

［13］程利英：《明代北直隶财政研究》，北京：中国社会科学出版社 2009 年。

［14］顾乃武：《战国至唐之河北风俗研究》，北京：人民出版社 2012 年。

［15］周振鹤主编，郭声波著：《中国行政区划通史·唐代卷》，上海：复旦大学出版社 2012 年。

［16］周振鹤主编，余蔚著：《中国行政区划通史·辽金卷》，上海：复旦大学出版社 2012 年。

［17］杨月君：《唐代京畿地区治安管理研究》，北京：中国社会科学出版社 2014 年。

［18］李碧妍：《危机与重构——唐帝国及其地方诸侯》，北京：北京师范大学出版社 2015 年。

［19］周振鹤：《中国历史政治地理十六讲》，北京：中华书局 2013 年。

［20］陆俊元：《地缘政治的本质与规律》，北京：时事出版社 2005 年。

［21］张国刚：《唐代藩镇研究》，长沙：湖南教育出版社1987年。

三、论文（集）

［1］樊文礼：《试论唐河朔三镇内外矛盾的发展演变》，《内蒙古大学学报》（哲学社会科学版）1983年第4期。

［2］张国刚：《唐代藩镇类型及其动乱特点》，《历史研究》1983年第4期。

［3］王援朝：《唐代藩镇分类刍议》，《唐史论丛》1990年第5辑。

［4］樊文礼：《安史之乱以后的藩镇形势和唐代宗朝的藩镇政策》，《烟台师范学院学报》（哲学社会科学版）1995年第4期。

［5］［韩］崔在容：《西汉京畿制度的特征》，《历史研究》1996年第4期。

［6］张国刚：《唐代团结兵问题辨析》，《历史研究》1996年第4期。

［7］贾艳红：《试论唐代河朔三镇割据的阶段性特点》，《济南大学学报》1998年第2期。

［8］黄利平：《中晚唐京西北八镇考》，《中国历史地理论丛》2004年第2辑。

［9］蒋爱花：《唐人寿命水平及死亡原因探析》，《中国史研究》2006年第4期。

［10］贾玉英：《唐宋京畿管理制度变迁初探》，《中州学刊》2007年第6期。

［11］华林甫：《隋唐五代政区研究述评》，《中国史研究动态》2008年第8期。

［12］罗凯：《盛唐京畿都畿考论》，中国地理学会历史地理专业委员会《历史地理》编辑委员：《历史地理》第23辑，上海：上海人民出版社2008年。

［13］严耕望：《严耕望史学论文集》，上海：上海古籍出版社2009年。

［14］罗凯：《唐前期道制研究——以民政区域性质的道为中心》，复旦大学2009年硕士学位论文。

［15］朱德军：《唐代中原藩镇与地域社会》，《唐都学刊》2010年第5期。

［16］孙继民：《"四王"建号与署置百官：唐代割据藩镇政治诉求的制度表达》，《光明日报》2010年3月23日。

［17］ 关珊珊：《唐前期人口死亡年龄研究——以墓志资料为研究中心》，南京师范大学 2010 年硕士学位论文。

［18］ 张超：《中晚唐同、华两州节度使研究》，南京师范大学 2011 年硕士学位论文。

［19］ 吕学良：《唐代邠宁镇研究》，陕西师范大学 2012 年硕士学位论文。

［20］ 李晓奇：《唐代凤翔镇研究》，陕西师范大学 2014 年硕士学位论文。

［21］ 何先成：《神策军的收入问题初探》，《唐史论丛》2016 年第 1 期。

［22］ 邓文韬：《唐末至宋初定难军节度使及其僚属的兼官与带职》，《西夏研究》2016 年第 4 期。

［23］ 李鸿宾：《尉迟迥事变及其结局———新旧时代转变的表征》，《西北民族大学学报》（哲学社会科学版）2004 年第 2 期。

［24］ 李鸿宾：《唐朝的地缘政治与族群关系》，《人文杂志》2011 年第 2 期。

［25］ 朱德军：《中晚唐直隶州制度的历史考察》，《东北师大学报》（哲学社会科学版）2011 年第 4 期。

［26］ 吴泽：《〈新唐书·方镇表〉考校记》，《史学史研究》1992 年第 1 期。

［27］ 齐勇锋：《说神策军》，《陕西师范大学学报》（哲学社会科学版）1983 年第 2 期。

［28］ 戴伟华：《唐凤翔节度使府文职僚佐考》，《扬州师院学报》（社会科学版）1993 年第 2 期。